专利保护之源

从专利审查看知识产权价值实现

国家知识产权局专利局专利审查协作天津中心　组织编写

知识产权出版社

全国百佳图书出版单位

—北京—

图书在版编目（CIP）数据

专利保护之源：从专利审查看知识产权价值实现/国家知识产权局专利局专利审查协作天津中心组织编写. —北京：知识产权出版社，2024.9

ISBN 978-7-5130-9253-1

Ⅰ.①专… Ⅱ.①国… Ⅲ.①专利权法—研究—中国 Ⅳ.①D923.424

中国国家版本馆 CIP 数据核字（2024）第 030444 号

责任编辑：江宜玲　杨　易　　　　　　责任校对：谷　洋
封面设计：商　宓　　　　　　　　　　责任印制：刘译文

专利保护之源

——从专利审查看知识产权价值实现

国家知识产权局专利局专利审查协作天津中心　组织编写

出版发行：**知识产权出版社** 有限责任公司	网　　址：http：//www.ipph.cn
社　　址：北京市海淀区气象路 50 号院	邮　　编：100081
责编电话：010-82000860 转 8339	责编邮箱：99650802@qq.com
发行电话：010-82000860 转 8101/8102	发行传真：010-82000893/82005070/82000270
印　　刷：三河市国英印务有限公司	经　　销：新华书店、各大网上书店及相关专业书店
开　　本：787mm×1092mm　1/16	印　　张：19.5
版　　次：2024 年 9 月第 1 版	印　　次：2024 年 9 月第 1 次印刷
字　　数：460 千字	定　　价：99.00 元

ISBN 978-7-5130-9253-1

本书指导委员会

本书编写组

组　　长：李亚林

副组长：饶　刚　刘　琳

审　稿：于乔木　王　迪　邓敏鑫

　　　　吉　利　孙　雪　孙明明

　　　　李立彦　张　雨　张　岩

　　　　侯　琴　徐　彬

前　言

2024 年，党的二十届三中全会审议通过的《中共中央关于进一步全面深化改革、推进中国式现代化的决定》强调要完善产权制度，依法平等长久保护各类所有制经济产权，建立高效的知识产权综合管理体制。2023 年 4 月 26 日，习近平主席向中国与世界知识产权组织合作五十周年纪念暨宣传周主场活动致贺信，明确指出："中国始终高度重视知识产权保护，深入实施知识产权强国建设，加强知识产权法治保障，完善知识产权管理体制，不断强化知识产权全链条保护。"2022 年，党的二十大报告中指出，深化科技体制改革，深化科技评价改革，加大多元化科技投入，加强知识产权法治保障，形成支持全面创新的基础制度。2021 年，中共中央、国务院印发了《知识产权强国建设纲要(2021—2035 年)》，其中明确提出到 2025 年每万人口高价值发明专利拥有量达到 12 件的预期性指标，并要完善以强化保护为导向的专利商标审查政策，促进知识产权价值实现。

专利审查作为专利获权的基础和专利保护的源头，发挥向前激励高水平创造，向后促进高效运用的双向传导作用。近年来，习近平总书记多次就提高知识产权审查质量和审查效率作出重要指示。2017 年，习近平总书记在中央财经领导小组第 16 次会议上提出，要提高知识产权审查质量和审查效率。2020 年在中央政治局第 25 次集体学习时，习近平总书记又进一步强调，要研究实行差别化的产业和区域知识产权政策，完善知识产权审查制度。没有高质量审查，就没有高质量专利；没有高效率审查，就没有高效的保护。从这个意义上来说，专利审查，特别是优质高效的发明专利实质审查，是切实落实知识产权工作"两个转变"的重要一环。

1

　　一般而言，所谓"高价值"涉及专利的技术、法律和市场维度，高价值的实现与专利审查过程密切相关。专利审查是国家知识产权局审查员基于相关法律、法规，通过理解专利申请，检索现有技术，对专利申请是否符合授予专利权的实质性条件所进行的审查。可见，专利审查本身是以法律为依据，以技术事实为准绳，一端连着技术创新，一端连着法治保障。在专利审查过程中，专利审查"三力"——技术理解能力、检索能力和法律适用能力，是审查员的核心能力，也是作出高质量审查结论的基础。相应地，理解技术、检索和适用法律的过程，也是审视专利申请质量、考量技术贡献、授予适当权利的实践过程，与高价值专利的创造、保护和运用都息息相关，是更好落实习近平总书记关于知识产权重要指示批示精神的生动体现，也是把党的二十大擘画的宏伟蓝图落实到知识产权实际工作中的具体实践。

　　本书是国家知识产权局专利局专利审查协作天津中心的 30 多位审查专家和业务骨干，在多年审查实践工作中积累的宝贵审查经验和典型案例，通过审查"三力"的形式与广大创新主体和专利工作者分享交流。"追星赶月莫停留，平芜尽处是春山。"我们会不断努力探索，希望借助专利审查的工作感悟，为我国高价值专利的培育和知识产权价值的实现贡献绵薄之力！

本书编写组

2024 年 9 月

目　录

第一部分　技术理解能力

第二部分　检索能力

第三部分　法律适用能力

第一部分

技术理解能力

从专利角度解读半导体产业发展

王 欣 赵 萌❶ 周天微

摘 要 半导体产业由上游材料支撑产业、中游制造产业以及下游应用产业构成，全球半导体产业共经历三次转移：第一次由美国向日本转移；第二次由日本向韩国、中国台湾转移；中国的半导体产业具有劳动密集型与资金密集型的特点，完成了原始积累，正在承接第三次半导体产业转移。本文从专利视角出发，分析半导体产业的发展现状，利用大数据分析手段从申请趋势、区域分布、创新主体等多个角度进行深入挖掘，将专利区域分析与国民经济行业分类相结合，分析全球半导体产业专利生态环境。在此基础上，明确我国在全球半导体产业中的定位，找出制约我国半导体产业发展的薄弱环节，为我国半导体产业向知识密集与高附加值方向升级寻求突破口。

关键词 半导体产业 国民经济行业分类 专利分析

一、概述

半导体产业被称为国家工业的明珠，直接体现着一个国家的综合国力。半导体产业以高附加值著称，产品种类繁多，主要分为集成电路、分立器件、显示器件和照明器件等。其中，在整个半导体产业中集成电路无疑是核心产业，作为半导体产业中最大的消费领域，长期占据全球半导体总销售额的80%以上。2000年6月，国务院发布《关于印发鼓励软件产业和集成电路产业发展若干政策的通知》，2003年启动"国家半导体照明工程"计划，2014年6月公布了《国家集成电路产业发展推进纲要》，2015年《中国制造2025》将集成电路的发展上升为国家战略；2021年3月"十四五"规划和2035年远景目标纲要指出，瞄准人工智能、量子信息、集成电路、生命健康、脑科学、生物育种、空天科技、深地深海等前沿领域，实施一批具有前瞻性、战略性的国家重大科技项目。专利反映了研发主体的技术创新能力，专利宏观数据可以揭示产业发展现状和技术发展方向，通过对半导体产业的专利数据分析，找出我国半导体产业在全球的定位，

---

❶ 等同于第一作者。

可为我国半导体产业的高价值专利培育提供思路。

（一）半导体产业发展现状

从历史发展进程来看，全球半导体产业经历了两次产业转移，并正在进行以中国为主要目的地的第三次产业转移。[1]

20世纪60年代，半导体产业发源于美国，从20世纪70年代起，美国将半导体系统装配、封装测试等利润较低的环节转移到日本等其他国家和地区。日本通过技术创新与家电行业结合，稳固了日本家电行业的地位，并把握住PC产业兴起的时机，快速实现动态随机存取存储器（DRAM）的量产。由此，半导体产业实现了第一次产业转移。

20世纪80—90年代，因为日本经济泡沫破灭、投资乏力等原因，日本的半导体产业开始没落。中国台湾在IDM分离为Fabless和Foundry时，着力发展Foundry，在半导体产业链中占据了关键地位；而韩国则聚焦存储技术，确立PC市场龙头地位，并抓住手机市场，最后确立了芯片霸主地位。由此产生了半导体产业的第二次转移。

21世纪起，随着个人计算机产业向手机产业迈进，终端产品更加复杂多样，中国的半导体产业经历了低端组装和制造承接、长期的技术引进和消化吸收、高端人才培育等较长的时间周期，逐步完成了原始积累，并以国家战略及政策为驱动力，推动了全产业链的高度发展。中国正在承接半导体产业的第三次转移。

（二）研究方法

本文旨在通过对半导体产业相关的专利文献进行统计和分析，了解该领域的研究现状和专利布局情况。半导体产业涉及的领域十分广泛，涉及的技术点很多，不同技术领域发展差距较大，部分较成熟的领域积累了大量的专利文献。这些特点增大了检索和去噪工作的难度。本文采用大数据结合国民经济行业分类综合分析半导体产业的百万级别数据，对半导体产业相关的专利申请进行了检索和筛选，检索截止日期为2022年12月31日。❶利用合享数据库（incoPat）对中文及外文专利申请进行检索和数据筛选合并，得到与半导体产业相关的全球专利文献4022489项作为本文的数据样本。

二、专利视角下的整体现状

下面将从申请趋势、区域分布、创新主体等方面对半导体产业相关的专利申请整体现状进行介绍和分析。

（一）申请趋势

半导体产业起源于20世纪60年代的美国。图1显示了全球半导体产业专利申请趋势以及全球专利申请量排名前五位的国家/地区的专利申请量变化趋势。从图1中可以看出，全球半导体产业专利申请总体态势可分为四个阶段。

---

❶ 本文统计的中国专利申请数据不包含港澳台地区。

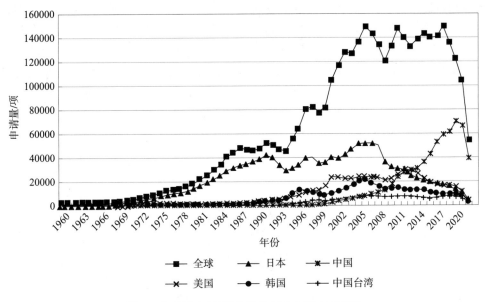

图1　全球国家/地区半导体产业专利申请趋势

1970年前，全球半导体产业相关专利申请量较少且增长缓慢，在此期间的专利申请主要集中在美国，以德州仪器的集成电路技术和仙童公司的内部连线技术为代表的两项集成电路基础专利的出现拉开了集成电路发展的序幕，这两项专利技术也奠定了美国在集成电路领域延续至今的霸主地位。

20世纪70年代起，半导体产业从美国向日本的第一次产业转移掀起了全球半导体产业专利申请量的第一次快速增长。在此期间，日本半导体产业专利申请量迅速上升，成为全球半导体产业相关专利申请最重要的贡献国。全球半导体产业的专利申请量由1971年的5236项增长到1990年的47784项，而这期间日本在半导体领域的专利申请量占全球半导体领域专利申请总量的74.2%。

1985年前后，美日半导体领域的贸易战以及日本经济衰退造成半导体领域投资的降低[2]，直接导致了1991—1993年全球半导体产业专利申请量连续下降；在此期间半导体产业向中国台湾和韩国完成第二次转移，20世纪90年代中后期，全球半导体产业的专利申请量出现第二次快速增长，1991—2007年，韩国和中国台湾专利申请量占全球专利申请量的17.1%。

21世纪起，中国开始承接全球半导体产业的第三次转移，日本、美国、韩国的专利申请量均明显降低，而此时中国的半导体产业则开始高速发展，2013年的年申请量达到29858项，位居全球专利申请量第一位。在此期间，全球半导体产业专利申请趋于平稳，每年专利申请量基本维持在14万项左右，中国成为维持全球半导体产业专利申请量平稳发展的主要动力源。

（二）申请区域分布

全球半导体产业专利申请量排名前五位的国家/地区同时也是全球半导体产业最重

要的专利目标国家/地区。图 2 显示了这五个主要国家/地区的专利流向分布。其中，日本在海外布局的最主要目标国家/地区是美国，其在美国的专利申请量约占其专利申请总量的 11.7%；美国的海外专利布局主要集中在日本，其在日本的专利申请量约占其专利申请总量的 17.3%。可见，日本和美国都非常注重海外市场，并通过专利布局的方式抢占各个国家/地区的技术优势。中国的专利申请量虽然位居全球第二位，但在其他国家/地区的专利申请量明显低于日本、美国和韩国。我国虽然已经具备一定的半导体领域研发实力，但相较而言在其他国家/地区的专利布局数量上仍有明显差距，应当引起重视。

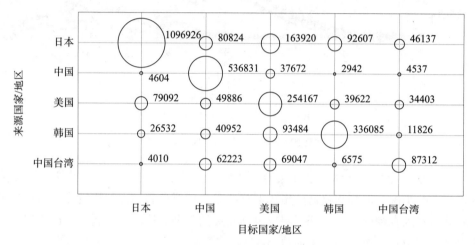

图 2　半导体产业各国家/地区专利流向分布（单位：项）

（三）重要创新主体

全球半导体产业专利申请量排名前十位的申请人如表 1 所示，包括 7 家日本企业、2 家韩国企业和 1 家美国企业。日本得益于 20 世纪 70—80 年代辉煌的 20 年、50 年代开始在半导体原材料领域的持续技术积累、70 年代开始的半导体专用设备的研发，占据全球专利申请量前十位中的 7 位。韩国通过举国之力扶持的三星、乐金集团，依靠在存储器领域、CMOS 领域以及显示、照明领域的强大优势在全球前十位中占据 2 席。虽然美国仅有国际商业机器公司（IBM）进入前十位，但其凭借先发优势占据了全球半导体领域技术的制高点。

表 1　全球半导体产业重要申请人

排　名	申请人	专利申请量/项
1	三星公司	112799
2	日本电气	102969
3	日立公司	91344
4	东芝公司	77190

排 名	申请人	专利申请量/项
5	富士通	74480
6	三菱公司	59136
7	乐金集团	47342
8	IBM	45109
9	精工公司	42340
10	索尼公司	42332

从不同发展时期全球半导体行业重要创新主体的更替可以看出，各个国家/地区及其申请人在该领域的竞争格局。表2为不同发展时期全球专利申请量排名前十位的申请人。1970年前，全球半导体专利申请量前十位均为欧美企业。以美国为例，其半导体的发明最早是由军方推动的，第二次世界大战后，为弥补真空电子管体积大、功率小的弊端，美国政府支持贝尔实验室成立了固态物理研究部门，其与通用电气公司合作研发了利用气体扩散将杂质掺入半导体的技术。1958年，美国的德州仪器公司用MESA技术发明了第一款集成电路，并于1959年申请了首件集成电路专利，基于半导体的技术革命由此开端。通过国家政策的指引，美国完成了半导体产业的初步架构，并且在技术方面一直保持着全球领先水平。[3]

表2　不同发展时期全球半导体产业主要申请人变化

1970 年前				1970—1989 年				1990—2007 年				2008 年至今			
申请人	国别	申请量/项	占比/%	申请人	国别	申请量/项	占比/%	申请人	国别	申请量/项	占比/%	申请人	国别	申请量/项	占比/%
西门子	德国	1542	6.3	日本电气	日本	35275	10.1	日本电气	日本	58146	4.2	三星公司	韩国	86686	3.7
IBM	美国	1433	5.8	日立公司	日本	32327	9.2	三星集团	韩国	54244	3.9	乐金集团	韩国	57250	2.4
特艺集团	法国	757	3.1	富士通	日本	26214	7.5	松下集团	日本	50816	3.7	京东方	中国	39424	1.7
贝尔实验室	美国	638	2.6	东芝公司	日本	23681	6.8	日立公司	日本	49947	3.6	台积电公司	中国	38132	1.6
通用电气	美国	571	2.3	三菱公司	日本	17026	4.9	东芝公司	日本	44577	3.2	IBM	美国	27114	1.2
飞利浦公司	荷兰	537	2.2	松下集团	日本	15098	4.3	富士通	日本	40822	3.0	SK公司	韩国	25583	1.1
西屋电气	美国	404	1.6	佳能公司	日本	4592	1.3	三菱公司	日本	33277	2.4	东芝公司	日本	21956	0.9

续表

1970 年前				1970—1989 年				1990—2007 年				2008 年至今			
申请人	国别	申请量/项	占比/%	申请人	国别	申请量/项	占比/%	申请人	国别	申请量/项	占比/%	申请人	国别	申请量/项	占比/%
国际标准	英国	348	1.4	夏普公司	日本	4414	1.3	索尼公司	日本	30940	2.3	日本电气	日本	18929	0.8
德州仪器	美国	287	1.2	日本信话	日本	4034	1.2	精工公司	日本	29730	2.2	三菱公司	日本	17781	0.8
雷明顿兰德	美国	273	1.1	西门子	德国	3694	1.1	夏普公司	日本	27301	2.0	夏普公司	日本	15811	0.7
TOP5 占比			20.1%	TOP5 占比			38.5%	TOP5 占比			18.6%	TOP5 占比			10.6%
TOP10 占比			27.6%	TOP10 占比			47.7%	TOP10 占比			30.5%	TOP10 占比			14.9%

1970—1989 年，全球专利申请量前十位的申请人中日本占据 9 席，为半导体技术高速发展的主要贡献国。1962 年，日本电气引进仙童公司的平面集成电路制造技术，成功实现集成电路的量产；1963 年，日本电气从仙童公司取得平面技术授权，日本半导体通过国外技术转移实现了半导体产业框架的初步搭建。之后，日本借助 DRAM 的技术积累跃居世界半导体强国。美国和日本在半导体领域的巨大成功是 1990 年前全球半导体领域专利申请量持续增长的主要动力。

1990—2007 年，全球专利申请量前十位的申请人仍以日本企业为主，占据 9 席，但韩国企业和中国台湾企业申请量逐渐攀升。1985 年美日半导体贸易战开始，日本经济下滑。韩国在美日半导体贸易战时期推出《超大规模集成电路技术共同开发计划》，依靠财团优势，通过引入大量 DRAM 设备实现规模生产，形成价格优势并迅速抢占市场。与此同时，中国台湾逐渐建立以客户为导向的晶圆代工模式，在全球半导体产业中占据了关键一环。韩国以及中国台湾半导体产业的崛起是全球半导体产业走出 1990 年开始的四年低谷期的主要原因，也是后续 15 年半导体专利申请量连续增加的主因。

从表 2 可以看出，2008 年至今，虽然申请量前十位的申请人中日本企业占据 4 席，但均在前五位之外。申请量前五位中包括 2 家韩国企业、2 家中国企业以及 1 家美国企业。2008 年全球金融危机开始，半导体领域专利申请量结束了 40 年的连续增长期。自此，除中国外，美日韩三国专利申请量均明显下滑，中国的专利申请是 2008 年后全球半导体领域专利申请维持稳定的主要动力源。1997 年以来，进口家电旺盛的市场需求、外资企业带来的技术引入促使中国在半导体领域的专利申请量呈现激增态势。2000 年 6 月，国务院发布了《国务院关于印发鼓励软件产业和集成电路产业发展若干政策的通知》，在该政策和前期集成电路设计技术积累的背景下，集成电路领域相关专利申请量迅猛增长。2008 年，"4 万亿投资计划"的经济红利以及科技部和信息产业部共同启动的"极大规模集成电路制造装备及成套工艺"项目（02 专项）的落地促进了半导体领域的专利申请量呈指数型增长。

1970 年前，半导体领域专利申请排名前五企业专利申请占比为 20.1%，基本形成行业早期的技术集中。第一次快速增长期排名前五企业专利申请占比为 38.5%，该时期半导体领域为寡头垄断，日本基本控制全球的半导体产业。后续该占比逐渐降低，2008 年至今占比仅为 10.6%。随着半导体领域细分产业的逐渐完善，产业链的延长和扩展，半导体领域基本形成了无技术寡头垄断的状况。

三、八大细分产业专利分析

半导体产业链由上游支撑产业、中游制造产业以及下游应用产业构成。其中，半导体上游支撑产业为半导体材料制造和半导体器件专用设备制造，半导体中游产业为集成电路设计和集成电路制造，半导体下游产业为半导体分立器件、显示器件、半导体照明器件、光伏设备及元器件等应用领域。根据国民经济行业分类将半导体产业划分为八大细分产业，半导体细分产业—IPC 分类号对照情况如表 3 所示。

表 3　半导体细分产业—IPC 分类号对照情况

产业链	细分产业	IPC 分类号	简称
上游	半导体材料制造	C30B（单晶生长）	材料
	半导体器件专用设备制造	G03F7/16（涂层处理及其设备） G03F7/20（曝光及其设备） C23C16（使用压力流体） H01L21/027（掩膜） H01L21/3065（刻蚀） H01L21/31（使用掩膜/光刻） H01L21/311（使用刻蚀）	设备
中游	集成电路设计	G06F12（存储器方面的控制） G06F13（存储器间信号传输） G06F9（程序控制装置） G06F1（数据处理） G06F15（通用数据处理设备） G06T1（通用图像数据处理） H03K3（产生电脉冲的电路）	设计
	集成电路制造	H01L21/00-H01L21/326（制造通用方法） H01L21/34-H01L21/479（制造通用方法） H01L21/48-H01L21/607（封装） H01L21/70-H01L21/98（集成器件制造） H01L23（零部件制造） H01L25（共用基片组装件制造） H01L27（共用基片器件制造）	制造

产业链	细分产业	IPC 分类号	简称
下游	半导体分立器件	H01L21/328-H01L21/33（晶体管、晶闸管） H01L51/0-H01L51/4（有机器件） H01L29（功率器件）	分立器件
	显示器件	G02F1/13-163（光源控制） H01L51/50-56（OLED 照明） H01L21/77、H01L27/12（阵列基板） H01L27/32（有机显示）	显示
	半导体照明器件	H01L33（LED） H01L51/50-H01L51/56（OLED）	照明
	光伏设备及元器件	H01L31（光伏） H01L51/42-H01L51/48（红外敏感电池） F21V1（周边配件）	光伏

（一）专利申请趋势

图 3 显示的半导体八大细分产业专利申请量占比中，位于半导体产业链上游的半导体材料制造和半导体器件专用设备制造的申请量占比相对较低，但始终维持在较为稳定的水平。以半导体材料为例，其始终占据半导体领域 4% 以上的比例。这是由于半导体材料和半导体器件专用设备是半导体产业中最基础的环节，但其具备极高的技术壁垒，参与研发的企业相对较少，在形成垄断优势的同时对自身的研发成果不断更新。

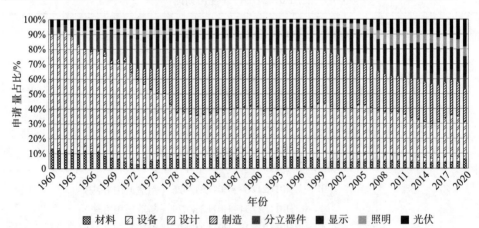

图3　半导体八大细分产业申请量占比

半导体八大细分产业中，集成电路制造和集成电路设计位于半导体产业链中游，二者的专利申请量在八大细分产业中分别位居第一和第二，其专利申请量分别占半导体产业申请总量的 28.8% 和 27.4%，二者总量占比达到 56.2%。2021 年，集成电路全球市场规模为4630.02亿美元，占半导体市场整体规模的83.29%。[4]由此可见，细分产业的专利申请量与其市场占比具有一定的关联。

在半导体八大细分产业中，显示器件、半导体照明器件、光伏设备及元器件位于半导体产业链下游，上述细分产业在不同的时间节点开始申请专利并逐渐形成规模化申请态势。以光伏设备及元器件细分产业为例，专利申请开始时间较早，经历过20世纪70年代的短暂高峰后，申请量在1990—2000年发展较为疲软，无明显的优势。借助21世纪各国对于新能源政策的推动，此后专利申请量持续走高。

（二）申请人分析

集成电路设计和集成电路制造在半导体行业具有较高的市场占比，半导体材料作为上游核心技术具有举足轻重的作用，并且半导体照明领域是我国具备一定基础优势的细分产业，因此本节聚焦于以上四个细分产业进行重要申请人分析。

从表4中可以看出，在集成电路设计产业中，日本电气的专利申请量全球第一，在申请量前20位的申请人中，只有中国台湾的鸿海科技这一家公司排在第16位；在集成电路制造产业中，三星集团的专利申请量居全球第一，在前20位申请人中，只有中国台湾的台积电和联华电子两家公司分别排在第8位和第18位；在半导体材料产业中，SK公司的专利申请量居全球第一，不同的是，在前20位申请人中，除了排名第11位和第14位的中国台湾的台积电和联华电子外，出现了中科院所、中芯国际等中国的科研机构和企业，分别排名第19位、第20位；对于半导体照明器件产业，韩国三星集团和乐金集团的专利申请量居于全球前两位，中国的京东方和海洋王照明分别排名第3位和第17位。

由表4可知，各产业分支排名第一位的申请人的专利申请量在该产业分支中占绝对优势，目前中国在集成电路设计和集成电路制造两个产业分支中的技术较薄弱，而在半导体材料和半导体照明器件分支中具有一定的技术优势。

表4　细分产业专利重要申请人排名

集成电路设计		集成电路制造		半导体材料		半导体照明	
申请人	申请量/项	申请人	申请量/项	申请人	申请量/项	申请人	申请量/项
日本电气	41332	三星集团	45057	SK公司	7493	三星集团	9400
富士通	32333	日本电气	44265	日本电气	5800	乐金集团	9184
日立公司	28801	日立公司	43246	日立公司	4569	京东方	3750
IBM	23970	东芝公司	34636	富士通	4297	西门子	3536
三星集团	23895	SK公司	31706	三星集团	4068	松下集团	2940
东芝公司	22497	富士通	29489	三菱公司	3753	东芝公司	2546
松下集团	16013	三菱公司	28999	东芝公司	3729	夏普公司	2318
SK公司	14311	台积电公司	28246	松下集团	3722	日亚公司	2143

集成电路设计		集成电路制造		半导体材料		半导体照明	
申请人	申请量/项	申请人	申请量/项	申请人	申请量/项	申请人	申请量/项
三菱公司	14162	松下集团	27914	信越公司	3022	丰田公司	1524
英特尔公司	13303	索尼公司	18520	住友公司	2697	住友公司	1387
佳能公司	11716	东电公司	17529	台积电公司	2390	三菱公司	1286
索尼公司	11306	佳能公司	13798	索尼公司	2389	斯坦雷公司	1284
美光科技	9583	IBM	13466	IBM	2060	晶元光电	1257
惠普公司	8050	精工公司	12423	联华电子	1866	飞利浦公司	1182
微软公司	7305	夏普公司	9616	夏普公司	1779	日立公司	1158
鸿海科技	6766	应用材料	9126	东电公司	1686	罗姆公司	1130
理光公司	6564	美光科技	8434	东部高科	1575	海洋王照明	1080
富士胶片	5569	联华电子	8211	应用材料	1559	尼康公司	1059
日本信话	5030	住友公司	7042	中科院所	1540	京瓷公司	1029
乐金集团	4817	尼康公司	6291	中芯国际	1495	首尔半导	999

（三）重要细分产业专利态势分析

基于集成电路设计和集成电路制造在半导体行业的高占比、半导体材料举足轻重的作用以及我国在照明领域具备的基础优势，本节主要对以上四个细分产业进行专利态势分析。

1. 集成电路设计

1964 年前，集成电路设计专利申请主要集中于美国，其年专利申请量为 400 余项。亚洲地区除日本外尚无专利申请。集成电路设计领域属于高度技术密集型产业，资金和人才使美国波士顿成为集成电路设计产业的发源地。之后，日本通过引进美国技术，通过政策支持、资金补贴和低息贷款大力支持半导体行业的发展。自 1967 年开始，日本在集成电路设计领域的专利申请量呈指数型增长，并在此后始终保持在年申请量全球第一的位置。进入 20 世纪 90 年代，美日两国的半导体贸易战使全球集成电路设计专利申请整体下行。韩国三星集团加大投资和研发力度。在此期间，韩国在集成电路设计领域的专利申请量开始呈指数型增长。20 世纪 90 年代中后期，三星集团"双向型数据通选方案"获美国半导体标准化委员会认可，成为行业新标准。由此，韩国成为当时的集成电路设计的焦点。

中国在集成电路设计领域的研发起步于 20 世纪 60 年代中期，而规模化、商业化设计能力则在改革开放后逐渐形成，并在 21 世纪借助政策与市场双轮驱动实现跨越式发展。1999 年在专家加强对国内芯片企业支持力度的提议下，国家经贸委政策司与信息产业部组成联合小组，并起草了相关芯片企业优惠政策条款，这些条款最终在2000年6月形成了《鼓励软件产业和集成电路产业发展的若干政策》。电子产品行业的强劲增长促使中国政府自2000年起对芯片行业实行税收减免和其他优惠政策，推动了国内外对中国芯片行业的投资，激发了中国在集成电路设计领域的专利申请和相关专利技术的引进。2014年，国务院发布《国家集成电路产业发展推进纲要》，提出设立国家集成电路产业投资基金，将半导体产业新技术研发提升至国家战略高度。中国在经过十多年集成电路设计专利技术积累的基础上，结合国家经济红利的刺激，为集成电路设计产业的发展提供了坚实的基础。2017年政府工作报告指出："全面实施战略性新兴产业发展规划，加快新材料、人工智能、集成电路、生物制药、第五代移动通信等技术研发和转化，做大做强产业集群。"这是政府工作报告首次提到"第五代移动通信技术（5G）"。由于经济红利和政策红利的刺激，中国的集成电路设计呈现井喷式增长，尤其是近几年的专利申请量超越美国，几乎与日本持平。集成电路设计各国家/地区申请趋势如图4所示。

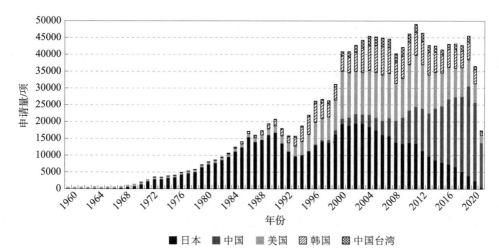

图4　集成电路设计各国家/地区申请趋势

2. 集成电路制造

如图5所示，1966年前集成电路制造专利申请同样主要集中于美国；1966年开始，日本的专利申请量超过美国，成为专利申请量第一大国。

集成电路制造技术同样起源于美国，并且在20世纪70年代半导体产业在美国逐渐规模化。半导体第一次产业转移为日本的产业带来了近20年的繁荣时期，在此期间日本的年申请量保持全球第一。20世纪90年代的泡沫经济崩溃使得日本进入"失去的20年"，电子产业产值大幅缩水，其专利申请量相应出现拐点，结束了连续增长的势头，具体体现在1991年日本的专利申请量达到峰值16528项，之后出现明显的降低。而在该时间节点，韩国的专利申请量开始明显增加，由1989年的506项增加到每年1000项以上，并在1996—1997年稳定在年申请量7000项以上。中国台湾在该时间段专利申请量也开始明显增加，由每年约40项跃至1993年的223项，并于1996年达到1369项。

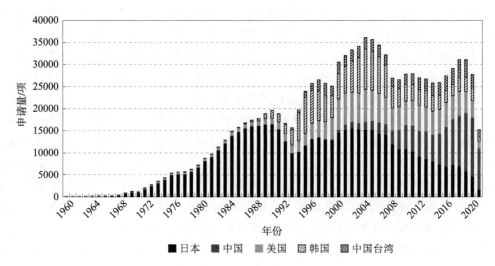

图 5　集成电路制造各国家/地区申请趋势

半导体产业的重心开始向韩国和中国台湾倾斜。

2000 年 6 月，国务院发布《国务院关于印发鼓励软件产业和集成电路产业发展若干政策的通知》，在该政策和前期集成电路设计技术积累的背景下，集成电路制造的相关专利量呈现激增态势。

3. 半导体材料

从图 6 中可以看出，1960 年，美国在半导体材料方面的专利申请量已达到 100 项左右，而日本在该领域的专利申请仅有 7 项，早期半导体材料技术主要集中在美国。日本通过技术引进建立自己完整的半导体材料产业体系后，通过自身努力在 1975 年专利申请量达到 262 项，远高于同时期的美国在该领域的专利申请量。1995 年，韩国在半导体

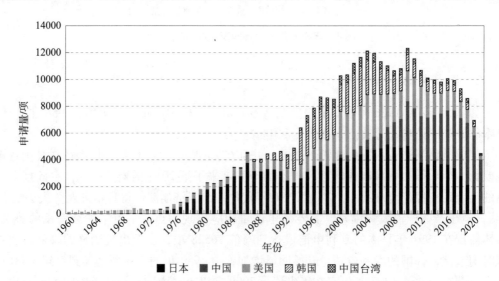

图 6　半导体材料各国家/地区申请趋势

材料领域的专利申请量达到 2554 项，完成了对日本、美国等半导体材料技术国家的超越。同时期，中国台湾则把握住了美、日半导体产业拆分的晶圆代工产业，从而开启了该产业相关专利的申请。1999 年，中国台湾的专利申请量达到 787 项。

从 21 世纪初至今，中国颁布了一系列政策措施用以推进及引导半导体产业的发展。2016 年，中国在半导体材料方面的专利申请量已至 3771 项，实现了对日本的反超。美国在 1962 年、日本在 1975 年、韩国在 1988 年半导体材料专利申请量开始超过 100 项，中国在 2001 年专利申请量开始超过 100 项。然而中国的硅片、GaN 晶体和 SiC 晶体在很大程度上仍依赖进口。半导体材料领域存在技术垄断和技术壁垒，中国与美国、日本和韩国的差距较大。

4. 半导体照明器件

从图 7 中可以看出，1960 年，美国开始了半导体照明器件相关专利的申请。随着专利申请的逐渐积累，1968 年第一个具有实用价值的低发光效率的 LED 诞生。日本则在 1965 年左右开始涉足该领域的专利申请，1972 年的申请量超过 200 项，从此日本连续 40 年专利申请量处于全球第一。

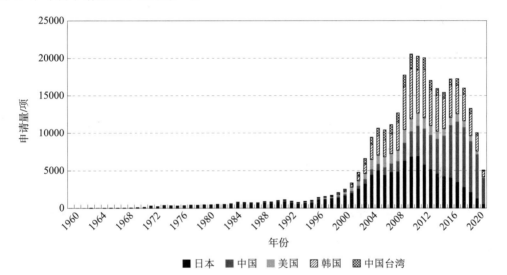

图 7　半导体照明器件各国家/地区申请趋势

中国与韩国在 2000 年前后的年申请量均达到 100 项，基本同时起步，初步形成了相对合理的产业格局。但中国缺乏 LED 照明领域的核心专利，特别是关系到产业长远发展的蓝光核心专利和白光专利，以上核心专利的缺乏制约着中国 LED 产业的发展。

照明器件产业上游的外延生长与芯片制造是最能代表企业或国家技术与产业水平的部分，也是技术含量最高和专利竞争最激烈、经营风险最大的领域，同时也是专利壁垒最强的环节。LED 产业中 70% 的利润集中在这个环节。中游的器件与模块封装以及下游的显示与照明应用，属于技术和劳动密集型行业。我国 LED 照明领域企业与世界领先企业相比，在技术和规模上存在一定的差距，且面临着一定的专利技术壁垒。

（四）主要国家和地区专利分析

本节对美国、日本、韩国和中国的上中游细分产业进行分析。

1. 美国

1978 年，英特尔生产出 16 位 8086 处理器；1981 年，IBM 推出的 PC 产品直接采用英特尔的 8086 处理器，英特尔从此一举成名；后英特尔相继推出了 80386 和 80486 处理器。凭借 80486 处理器，英特尔一举超过所有日本半导体公司。直至今日，英特尔仍然是全球微处理器领域难以撼动的龙头。基于美国在微处理器领域的优势地位，美国将产业重心以及专利申请的重心升级到利润含量较高的集成电路设计。从专利申请量来看，美国集成电路设计为集成电路制造的两倍，在半导体照明器件领域和半导体材料领域一直未有太大的申请力度，如图 8 所示。

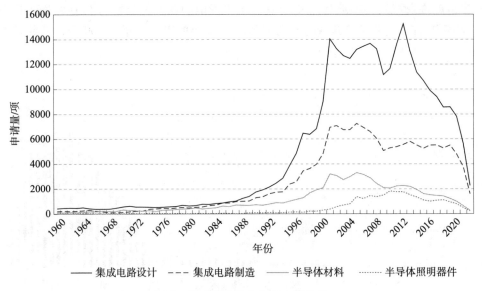

图 8　美国细分产业专利申请趋势

2. 日本

日本半导体产业的崛起首先依赖于国外技术转移。1962 年，日本电气引进了仙童半导体的平面集成电路制造技术，并结合自身反向工程，成功实现了集成电路量产；在日本政府的主导下，日本电气将相关技术传授给了其他日本企业，由此形成了日本半导体产业雏形。1968 年后，日本的研发重心为集成电路制造，同时在集成电路设计方面也加大专利申请力度。从图 9 可以看出，在日本的半导体产业中，集成电路设计和集成电路制造的相关专利申请量处于齐头并进的态势。

日本最早从 1939 年开始生产硅产品，研制成功了最尖端的 300mm 硅片，并实现了 SOI 硅片的量产。1976 年，日本同时增加在半导体材料领域的专利申请。虽然其专利申请量明显低于集成电路设计、制造，但其持续多年处于全球第一的位置。日本的半导体企业群既有制造技术优势，又能在国内进行设备及产品更新的竞争，技术水平得以不断提升。

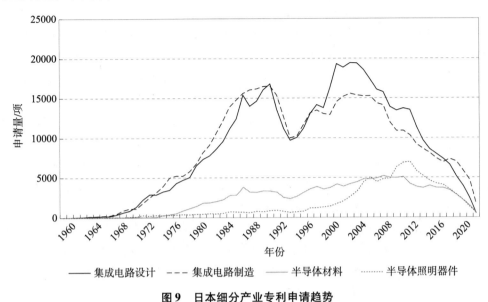

图9 日本细分产业专利申请趋势

3. 韩国

20 世纪 90 年代，韩国借助第二次产业转移迅速发展集成电路设计、集成电路制造和半导体材料领域，其中重点发展集成电路制造领域，在 1986 年至 1996 年的十年间专利申请量增至 8000 项。1999 年 12 月，韩国产业资源部发布了"GaN 光半导体"开发项目国家计划，研究项目包括以 GaN 为研究材料的白光、蓝光、绿光 LED 等，开启了韩国半导体照明器件产业的升级时期，在半导体照明器件领域的专利申请量逐年提升。2007年，美国的次贷危机引发了 2008 年的全球经济危机，导致各个产业的震荡，韩国在这四个领域的专利申请量出现不同程度的下降。韩国细分产业专利申请趋势如图 10 所示。

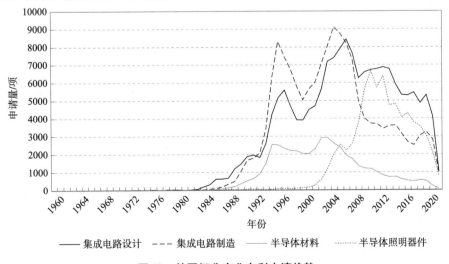

图10 韩国细分产业专利申请趋势

4. 中国

中国自 1985 年《中华人民共和国专利法》（以下简称《专利法》）正式实施以来即开始了集成电路设计、集成电路制造、半导体材料、半导体照明器件的专利申请。1992 年，我国由计划经济转为市场经济，进口家电旺盛的市场需求、外资企业带来的技术引入促使 90 年代中国在集成电路设计方面专利申请量呈增长态势；2000 年 6 月，国务院发布了《国务院关于印发鼓励软件产业和集成电路产业发展若干政策的通知》，在该政策和前期集成电路设计技术积累的背景下，集成电路制造的相关专利量也开始出现增长；2003 年，国家启动半导体照明项目，半导体照明器件迎来了发展机遇，同时促进了相关半导体材料的技术发展，专利的申请量呈缓慢增长趋势；2008 年，"4 万亿投资计划"的经济红利以及科技部和信息产业部共同启动的"极大规模集成电路制造装备及成套工艺"项目（02 专项）的落地促进了集成电路设计、集成电路制造、半导体材料、半导体照明器件领域的专利量呈指数型激增，促进上述领域进行了技术升级。由于中国半导体产业起步较晚，相较于已经长期被美日韩技术垄断的集成电路制造、半导体材料等技术积累型产业，入门门槛低和应用面广的技术应用型产业是中国在半导体产业升级中较为容易的突破口。中国细分产业专利申请趋势如图 11 所示。

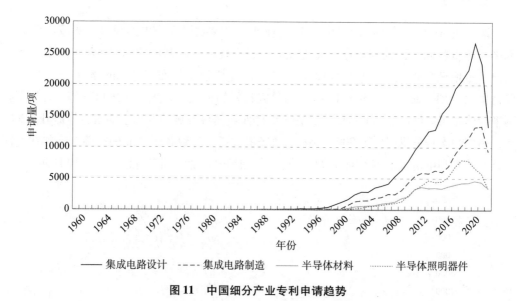

图 11 中国细分产业专利申请趋势

在中国台湾地区，半导体以代工起步，占据制造环节的领导地位。20 世纪 90 年代，集成电路设计、集成电路制造和半导体材料三个领域出现申请量的快速增长（见图 12），并且集成电路制造的专利申请量始终保持稳定。中国台湾依托于集成电路制造产业优势，在全球半导体产业中占据重要的一席。

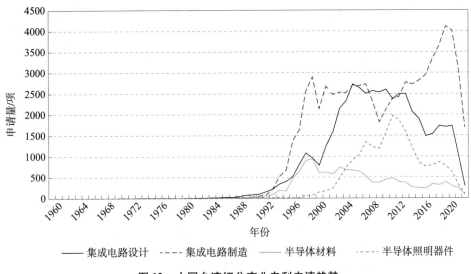

图 12　中国台湾细分产业专利申请趋势

四、结论

（一）技术发展现状

通过对半导体产业的发展现状及专利分析，对于当前半导体产业发展态势有了宏观认识，得出以下结论：

1. 全球半导体产业的三次转移推动半导体产业专利技术发展

全球半导体产业的第一次转移是由美国向日本转移，这一期间的全球专利申请量进入第一次快速增长期（1971—1990 年），日本专利申请占全球专利申请的 74.2%；半导体产业第二次转移是由日本向韩国、中国台湾转移，同时专利申请量进入第二次快速增长期（1991—2007 年），这期间韩国和中国台湾专利申请占全球专利申请的 17.1%；中国正承接第三次半导体产业转移，在此期间专利申请量持续增长，贡献全球申请量的 30.2%。

2. 细分产业逐渐完善，由寡头垄断转向分散竞争

半导体产业发展初期，专利申请 TOP5 企业专利申请占比为 20.1%，基本形成行业早期的技术集中；第一次快速增长期，TOP5 企业专利申请占比为 38.5%，该时期半导体领域为寡头垄断，日本基本控制全球的半导体产业，后续该占比逐渐降低；2008 年至今，TOP5 企业专利申请占比仅为 10.6%。随着半导体领域细分产业的逐渐完善，产业链的延长和扩展，半导体领域基本无技术寡头垄断的状况。

3. 中国专利布局集中在下游产业，亟须产业结构调整优化

中国半导体产业起步较晚，产业链上游的半导体材料、半导体器件专用设备制造等

技术积累型产业已经长期被美日韩技术垄断，中游的集成电路设计和集成电路制造产业需要大量资金投入和人才培养；相比较而言，我国已在半导体产业链下游的显示器件和照明器件两个细分产业具有全球范围内的优势创新主体京东方和海洋王照明。半导体产业主要集中于劳动密集型产业和技术与资金密集型产业，缺乏知识密集与高附加值产业，迫切需要产业结构优化。

（二）发展建议

1. 提高专利保护意识，对重点专利及时进行海外布局

目前，我国半导体产业在专利布局时对其他国家/地区的市场重视程度不够。因此，国内申请人应该提高专利保护意识，学习和借鉴其他国家/地区优秀企业的专利申请和保护策略，注意自身专利的挖掘和优化组合，形成一定量的专利组合，提前对其他国家/地区的潜在市场进行专利布局。

2. 加大半导体产业链上中游研发投入力度，提高核心竞争力

我国的半导体材料和半导体器件专用设备制造的主要研发力量集中在高校和科研机构，应进一步促进高校、科研机构与企业合作，提高共同研发能力，助力高校科研成果转化，形成产、学、研相互支持的合力；集成电路设计和集成电路制造需要极大的资金投入，政府需要在现有基础上加大支持力度，完善国内半导体产业链。

3. 整合优势资源，发挥联盟在产业发展中的推动作用

政府加强对产业联盟的支持、指导和监督。利用政府专项基金引导企业通过合作创新提高知识产权创新成果，并参与联盟计划制定和财务监督，从制度上保障联盟的规范运行，提升联盟的公信力和权威性。联盟成员之间可通过专利交叉许可等方式实现资源共享，实现共赢。

参考文献

［1］半导体 IP 产业链深度研究报告［EB/OL］．（2020－10－31）［2023－05－01］．https：//mp. weixin. qq. com/s/z1h2_8vr0yYAWVk－cgZmsw.

［2］美日"半导体大战"启发中国［EB/OL］．（2022－08－22）［2023－05－01］．https：//baijiahao. baidu. com/s？ id＝1741817800766944688&wfr＝spider&for＝pc.

［3］张馨元，钱海，陈莉敏. 全球半导体周期的60年兴衰启示录：策略问道产业之国产半导体崛起之路［EB/OL］．（2019－08－23）［2024－09－30］．https：//news. eeworld. com. cn/mp/XSY/a71789. jspx.

［4］2022年全球半导体行业市场规模及竞争格局分析［EB/OL］．（2022－10－20）［2023－05－01］．https：//bg. qianzhan. com/trends/detail/506/221020－fa07be7b. html.

智能视频监控专利技术综述

高博宇

摘 要 智能视频监控技术作为人工智能的一个分支，是一项新兴安防技术，有着广阔的发展前景。本文简要介绍视频监控的功能及关键技术，并以专利为视角，通过对该领域的专利申请量、专利申请分布、重点申请人、重点专利进行归纳总结，对视频监控领域各功能模块进行专利数据分析，重点了解相关技术分支和技术演进历程，为相关行业确定研发方向、开展专利布局提供一定参考，帮助企业提高市场竞争力。

关键词 视频监控 专利分析

一、引言

随着人们对安全性要求的日益提高，监控摄像头的使用频率越来越高，需要覆盖的范围也越来越广。传统的视频监控仅能提供视频的捕获、存储、回放等简单的功能，如果实时监控异常行为，就需要监控人员全天24小时监看视频，很显然这需要投入大量的人力、物力、财力。因此，智能视频监控技术应运而生。智能视频监控技术的最终目的是让计算机成为人类的大脑，让摄像头变成人类的眼睛，从摄像头中获取的图像序列经过计算机智能分析，实现对监控内容的理解。

智能视频监控技术与传统意义上的视频监控的区别在于将简单的被动采集变为主动采集与分析，其不仅利用摄像单元代替人眼，而且利用计算机的分析处理能力，通过一系列算法分析，回答人们对于视频数据的"是谁、在哪儿、在做什么"的问题，然后可以按照预先设定的报警规则，及时发出报警或预警信息。这样不仅可以提前进行预防和控制，还可以与其他安防设备进行联防联动，在事件发生前将隐患有效消除。

具体来讲，智能视频监控研究中对摄像头采集信息的处理主要包括目标检测、目标跟踪、目标行为分析，由低层到高层三个方面的处理，即计算机对从监控场景中提取的画面进行分析，提取出画面中运动的目标，跟踪目标的运动轨迹，最后通过对比分析预先定义的规则，从而判断监控场景中是否存在异常现象。这样就不需要监控人员时刻监看视频，而且还能够有效减少漏报和误报事件的发生，提高报警精确度。

本文从智能视频监控技术概述、专利申请概况、技术分支及其技术发展路线等方面进行介绍，以期对智能视频监控技术有更全面深入的了解。企业通过专利检索分析可以确定技术构思是否已经被他人申请专利或已经取得专利权，相关专利是否在保护范围和保护期内，排除所制造或销售的产品落入他人专利权保护范围的可能性，从而规避专利侵权风险，为科学制定研发决策提供支持。

二、技术概述

智能视频监控（Intelligent Video Surveillance，IVS）技术来源于计算机视觉（Computer Vision，CV）技术，作为人工智能（Artificial Intelligence，AI）研究的一个分支，是一项新兴的安防技术，有着广阔的发展前景。智能视频监控技术是指利用计算机视觉的方法，在不需要人为干预的情况下，通过对视频序列进行自动分析，实现对目标的定位、识别和跟踪，并在此基础上进行行为分析，以达到完成日常管理和对异常情况预警的目的。

智能视频监控技术作为计算机视觉领域的一个重要研究方向，研究内容主要包括对场景中的运动目标进行实时检测，通过对前景目标的识别和跟踪监控目标的活动，实现对监视场景中目标行为的理解。其关键技术包括运动目标检测、目标分类、目标识别、运动目标跟踪、行为分析和行为理解等内容，如图1所示。其中，运动目标检测、目标分类和跟踪是智能视频监控技术的基础，其为行为分析与理解等更高级别的视频处理技术提供信息支持。[1]智能视频监控关键技术涉及计算机视觉、人工智能、机器学习以及模式识别等众多核心内容，具有很高的研究价值，而且由于对视频场景中的物体行为进行分析和理解在实际应用程序中具有广泛的需求，因而近年来成为大量计算机视觉领域科研工作者重点研究的热点问题。

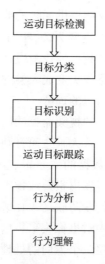

图1　智能视频监控关键技术

运动目标检测用于从图像序列中提取前景运动目标，能否对运动目标进行有效地分割和提取对于目标分类、目标跟踪以及行为理解等高级处理影响很大，因为后期处理更多的是对提取出的前景目标像素进行处理。常用的运动目标检测方法有背景差分法、时间差分法、光流法以及扩展的 EM 算法等。

目标分类用于分析运动目标以识别其所属的类别。正确地识别运动目标的类型，是进行人、车跟踪以及分析目标行为的基础。目前，常用的目标分类方法有基于物体形状信息的分类、基于运动特性的分类等方法。

运动目标跟踪是在连续的视频帧中对感兴趣目标的位置等信息进行预测，在连续帧中对该目标进行位置确定的方法。常用的工具有 Kalman 滤波、动态贝叶斯网络等[2]，常见的运动目标跟踪方法有基于区域的跟踪方法、基于轮廓的跟踪方法、基于特征的跟踪方法以及基于预测的跟踪方法。

行为分析[3]是通过计算机实时分析视频图像，通过规则过滤，将违反设定规则的事件进行报警。通过人体行为识别与理解，对人的动作行为模式进行分析、识别并用自然语言加以描述。

行为理解通过对提取的前景目标进行行为分析[4]，识别其动作并加以描述。其通过对提取到的信息进行分类，并与预先设定的典型动作和行为方式模板进行匹配，从而达到对行为的理解。

在智能视频监控技术中，对场景中运动目标检测和识别，并根据提取到的信息进行目标跟踪是研究最充分的领域，准确地检测、跟踪监控视频中的运动目标，是高效进行行为理解等技术的关键。只有准确地得到目标信息，才能为高级智能监控技术的研究提供有力的支持。[5]

三、专利申请概况

（一）全球申请趋势

20 世纪 90 年代，智能视频监控技术进入萌芽期。2000 年后，技术人员对智能视频监控技术的研发力度开始加大。随着全球范围安全形势的日益严峻，传统依靠人力的处理方式已经不能应对大规模增加的视频数据。面对以上挑战，智能视频监控技术在全球市场需求日益增加，促使智能视频监控技术专利申请量开始迅速增长。

从申请量来看，与智能视频监控技术有关的全球专利申请量变化趋势如图 2 所示。2003—2010 年专利申请增长速度缓慢，计算机视觉技术发展处于萌芽阶段；2010 年后增长速度开始加快，而且随着国际反恐形势日益严峻，以及物联网、智慧城市等的发展要求，2010—2020 年智能视频监控技术进入快速发展期。2021 年、2022 年的部分专利申请还没有公开，无法完全统计，这可能是造成 2021 年和 2022 年的专利申请数量呈下降趋势的主要原因。

可见，虽然该技术出现时间晚，但发展快，专利申请量保持在一个较高的水平上，在一定程度上说明了该项技术具备良好的应用前景。

（二）专利申请量地域分布及重要申请人分布

专利申请的地域分布在一定程度上反映出各区域对相关技术积累，以及相关企业的产品市场重心，图3从地域分布的角度对智能视频监控技术进行了统计分析。从图中可以看出，中国、美国、日本、韩国是申请量的主要贡献者，中国在智能视频监控领域的专利申请量占据全球申请量的50.70%。

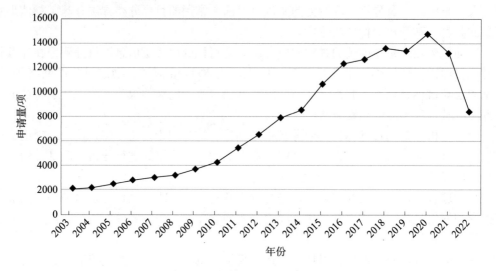

图2　全球专利申请量变化趋势

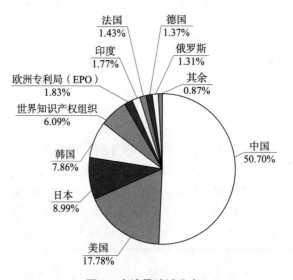

图3　申请量地域分布

基于申请量统计，图4显示了智能视频监控技术领域的重要申请人分布。从全球专利的申请量来看，努比亚技术有限公司在智能视频监控领域中的专利申请量高居榜首，其次是维沃移动通信有限公司等国内公司。国外的申请人主要有IBM、LG电子公司、高通公司。总体而言，中国在智能视频监控领域的技术处于世界先进水平，对智能视频监控在各个领域的实际应用也比较重视。

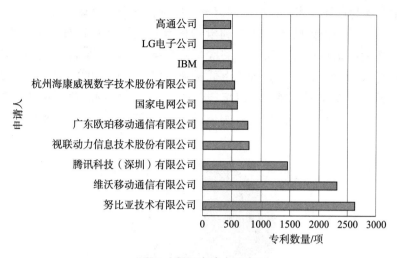

图4 重要申请人分布

（三）分类号构成

智能视频监控技术的专利申请主要涉及的分类号构成情况如图5所示。其中，H04N（图像通信，如电视）占31.81%；G06K（数据识别）占16.21%；G06F（电数字数据处理）占14.94%；G06T（一般的图像数据处理或产生）占12.43%；G08B（信号装置或呼叫装置、指令发信装置、报警装置）占9.92%。H04N是智能视频监控领域相关度最高的分类号，C06K和G06F分别位于第二、第三位。

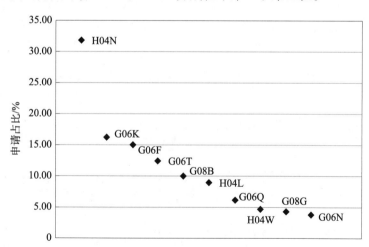

图5 分类号构成

四、技术分支及其技术发展路线

通过对智能视频监控领域的了解以及对相关专利文献的分析研究，确定出智能视频监控的技术分支为目标检测、目标跟踪以及目标行为分析三个技术分支。

图 6 显示了智能视频监控全球专利申请技术分支的比例分布。从图中可以看出，目标行为分析的申请总量位居第一，其次是目标检测，最后是目标跟踪。这是因为目标检测、目标跟踪、目标行为分析是由低层到高层三个层次的处理，智能视频监控的最终目的是能够智能实现对视频中目标行为的分析，从而判断监控场景中是否存在异常现象。因此，目标行为分析分支的专利申请量在近几年突飞猛进，专利申请数量最多。

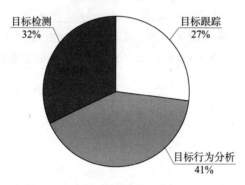

图 6　智能视频监控全球专利申请技术分支的比例分布

图 7 显示了智能视频监控领域重要专利年份及技术分布，以下为目标检测、目标跟踪、目标行为分析三个技术分支中的重要专利。

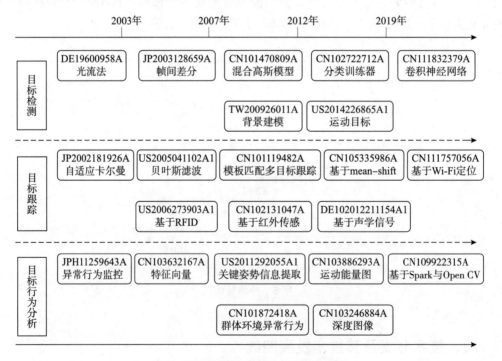

图 7　智能视频监控领域技术发展路线

（一）智能视频监控中的目标检测

目标检测是从图像或视频中提取出感兴趣的目标或者运动前景，即确定在当前时刻目标所在当前帧的位置以及目标在当前帧所占的大小。目标检测技术分支在智能视频监控算法中处于最基础的地位，目标检测性能的好坏能够直接影响后续目标跟踪算法、目标行为识别的分析性能。早期的目标检测依赖监控人员时刻盯着监控视频，在发现异常或者事故发生时进行预警和报警，从而采取有效的补救措施。但是监控的范围广、面积大，仅靠监控人员的一双眼睛很难及时准确发现所有的异常情况，因此智能目标检测开始登上历史舞台。

2003 年，三菱公司（JP2003128659A）提出一种运动物体检测器。例如，对于人，基于两个连续帧的调整差图像之间的差的计算来检测运动物体的区域；转换器将左右照相机拍摄的彩色图像转换为亮度图像。调整单元亮度图像并计算两个连续帧的调整图像之间的差，以获得调整差图像。计算连续帧的平差图像之间的差值，并据此检测运动目标区域。

2007 年，中国科学院自动化研究所（CN101470809A）提出一种基于扩展混合高斯模型的运动目标检测方法。该方法包含如下步骤：通过一级模型构建模块，基于扩展混合高斯模型，构造阴影背景和前景的概率密度函数；通过二级模型构建模块，基于上述三类的模型，构造运动目标和非运动目标的概率密度函数；通过分类模块，应用 MAP-MRF（Maximum a Posteriori-Markov Random Field）方法进行分类；应用跟踪的反馈信息，进一步精确前景模型。通过将高斯混合模型融合空间信息可以克服因背景运动造成的前景检测误差；通过在一个概率框架中融合背景建模、前景检测和阴影去除可以克服阴影造成的不利影响，从而提高运动目标的检测效果。

2012 年，西安电子科技大学（CN102722712A）提出一种基于连续度的多尺度高分辨率图像目标检测方法，主要解决现有目标检测技术中虚警率高及耗时的问题。其实现步骤为：从 50 幅正类训练样本中提取基于 Forstner 算子的样本特征；结合样本特征间的空间关系特征构造字典，对字典进行聚类；使用稀疏神经网络训练分类器；输入待检测图像，进行均值滤波与二值化，提取基于突变的感兴趣区域；对感兴趣区域进行多尺度缩放，在每一层上滑动 100×40 的窗口，将分类器应用到窗口计算活性值，得到活性值分布图；利用邻域抑制和重复部件消除方法，寻找目标活性峰值点；计算目标连续度，根据连续度得到最终目标检测结果。这种方法具有检测正确率高、虚警率低、时效性高的优点，可用于大尺度高分辨率图像的目标检测与定位。

2019 年，中国石油公司（CN111832379A）提出一种基于卷积神经网络的无人机实时视频检测系统。该基于卷积神经网络的无人机实时视频检测系统包括无线高清图像传输模块、视频采集模块和处理器模块。视频采集模块连接于处理器模块，采集无人机飞行过程中高清航拍影像，并将航拍影像传输给处理器模块。该处理器模块连接于无线高清图像传输模块，处理航拍影像，基于卷积神经网络进行异常目标检测识别。该无线高清图像传输模块将处理器模块的实时检测画面传输到地面显示端。该基于卷积神经网络的无人机实时视频检测系统可以在无人机上实现在线图像采集、高精度和高速度的异常目标检测，大大提高了无人机在线视频检测系统的效率。

（二）智能视频监控中的目标跟踪

目标跟踪作为智能视频监控中的另一个关键性技术，是指在检测到视频图像序列中的目标后，确定能够唯一标识目标的特征并获取目标的实时运动状态信息，如目标的运动轨迹以及速度、加速度、重心等常规运动参数，以在后续的连续图像帧中持续确定目标的位置。目前，在智能视频监控领域中，目标跟踪技术得到广泛的应用。智能视频监控中的目标跟踪技术使用较多的主要算法为：基于模板匹配的目标跟踪、基于卡尔曼滤波的目标跟踪以及基于均值漂移的目标跟踪。

2003 年，BBN 科技公司（US2005041102A1）提出一种检测和跟踪目标的方法。该方法可以检测和跟踪感兴趣场景中的目标，可以在场景的连续图像对上执行帧间差异，并使用贝叶斯模型分析器可以获得帧间差密度函数。帧间差密度函数可以划分为静态和移动状态以提供目标函数。使用展开的轮廓对后续的顺序图像进行执行运动检测分析；并从水平集轮廓中提取时间和运动分析数据，用于随后的成对顺序图像以跟踪检测到的目标。

2007 年，北京智安邦公司（CN101119482A）提出一种全景监控方法及设备。该方法和设备包括：全景镜头和成像组件相结合用于得到监控现场的全景视频信息；事件检测模块用于对所述全景视频信息进行智能图像分析，根据得到智能分析结果判断是否有符合预先设定告警条件的事件发生，并生成事件检测报告；视频服务模块用于利用所述智能分析结果实现多目标虚拟 PTZ 跟踪，并提供一种多高分辨率目标图像复用的压缩、传输机制，不仅解决了"看得清"和"看得全"的问题，而且还能有效地降低对传输带宽的要求，实现高效传输；接口模块用于提供全景监控设备与外部设备连接的全部接口。实现了连续监控 360°全景空间，不会漏掉或错过任何突发事件，实现了无盲点、无死角的智能监控。

2015 年，西安电子科技大学（CN105335986A）提出一种基于特征匹配和 Mean Shift 算法的目标跟踪方法。该方法步骤如下：输入图像序列，对图像序列进行背景重构，获得初始时刻的目标区域，并采用 Mean Shift 算法进行建模；对初始时刻的目标区域模型进行 SIFT 特征提取，将初始时刻的目标区域模型的 SIFT 特征点作为特征库的初始特征点；通过 SIFT 特征匹配计算当前帧目标的初始位置、尺度参数和旋转参数；采用 Mean Shift 算法对目标进行精确定位；计算目标的遮挡因子，判断目标的遮挡程度，确定目标的跟踪模式；图像序列中的所有图像跟踪完毕，结束目标跟踪。将 Mean Shift 算法和 SIFT 特征匹配算法结合起来，充分发挥二者的优势，实现目标的稳定跟踪。

2020 年，视云融聚（广州）科技有限公司（CN111757056A）提出一种基于 Wi-Fi 的跨境跟踪目标的方法。该方法步骤如下：S1，获取第一监控设备采集的监控视频图像，并判断待跟踪目标是否出现在所述监控视频图像中，如是，则执行步骤 S2；S2，获取与第一监控设备关联的第一 Wi-Fi 探针采集的第一 MAC 地址信息；S3，获取第二监控设备采集的监控视频图像，并判断待跟踪目标是否出现在所述监控视频图像中，如是，则执行步骤 S4；S4，获取与第二监控设备关联的第二 Wi-Fi 探针采集的第二 MAC

地址信息；S5，判断所述第一 MAC 地址信息与所述第二 MAC 地址信息是否有相同 MAC 地址，并记录所述相同的 MAC 地址。通过视频图像和 Wi-Fi 探针的形式来获取待跟踪目标的 MAC 地址，从而可以使用 MAC 地址对待跟踪目标进行跟踪，提高待跟踪目标的准确性。

（三）智能视频监控中的目标行为分析

视频监控中的行为分析是在正确地检测、跟踪视频图像中运动目标的前提下，进一步利用视频监控信息以识别和理解目标行为主体正在进行的动作，并用语言等方式加以描述的技术。对基于视频监控的行为分析算法的研究已经进行了多年，通过对相关专利进行分析可以发现，目前常见的行为分析方法根据提取特征的方式和对时序信息的使用程度可分为基于模板匹配的方法、基于动态特征匹配的方法和基于统计模型的方法等。

1998 年，三菱公司（JPH11259643A）提出一种用于建模信号行为的计算机实现的方法。该方法包括以下步骤：将训练信号转换为一系列向量；将所述向量序列存储在存储器中，构建包括状态和状态转换的隐马尔可夫模型；提供熵先验概率；使用所述熵先验概率估计所存储的隐马尔可夫模型的最大后验概率参数，以保留指示所述训练信号的规范行为的状态和状态转换，从而导致存储在所述存储器中的低熵隐马尔可夫模型。

2010 年，电子科技大学（CN101872418A）提出一种基于群体环境异常行为的检测方法。该方法包括检测模型建立中的划分视频单元子序列，特征提取及样本数据库的建立，建立 Multi-HMM 模型；异常行为检测中的从当前监控场景的视频序列中提取各观察值序列，确定观察值序列对应的最佳隐马尔可夫链，异常行为判定及警告。由于从整体角度、在频域上随时间变化准确而快速地提取视频序列的动态变化特征，并根据所建模型自动、实时地检测群体环境下的异常行为，其准确率可达 90% 左右，因而具有对当前监控场景的行为特征提取准确、快速，可广泛用于对群体环境下发生的异常行为进行检测，且检测的效率、准确性及可靠性高等特点。

2013 年，清华大学（CN103246884A）提出一种基于深度图像序列的实时人体动作识别方法。该方法包括以下步骤：S1，从目标深度图像序列中提取目标动作剪影，从训练深度图像集中提取训练动作剪影；S2，对训练动作剪影进行姿势聚类，并对聚类结果进行动作标定；S3，计算目标动作剪影以及训练动作剪影的姿势特征；S4，结合训练动作剪影的姿势特征进行基于高斯混合模型的姿势训练并构建姿势模型；S5，计算聚类结果的每个动作中各姿势间的转移概率并构建动作图模型；S6，根据所述目标动作剪影的姿势特征、姿势模型以及动作图模型对目标深度图像序列进行动作识别。该方法提升了动作识别的效率及动作识别的准确性和鲁棒性。

2019 年，西安电子科技大学（CN109922315A）提出基于 Spark 与 OpenCV 的实时视频行为分析方法。该方法包括以下步骤：S1，开启网络摄像头，采集视频数据；S2，OpenCV 将视频流转化为帧，并将每帧图像存储为 Mat 对象；S3，从 Mat 对象中提取视频帧的完整信息，包括 Rows、Cols、Type 等，使用 JSON 数据格式保存；S4，将视频帧的完整信息发送至 Kafka 服务器缓存；S5，视频流处理器消费缓存中的视频帧数据，使用 OpenCV 库中的算法分析视频采集模块提供的实时视频帧数据，识别视频中发生的动作；S6，如果检测到动作异常，将会触发智能报警模块发出警报；S7，将处理过的视频存储到分布式文件系统 HDFS 中。该方法可应用在视频安防监控、老年人监护、交通管理、智慧城市等领域，前景广阔。

五、总结

通过对上述专利分析可以看出，智能视频监控领域每年都有大量的专利申请。目前，中国科学院自动化研究所及各大高校，如西安电子科技大学、电子科技大学、南京邮电大学、华中科技大学、清华大学等，对智能监控各个分支的算法研究和改进作出了重要的贡献，并在研究的基础上申请了大量的专利。由于智能视频监控的最终目标是能够智能实现对视频中目标行为的分析，并根据分析结果实现控制，因此，目标行为分析分支的专利申请量在近几年突飞猛进，专利申请数量最多。另外，目标检测是目标跟踪以及目标行为分析的基础，其专利申请量仅次于目标行为分析，居于第二位。

智能视频监控技术在大规模应用中的关键核心技术尚在积累阶段，如何将物联网、大数据等新兴技术与智能视频监控技术有机结合，是我国技术工作人员应当努力的方向。在互联网技术高速发展、终端软硬件设备不断强大的大背景下，视频监控系统必将迎来更广阔的发展空间。因此，企业应结合视频监控发展现状，着眼于市场需求和互联网技术的发展，开发核心技术，调整专利布局，保护技术创新，提高市场竞争力。

参考文献

[1] 邹依峰. 智能视频监控中的行人检测与跟踪方法研究 [D]. 合肥：中国科学技术大学，2011.

[2] ZIVKOVIC Z. Improved adaptive gaussian mixture model for background subtraction [C]. International Conference on Pattern Recognition. IEEE, 2004：28 – 31.

[3] 董坤. 视频监控中运动人体检测与异常行为分析研究 [D]. 南京：南京邮电大学，2013.

[4] WANG C, WANG Y, YUILLE A L. An approach to pose – based action recognition [C]. IEEE Computer Society Conference on Computer Vision and Pattern Recognition. IEEE, 2013：915 – 922.

[5] 栾桂芬. 面向航拍图像多运动目标的实时检测与识别 [J]. 计算机测量与控制，2022，30（1）：221 – 228.

高动态范围成像技术综述

闫志扬

摘 要 高动态范围成像技术由于具有更大动态范围、更多细节，能够提供更具临场感的观影感受，其获取和显示已成为国际热点研究领域。本文总体介绍了高动态范围成像技术研究现状和技术发展，并从专利申请量、主要申请人以及专利技术分布情况对高动态范围成像技术专利申请情况和技术路线演进情况进行研究分析，给出了该项技术在软件及硬件层面的研究现状和研究趋势，有利于该领域创新主体结合自身技术积累准确定位研究方向，开发核心技术，调整专利布局，从源头保护技术创新，进而提升我国在该领域的市场竞争力。

关键词 高动态范围成像 专利分析

一、引言

高动态范围成像（High Dynamic Range Imaging，HDRI 或 HDR），在计算机图形学与电影摄影术中，是用来实现比普通数位图像技术更大曝光动态范围（更大的明暗差别）的一组技术。高动态范围成像技术由于能够提供更多亮度和细节信息，近年来已逐渐成为国内外热点研究领域。自然界的现实场景具有非常广阔的亮度范围，而人类对光线的感知视觉系统（HVS）在视网膜细胞帮助下能够感知到的现实场景动态范围一般情况下至少也达到了 10000：1，但受成像传感器、显示等技术水平影响，消费电子领域的视频系统一直按照低动态范围（Low Dynamic Range，LDR）构建，所造成的"观看质量下降、真实感不强"问题在用户日益增强的高质量画面需要下日益凸显。HDR 技术打破了图像传感器与显示器的局限性，更真实地还原了人眼观察的效果。[1]

高动态范围成像最初只用于纯粹由计算机生成的图像，后来人们开发出一些从不同曝光范围照片中生成高动态范围图像的方法，随着数码相机的日渐流行以及桌面软件变得易于使用，许多业余摄影师使用高动态范围成像的方法生成高动态范围场景的照片。HDR 技术不但能够应用在户外、影院等大空间场景，更能在室内、家庭等小空间场景中提供更具临场感、更好视觉体验的观影效果。近年来，HDR 技术越来越多地应用于各种移动设备，是当前数字领域的研究热点之一，具有较高的研究价值与实用价值。

二、高动态范围成像技术概述

（一）研究现状

高动态范围成像技术的研究主要集中于高动态范围成像、合成、显示及相关软硬件的实现。根据扩展动态范围的方式不同，一般分为两大类：基于硬件的改进和基于软件的合成。基于硬件扩展动态范围的技术又可以大致分为两种：一种是对 CCD 或者 CMOS 进行重新设计，另一种则是通过增加成像传感器的个数来达到多次曝光的目的。由于上述提到的基于硬件的改进来获取高动态范围图像的方法，受应用对象、场合的多样性、硬件成本和实施的难易程度等因素的影响较大，而基于软件的合成方法主要是借助计算机辅助将获取的目标场景的图像进行处理得到高动态范围图像。与硬件的改进相比较，基于软件的合成方法在成本和适用性上都有较大的优势。因此，当前的研究重点主要集中在软件算法合成的实现上，目前常用的高动态范围成像技术主要采用多次曝光的方式来完成。

（二）技术发展

基于多次曝光的高动态范围成像技术主要分为两种方法：一种方法是基于相机响应函数的求解，即利用不同曝光量的图像的像素值和目标场景的照度之间的关系，并考虑噪声等因素对像素值的影响，构造方程，求解得到相机响应函数，接着利用得到的图像的像素值和场景辐照度之间的关系，在辐照度域对多张不同曝光量的图像进行合成，得到一张高动态范围图像，再通过色调映射处理，将合成的高动态范围图像转换为能够在普通显示设备显示的低动态范围图像；[2-3]另一种方法是将具有不同的曝光量的图像序列，通过一定的规则直接进行融合。[4]图 1 是两种方法的比较示意图。

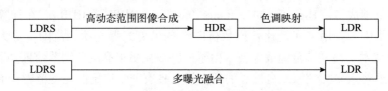

图 1　基于多曝光的不同高动态范围成像方法

1. 数码相机成像原理

常用的数码相机的成像过程大致分为以下过程：光照感测、光信号向电信号转换、信号的放大处理、模拟信号向数字信号的转化、存储等。图 2 是数码相机成像原理。

数码相机成像过程较复杂，从场景的光线进入镜头到最终输出图像像素值的过程包含许多非线性映射关系，而为了进一步理解相机成像过程中输入与输出之间的量化关系，相机响应函数（Camera Response Function，CRF）由此被提出。它是用来表示真实场景的辐照度与相机输出图像的像素值之间的映射关系，将多种非线性的转换用一个非线性的映射来代替。相机响应函数反映的是相机的一种属性，基于多曝光的高动态范围成像技术的关键一步就是相机响应函数的求解。

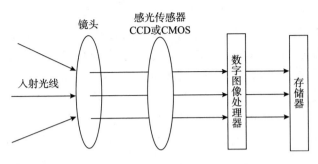

图2　数码相机成像原理

2. HDR 图像的合成

高动态范围图像的合成过程中相机响应函数的求解至关重要。高动态范围图像因其能够展示更多更丰富的细节信息，在逆光情况下相比传统的图像更具优势，因此被广泛应用。目前，研究人员提出了许多的合成方法，其中 Debevec 和 Malik 提出的基于最小二乘的相机响应函数获取算法[5]以及 Nayar 和 Mitsunaga 提出的基于多项式拟合的相机响应函数获取算法[6]较为经典。

在计算得到相机响应函数基础上，很容易计算出在曝光时间确定的条件下，单个图像中每个像素点所对应的场景的辐照度大小。考虑到算法的鲁棒性和更客观地恢复高动态范围目标场景的辐照度值，针对某一像素点所在场景的位置，应该使用所有可用的曝光量来计算它的辐照度值，即应该使用相机的所有曝光时间挡位获取的图像来计算，并对不同曝光时间所对应的图像给予不同的权重，对其进行加权平均，由此可得到目标场景图像每一像素点所在位置的对数辐照度值。对于高动态范围场景，通过上述在辐照度域合成多张不同曝光时间的图像，得到一张高动态范围的目标场景图像，由于组合了多张图像，所以可以将每张图像中获取的细节信息展现在最终的合成结果中，更真实地还原目标场景，生成流程如图3所示。

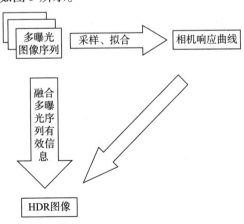

图3　HDR 图像生成流程

3. 色调映射

真正的高动态范围图像由于包含了更宽广的动态范围和更多的场景信息，所以它的图像每通道都不再是传统的 8bit，而是具有更高精度的存储位数，与现有的图像存储格式也不同。而目前的显示设备大多只支持 8bit，所以真正的高动态范围图像无法直接在现有的一般显示设备上显示，虽然目前有能够显示高动态范围图像的设备，但是由于成本太高，并未得到普及。因此，在现有的硬件设备还没取得进一步的突破之前，色调映射就是目前的一个解决方法。色调映射是指尽可能在保证图像质量的前提下对高动态范围图像的动态范围进行压缩处理，使高动态范围图像能够在普通的显示设备上显示的一种方法。基于对图像的像素点的处理方法的不同，高动态范围图像的色调映射算法总的来说分为两大类：全局色调映射算法和局部色调映射算法。[7]

4. 多曝光融合

图像融合是指将两个或多个图像中的相关信息结合到一张图像中的过程，从而增强对场景的感知，生成的图像将比任何一张输入的图像拥有更多的信息。图像融合技术在各个领域都有着广泛的应用，随着图像融合技术的发展，多曝光融合技术可以在不用求解相机响应函数的前提下，通过融合规则直接得到能在现有显示设备显示的图像，从而受到业内广泛关注。

多曝光融合算法的主要优点是算法流程比较简单，不需要合成中间的 HDR 图像，从而也就不需要恢复相机响应曲线。而它的主要缺点是，在场景动态范围比较大的时候，极亮和极暗处可能存在多幅图像都没有良好曝光的问题，导致一般的多曝光融合策略往往不能很好地恢复场景中暗处和亮处的信息。所以如何保存图像亮暗区域的细节，生成更加贴近人眼所观察到的结果的图像，仍然是亟须解决的一个关键问题。[8]

三、专利申请总体情况

本文的专利分析数据来源于 incoPat 专利数据库，通过在数据库中针对高动态、HDR、HDRI 等关键词进行检索，并针对全球数据库以及中国数据库进行筛选过滤，得到该技术领域全球专利申请量以及我国专利申请量的相关数据。

（一）专利申请量分析

对高动态范围成像技术全球专利申请按年份进行统计，得到图 4 所示的全球专利申请趋势。

由图 4 可以看出，高动态范围成像技术专利申请出现于 2004 年，其发展过程可以分为三个阶段。

萌芽阶段（2004—2009 年）：该阶段专利申请量较少，高动态范围成像技术主要应用于专业相机以及电视领域，技术门槛高，且主要掌握在国外大公司手中，此时多媒体技术还未普及，导致高动态范围成像技术的研究及应用还处于萌芽阶段。

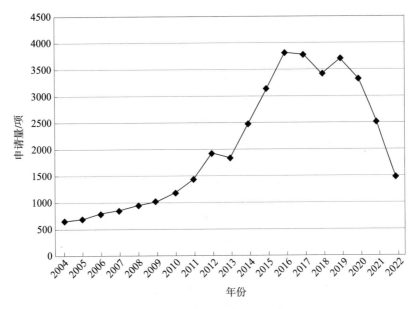

图 4　高动态范围成像技术全球专利申请趋势

逐步增长阶段（2009—2013 年）：在这一阶段，多媒体技术快速发展，且智能终端设备开始普及，尤其在摄像方面的应用不断扩大。高动态范围成像技术作为高质量图像获取技术，探索其在智能终端上的应用成为必然，由此高动态范围成像技术专利申请开始呈现出逐步增长的趋势。随着智能终端拍照技术的推广，用户对于用手机获取高质量图像的需求日益凸显，而高动态范围成像技术的应用可以很好地解决这一问题。

快速增长阶段（2014—2016 年）：在这一阶段中，随着智能终端摄像技术硬件的快速发展，手机厂商开始转战终端摄像领域的研究。而我国手机厂商也从 2014 年前后加入到移动终端研究大潮中，对于移动终端摄像领域高动态范围成像技术的专利申请大幅增加，带动了全球高动态范围成像技术专利申请增长趋势。

专利申请需要 18 个月的公开时间以及检索数据库的更新时间，因此 2021 年和 2022年的部分发明专利申请还无法统计，这可能是造成 2021 年和 2022 年的专利申请数量呈下降趋势的主要原因。

（二）主要申请人分析

图 5 为全球主要申请人专利申请量排名。从全球专利申请量排名前十位的企业来看，高动态范围成像技术专利申请主要被索尼、佳能、三星、苹果、高通等国际大型企业拥有。中国的企业以广东欧珀移动通信有限公司申请量最多，排名第八，该公司虽然起步时间比较晚，但是专利申请量增长十分迅速，说明该公司对高动态范围成像技术在终端拍照领域的应用非常重视。近年来，随着智能终端拍照技术的兴起，高动态范围成像技术从电视领域成功应用于移动终端拍照领域。由图 6 可知，我国对于高动态范围成像技术的应用与研究主要集中于广东欧珀移动通信有限公司、华为技术有限公司、维沃移动通信有限公司三大通信企业以及高校学术研究机构。

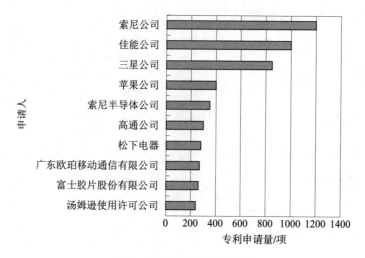

图5　全球专利申请人排名

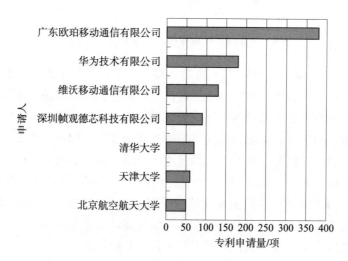

图6　中国专利申请人排名

相比于国外的专利申请量，我国近几年的专利申请量明显增加，这说明随着我国智能终端通信领域的技术崛起，各高新技术企业愈发重视在高动态范围成像技术方面的研究，并且对知识产权保护方面的重视程度也越来越高。

（三）专利 IPC 分类分析

为了展现本领域整体专利技术的分布情况，本研究采用了 IPC 作为分类标准进行分析，借此对该领域技术的研发重点和研发热点进行挖掘。

由图7可知，高动态范围成像技术的主要 IPC 分类为 H04N 图像通信这一小类下，约占 43% 的比例。除此之外，G06T 图像数据处理、H01L 半导体器件也各占 14%、12% 的比例。此外，由于高动态范围成像技术在具体应用时，与数据识别、光学元件等技术密切相关，因此，IPC 分类时还涉及分类号 G06K、G02B 等。图像通信领域多学科交叉特点显著，因此，其相关技术研究在分类号分布上也体现出以图像领域为主、多领域交叉融合的特点。

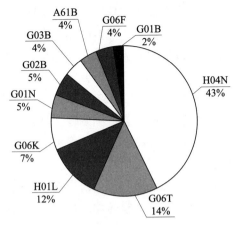

图7 全球专利 IPC 分布

四、技术演进

（一）技术方向的发展

高动态范围成像技术的重要技术分支主要包括图像合成以及硬件改进两个方面，通过对不同时期高动态范围成像技术专利申请进行分析，得到图8所示各个技术分支的发展情况。

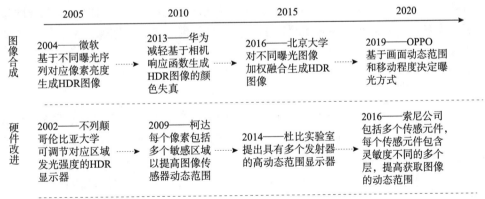

图8 技术路线演进

（二）典型技术方案的演进

1. 图像合成

2004 年，微软公司（CN1799057A）提出一种用于生成高动态范围视频的系统和过程，在改变曝光时间的同时捕捉视频图像序列，以便在具有较短和较长曝光时间的各个帧之间交替，根据前导帧内的像素亮度分布函数在捕捉图像序列之前，设置每个帧的曝光时间。对于每个帧，标识考虑中的帧与前导和后续帧之间的对应像素，对于每个对应像素集，至少一个像素被标识为可信像素，然后使用与可信像素相关联的像素色彩信息来计算每个像素集的发光度值，以形成发光度图，随后执行色调映射程序，以将该发光度图转换成 HDR 帧的 8 位表示。

2013 年，华为技术有限公司（CN103067671A）提出一种显示图像的方法及装置，获取对同一场景进行拍摄得到的多张低动态范围图像，从每张低动态范围图像的图像分量中获取多个采样点，采样点为位于低动态范围图像平滑区域内的像素点；根据相机响应模型构造第一最小代价函数，通过高斯加权函数对所述第一最小代价函数进行高斯加权得到第二最小代价函数；根据所述采取的多个采样点，通过第二最小代价函数将所述多张低动态范围图像的图像分量合成为一张高动态范围图像的图像分量；将一张高动态范围图像的图像分量转换为一张待显示的低动态范围图像。通过上述方法合成高动态范围图像，可以消除低动态范围图像中的噪声，如此可以减轻合成的高动态范围图像中存在的颜色失真以及减轻待显示的低动态范围图像中存在的颜色失真。

2016 年，北京大学（CN106157305A）提出了一种基于局部特性的高动态图像快速生成方法。该方法将同一场景不同曝光度的图像分割成面积等大的块，取得每个块的块级权重，采用均值滤波对权重图进行平滑，滤除权重块之间的边缘。通过生成的像素级权重，根据图像融合模型将不同曝光度的图像融合在一起，该方法使融合后的高动态视频图像能够包含所有亮度范围信息，并且能够保持快速的算法运行速度。

2019 年，OPPO 广东移动通信有限公司（CN110166706A）提出一种图像处理方法。该方法基于预览画面的动态范围和画面移动程度，确定出最佳曝光方式，并定义了包围曝光方式下图像的降噪和融合，使图像在融合时就已是比较干净的图像，在保证图像高动态和干净的同时，减少了不连续噪声的产生并且保留了更多的图像细节，保证了图像的清晰度。

2. 硬件改进

2002 年，不列颠哥伦比亚大学（CN1924680A）提出了一种高动态范围显示装置，一种显示器具有并入一个光调制器的显示屏，该显示屏可以通过控制光调制器的元件，调节从显示屏上对应区域发出的光的强度，从而提供高动态范围图像显示。

2009 年，柯达公司（CN102057486A）提出了一种高动态范围图像传感器。图像传感器包括多个像素，每个像素包括第一光敏区和第二光敏区，第二光敏区域具有低于所述第一光敏区域的所述敏感区的第二敏感度，以及横跨第二光敏区域的偏振器。该方案能够选择性地去除日光反射而使其他对象的光成像，偏振器使得传感器两个部分的饱和度不同以适应不同的照明条件，从而克服环境因素对传感器动态范围的影响。

2014 年，杜比实验室特许公司（CN103765502A）提出了一种具有宽色域和能量效率的高动态范围显示器。显示系统包括将光发射到光路内的多个发射器，包含多个有色子像素的第一调制器，第一调制器透射从发射器发射的光；颜色陷波滤波器被置于光路中以与第一调制器一起调节或卷积光。颜色陷波滤波器可减轻通过有色子像素发射的不同色带信号之间的串扰，通过对光的调节允许显示系统以更高的保真度呈现高度饱和的图像。

2016年，索尼公司（CN106550199A）提出了一种多层高动态范围传感器。该图像传感器包括多个传感元件，每个传感元件包括灵敏度不同的多个层，将多个层中的各层配置为具有不同的灵敏度，以及储存多个层中的各层所记录的光子。一旦光子被具有多个层的图像传感器捕捉，来自多个层的数据就被组合，由此形成比传统的单层图像传感器动态范围更宽的图像。

五、总结

高动态范围成像技术由于具有更大动态范围、更多细节，能提供更具临场感的观影感受，其获取和显示已成为国际热点研究领域。随着电子技术的不断发展，用户对图像质量提出了更高的要求，高动态范围成像技术作为成像系统的一项关键技术，对图像质量起着关键性作用，其发展和研究也具有重要的意义。高动态范围成像技术无论在学术研究还是消费电子领域，都有很高的应用前景，可广泛应用于交通监控、生物医疗、卫星遥感、游戏等需要显示高动态细节图像的行业，是未来消费电子领域发展的必然趋势。

在多媒体技术高速发展、终端软硬件设备不断强大的大背景下，高动态范围成像系统必将迎来更广阔的发展空间。尽管大量核心技术掌握在国外大型企业手中，但伴随近年来在消费电子领域中国企业的日益强大，我国在该领域研究应用方面实现突破和追赶成为可能。

目前，我国大型企业对于该项技术的专利申请主要集中在图像合成相关的算法研究方面，而对于硬件方面的传感器以及显示器改进方面研究较少。对此，我国相关技术的创新主体可加大硬件方面的研究投入以及高价值专利申请，结合高动态范围成像技术发展现状，着眼于市场需求和多媒体技术的发展，开发核心技术，调整专利布局，保护技术创新，进而提升企业以及我国在该领域的市场竞争力。

参考文献

[1] BANDOH Y, QIU G, OKUDA M, ET AL. Recent advances in high dynamic range imaging technology [C]. International Conference on Image Processing. IEEE, 2010：3125 – 3128.

[2] 朱秀明. 高动态范围图像的合成及可视化研究 [D]. 杭州：浙江大学, 2008.

[3] 刘艳辉. 高动态范围图像合成显示系统设计与实现 [D]. 西安：西安电子科技大学, 2012.

[4] XIA H, HUO Y Q. High dynamic range image fusion in HSV space [C]. International Conference on Communication Problem – Solving. IEEE, 2016：1 – 2.

[5] DEBEVEC P E, MALIK J. Recovering high dynamic range radiance maps from photographs [C]. ACM SIGGRAPH, 1997：369 – 378.

［6］MITSUNAGA T, NAYAR S K. Radiometric self calibration ［C］. IEEE Computer Society Conference. IEEE, 2002: 1374.

［7］孙婧，徐岩，段绿茵，等. 高动态范围（HDR）技术综述 ［J］. 信息技术，2016（5）：41 –45.

［8］GOSHTASBY A A. Fusion of multi – exposure images ［J］. Image and vision computing, 2005, 23（6）：611 –618.

白藜芦醇的专利技术综述

王　博

摘　要　白藜芦醇，是一种非黄酮类多酚有机化合物，是许多植物受到刺激时产生的一种抗毒素。体外实验及动物实验表明，白藜芦醇有抗氧化、抗炎、抗癌及保护心血管等作用。本文从白藜芦醇国内外申请量趋势、区域分布、技术分支以及主申请人等方面进行简要分析，并主要对白藜芦醇的提取方法、合成方法这两种制备方法的专利进行分析，以梳理其技术发展过程。在此基础上，对白藜芦醇的发展热点进行预估，为今后申请白藜芦醇领域"高价值"专利提供了思路和方向。

关键词　白藜芦醇　制备方法　提取　合成

一、概述

白藜芦醇（3-4′-5-trihydroxystilbene）是一种非黄酮类多酚化合物[1]，其化学名称为3，4′，5-三羟基-1，2-二苯基乙烯（3，4′，5-芪三酚）[2]，分子式为$C_{14}H_{12}O_3$，其结构式为：

。白藜芦醇早在1924年被发现，于1940年首次从毛叶藜芦的根中分离得到。[3]1976年，人们在葡萄的叶片中发现了白藜芦醇，它是植物体在逆境或遇到病原侵害时分泌的一种抗毒素，紫外线照射、机械损伤及真菌感染会使其合成急剧增加，故称之为植物抗菌素。人们已经在700多种植物中发现了白藜芦醇，包括12科31属72种植物，其中葡萄、虎杖及花生等人类食品中含量较高。[3]白藜芦醇有独特的理化性质，体外实验及动物实验表明，白藜芦醇有抗衰老、肿瘤及心血管保护、抗氧化、抗炎、抗菌等作用。

1. 抗衰老

2003年，哈佛大学教授大卫·辛克莱（David Sinclair）及其团队研究发现白藜芦醇可激活乙酰化酶，延长酵母菌的寿命，这激发了人们对白藜芦醇抗衰老研究的热潮。霍维茨（Howitz）等发现白藜芦醇可以作为最强的沉默信息因子的激活剂，可模拟热量限制（Calorie Restriction，CR）抗衰老反应，参与有机生物平均生命期的调控。CR 是 SIRT1 的强诱导剂，能增加 SIRT1 在脑、心、肠、肾、肌肉和脂肪等器官组织中的表达，CR 能够引起延缓衰老和延长寿命的生理变化，最显著的可延长 50%。相关研究证实，白藜芦醇具有延长酵母、线虫、果蝇及低等鱼类寿命的功效。[1]

2. 抗肿瘤

白藜芦醇对鼠肝细胞癌、乳腺癌、结肠癌、胃癌、白血病等多种肿瘤细胞均有显著抑制作用。有学者通过 MTT 法及流式细胞术证实了白藜芦醇对黑色素瘤细胞有明显的抑制作用。[1]有报道显示，白藜芦醇可以提升癌症放射性治疗的效果，发挥"1 + 1 > 2"的效果，有效抑制癌症干细胞。

3. 防治心血管疾病

流行病学研究发现，"法国悖论"（French paradox）现象即法国人日常摄入大量脂肪，但心血管疾病的发病率与死亡率都明显低于欧洲其他国家的现象，可能与其日常大量饮用葡萄酒相关，而白藜芦醇可能是其主要的活性保护因子。研究显示，白藜芦醇可通过与人体内雌性激素受体的结合调节血液中胆固醇水平，抑制血小板形成血块黏附于血管壁，从而抑制和延缓心血管疾病的发生和发展，减少人体患心血管疾病的风险。[1]

4. 其他作用

白藜芦醇还具有抗菌、抗氧化、免疫调节、抗喘等其他生物活性。白藜芦醇所具有的各种生物活性，使其备受人们的追捧。[1]

本综述对涉及白藜芦醇的专利申请进行了多方面的数据分析，包括全球以及中国申请趋势、重要申请人、地域以及研究领域等方面，并对提取以及人工合成白藜芦醇的方法专利进行整理分析，期望为今后申请与白藜芦醇相关的专利提供参考和借鉴，为高价值专利的创造奠定基础。

二、专利申请趋势分析

为研究白藜芦醇专利技术发展情况，利用 incoPat 的统计功能和 Excel 对该领域的全球专利申请数据和中国专利申请数据进行统计分析，其中中文专利数据库选用 CNABS、incoPat 数据库，外文数据库选择 VEN 数据库。本次专利分析的检索数据为截至 2022 年 12 月底公开的专利申请数据。

（一）白藜芦醇的专利整体情况

1. 全球申请量趋势

白藜芦醇在 1924 年被发现，于 1940 年由日本人首次从毛叶藜芦的根中分离得到，之后逐渐被人们所认识。1976 年，人们在葡萄的叶片中发现了白藜芦醇。1986 年公开的专利 JP61171427A，记载了从蓼科植物中提取白藜芦醇，可用于制备预防血栓的药物。1990 年公开的专利 JP02048533A，记载了从野生葡萄中提取白藜芦醇，可用于肝病的治疗。1997 年公开的专利 JP09328410A，记载了白藜芦醇可用于生产化妆品，具有抗菌性和紫外线吸收性，可防止皮肤粗糙，保持皮肤美观。2003 年公开的专利 DE69815099T2，记载了白藜芦醇能抑制皮肤表皮细胞（角质形成细胞）的增殖并刺激其分化。研究还发现，白藜芦醇可以抑制皮肤细胞产生黑色素，减轻可能由果酸引起的皮肤刺激。白藜芦醇有助于改善皱纹、干燥、片状、老化或光损伤的皮肤，并改善皮肤厚度、弹性和丰满度。2005 年公开的专利 ES2239325T3、DK773020T3 等，记载了白藜芦醇可用于预防和治疗心血管疾病、外周血管疾病和外周糖尿病性神经病。

在这期间，人们逐渐对白藜芦醇的抗衰老、抗氧化、抗炎、抗菌、抗肿瘤及心血管保护等方面的作用有了新的认识。

从 2006 年起，白藜芦醇专利申请进入快速增长时期。在此期间，白藜芦醇的提取分离方法、有机合成方法日益成熟。从专利申请的医药用途来看，其应用从最初的治疗肝病、心血管疾病，向后来的提升骨密度、延缓衰老、治疗前列腺炎以及抗癌等新用途不断拓展，人们对白藜芦醇自身的作用机制也进行了一系列的研究。从申请数量上看，白藜芦醇的热度急剧上升，这与人们生活水平提高、更加注重身体状况密不可分，并且在此期间，白藜芦醇不仅用于药物组合物以及化妆品的制备，其用于保健品、食品领域的专利申请量也显著增多。

白藜芦醇全球专利申请趋势如图 1 所示。

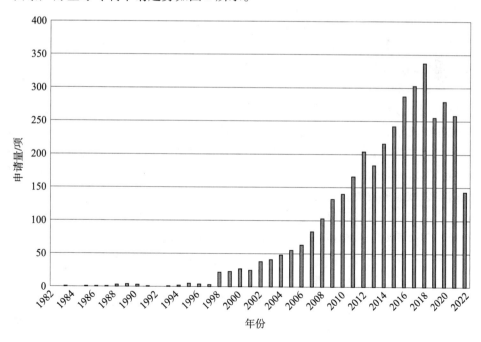

图 1　白藜芦醇全球专利申请趋势

2. 全球区域分布以及主要申请人分析

将检索得到的白藜芦醇领域的相关专利申请按照申请国别，分别统计申请量，区域分布如图2所示。一般情况下，专利申请的优先权国别和最早申请国别是该项专利技术的研发产地，统计这项数据可以看出各国或各地区对于白藜芦醇的科研投入以及专利保护意识。

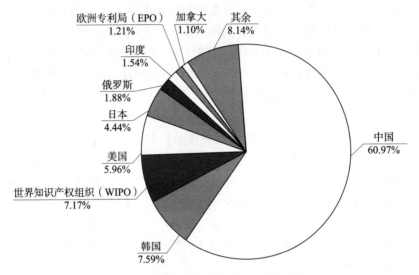

图2 白藜芦醇领域全球专利区域分布

从数据可知，中国申请量占据优势，占申请总量的60.97%，申请量排名其后的专利申请人分别来自韩国、WIPO、美国、日本。虽然白藜芦醇首次被日本人从毛叶藜芦的根中分离得到，并且最早的一批关于白藜芦醇的专利申请也来自日本，但其总的申请量较少，仅占4.44%。

根据对该领域重要申请人的专利申请数量进行统计学分析，由图3可以看出，在该技术领域中，日本悠哈有限公司与帝斯曼知识产权资产管理有限公司形成两家独大的局面。其中，日本悠哈有限公司主要致力于白藜芦醇相关食品和保健品的研发；帝斯曼知识产权资产管理有限公司是荷兰皇家帝斯曼集团知识产权的管理人，配合帝斯曼集团在中国推进各领域业务发展，包括为人类营养、动物营养、个人护理与香原料、医疗设备、绿色产品与应用以及新型移动性与连接性提供创新业务解决方案。帝斯曼知识产权资产管理有限公司对于白藜芦醇的专利申请涉及范围比较广泛，包括食品、保健品、化妆品等。其次申请占比较大的是中国的江南大学和湖北省三鑫生物科技有限公司，其中江南大学属于高校，涉及的专业比较广泛，对于白藜芦醇的研究也涉及很多方面，包括药剂、食品、化妆品等；湖北省三鑫生物科技有限公司主要致力于白藜芦醇生产中使用的装置设备的研究。在全球主要申请人中，中国申请人占比40%，可见，我国对于白藜芦醇的研究居世界领先水平。

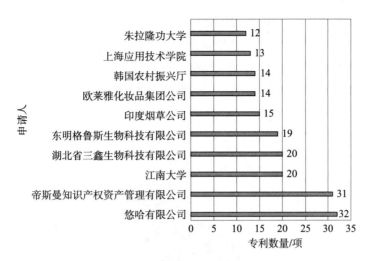

图3 全球主要申请人专利分析

（二）中国专利性分析

1. 中国历年专利申请数量趋势分析

图4为白藜芦醇在中国历年专利申请量情况分析，从图中可以看出，1999年中国才开始对白藜芦醇领域进行专利申请。1999年，四川省凉山州生物研究所提交了关于从虎杖中提取白藜芦醇的专利申请，自此进入平稳发展期。北京龙兴科技股份有限公司于2001年提交了关于将白藜芦醇在制备雌激素类药物中的应用、在制备改善骨质疏松的组合物中的应用等相关申请，其他研究者也开始投入对白藜芦醇各种制药治病用途，以及营养保健品、化妆品的研究中。白藜芦醇专利申请量从2009年开始进入快速发展时期；从2019年开始，热度有所下降，但申请量依然保持较高水平。

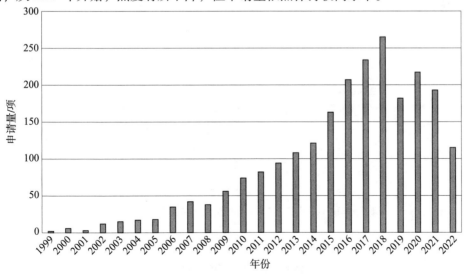

图4 中国历年专利申请数量趋势分析

2. 中国各省市申请量以及主要申请人分析

从图5中可以看出，国内各省市申请量排名前四的分别是广东、江苏、山东、北京，共占据了国内份额的36.94%以上，专利集中度较高。

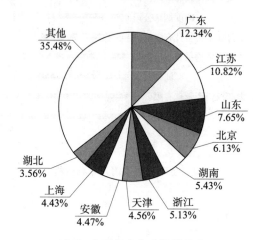

图5 中国各省市申请量分布

图6和图7分别示出了国内主要专利申请人的专利申请量以及全部申请人的申请人类型比例。首先，从图6中可以看出，该领域的申请人申请量排名在前三位的分别是帝斯曼知识产权资产管理有限公司、江南大学以及湖北省三鑫生物科技有限公司。从申请量来看，该领域的申请人比较分散，并没有形成市场垄断，从中可以推测出该领域的竞争比较激烈。其次，从图7中可以看出，企业占据着48.02%的申请量，大专院校占比26.73%，而该领域也存在较多的个人申请，占比16.06%。本领域的国内申请人目前主要集中在企业，而大专院校、科研单位等只有少量的申请，可见该领域的研究有着较大的商业价值。

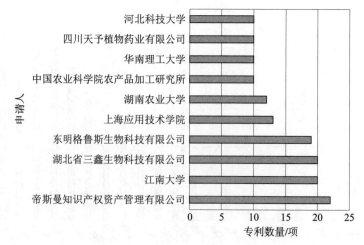

图6 主要专利申请人排名

3. 中国专利 IPC 分布

由图 8 可知，白藜芦醇领域主要分类号为 A61K 和 A61P，即白藜芦醇的制药用途是研究者最为关注的，其次为 A23L、C07C 以及 A61Q，其中 A23L、A61Q 为白藜芦醇制备食品营养保健品以及化妆品的应用，当涉及白藜芦醇的提纯分离以及有机合成时，分入 C07C。

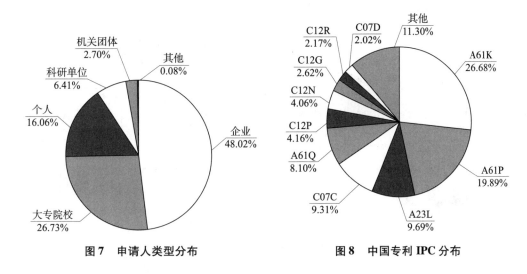

图 7　申请人类型分布　　　　　图 8　中国专利 IPC 分布

三、白藜芦醇制备方法的专利技术分析

白藜芦醇在食品、医药等领域具有广泛的应用。图 9 总结了白藜芦醇提取分离方法的发展历程，下面对白藜芦醇的提取方法以及合成方法的重点专利申请进行分析。

（一）提取分离方法

1. 提取方法

（1）溶剂提取。

白藜芦醇由日本人 1940 年首次从毛叶藜芦的根中分离得到。1986 年公开的专利 JP61171427A，记载了使用低级脂肪醇可以从蓼科植物中提取白藜芦醇，可用于制备预防血栓的药物。1990 年公开的专利 JP02048533A，记载了从野生葡萄中提取白藜芦醇，可用于肝病的治疗，具体操作为：将野葡萄根压碎至适当大小，用 5～10 倍体积（V/W）的甲醇浸没，室温浸出 3～4 天，减压浓缩，用乙酸乙酯和水的混合物进行萃取，该方法没有进一步纯化，得到的是含有白藜芦醇的混合物。2000 年，专利 CN1277954A 公开了将虎杖粉用可与水混溶的有机溶剂提取，调 pH 至 7.5～8.0；再用乙酸乙酯萃取并减压蒸馏浓缩，得到粗提物，用柱层析法和结晶法进行分离及纯化。该提取分离方法工艺简便、快速、易操作、纯度高、成本低并能大规模生产。2005 年，专利

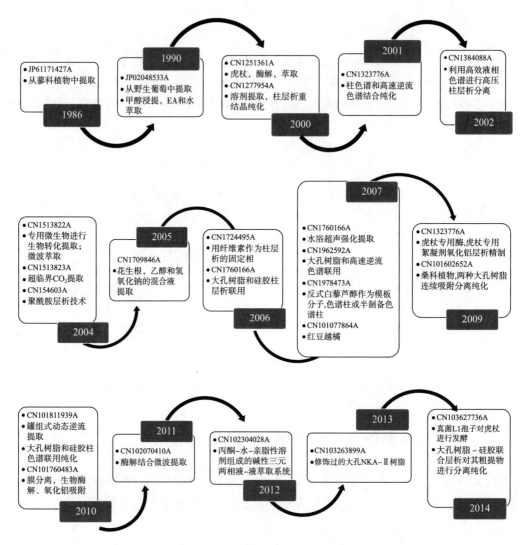

图9 白藜芦醇提取分离方法发展历程

CN1709846A公开了一种从花生根中提取白藜芦醇的方法，使用乙醇和氢氧化钠的混合液将干花生浸泡，进一步丰富了白藜芦醇的提取来源。2012年，专利CN102304028A根据虎杖的化学成分及白藜芦醇的溶解特性，设计发明了对白藜芦醇具有高选择性的含丙酮–水–亲脂性溶剂组成的碱性三元两相液–液萃取系统，用该系统配合超声提取对虎杖中白藜芦醇进行萃取分离纯化，通过一步萃取操作，可使虎杖中白藜芦醇得到定量富集，与其他非白藜芦醇成分分开，再经结晶操作，得到纯度大于85%的白藜芦醇产品，该方法具有操作简单、成本低廉、纯化周期短等优点，无需烦琐昂贵的色谱分离装置。

（2）酶解提取。

2000年，专利CN1251361A公开了在粉末状虎杖原料中加入复合酶在恒温下进行酶解反应获得酶解原料，用溶剂萃取、浓缩获得含白藜芦醇的半成品，再经精制即得白藜芦醇，该方法具有原料来源丰富、工艺简洁、收率高、成本低等优点。2009年，专利

CN101338327A 公开了使用虎杖专用酶对虎杖进行恒温酶解，再用虎杖专用絮凝剂絮凝沉淀，过滤，清液经氧化铝层析精制。虎杖专用酶系统的组成及配比，能有效地将虎杖中的虎杖苷转化成白藜芦醇，使产量提高 30% 以上，并缩短了转化时间。

（3）其他提取方法。

2004 年，专利 CN1513822A 公开了提取时加入专用微生物进行生物转化，使用乙醇与烃基醇混合溶剂进行微波萃取，提高了产品得率和含量，大大缩短了提取时间。同年，专利 CN1513823A 公开了使用超临界 CO_2 提取虎杖白藜芦醇，萃取时采用烃基醇混合物为改性剂，其克服了常规溶剂提取时间长、溶剂消耗量大、溶剂残留量多、提取率相对较低、产品质量不高等缺点。2007 年，专利 CN1760166A 公开了对处理的花生根在水浴下进行超声强化提取白藜芦醇的方法，克服了常规溶剂提取时间长、溶剂消耗量大、提取率相对较低等缺点。2010 年，专利 CN101811939A 公开了采用罐组式动态逆流提取虎杖中白藜芦醇，大孔树脂和硅胶柱色谱联用纯化白藜芦醇的工艺，大大增加了提取推动力，加快了提取速率，缩短了提取周期。2011 年，专利 CN102070410A 公开了酶解结合微波提取白藜芦醇的方法，并确定了最佳提取条件，该方法提取时间短，提取率高，产品质量好，容易实现自动化并可用于工厂化生产。2014 年，专利 CN103627736A 公开了先用内生真菌 L1 孢子对虎杖进行发酵，然后提取，再用大孔树脂－硅胶联合层析对其粗提物进行分离纯化。

2. 分离方法

分离方法主要是柱层析分离，包括硅胶柱层析、高速逆流色谱、高效液相色谱、酰胺层析、大孔树脂等。

2000 年，专利 CN1277954A 公开了用柱层析法和结晶法进行分离及纯化，层析柱填充物是硅胶，层析洗脱液为氯仿：甲醇（或乙醇）=4～8：1 或乙酸乙酯：乙醇＝90～100：0～10，进行多次柱层析和重结晶。该提取分离方法工艺简便、快速、易操作、纯度高、成本低，并能大规模生产。2001 年，专利 CN1323776A 公开了将柱色谱层析和高速逆流色谱有机地结合在一起，充分发挥它们各自的优势，开发出的一种操作简便、产品的纯度及回收率均较高的工艺路线，其产品的纯度可达到 99.0% 以上。2002 年，专利 CN1384088A 公开了利用高效液相色谱进行高压柱层析分离白藜芦醇的粗提物，进而实现其产品回收率高、纯度好（99% 以上）以及可达公斤级批量工业化生产的基本工艺流程。2004 年，专利 CN1546503A 公开了使用聚酰胺层析技术对虎杖白藜芦醇进行提纯分离，进一步丰富了白藜芦醇的提取分离方法。2006 年，专利 CN1724495A 公开了用纤维素作为柱层析的固定相，首次将纤维素应用于白藜芦醇的分离和纯化，该方法的步骤简单、成本低廉、溶出率较高。2006 年，专利 CN1760166A 公开了用大孔树脂和硅胶柱层析联用的方法对白藜芦醇进行分离纯化。2007 年，专利 CN1962592A 公开了将大孔树脂和高速逆流色谱联用对虎杖白藜芦醇粗提物进行分离纯化的方法，工艺过程不需要使用卤代烃为溶剂，绿色环保，对环境无严重危害。同年，专利 CN1978473A 公开了用反式白藜芦醇作为模板分子制备得到白藜芦醇印迹聚合物，然后将白藜芦醇粗提物加入装有白藜芦醇印迹聚合物颗粒分子印迹色谱柱或半制备色谱柱中，进行分离纯化，具有很好的选择性，能够分离反式和顺式白藜芦醇。2010 年，专利 CN101760483A 公开了采用膜分离、生物酶解、氧化铝吸附等工序制备白藜芦醇的方法，利用膜（超滤膜和纳滤膜）分离可以除去大分子物质，减少了酶的用量，提高了酶解效率和产品含量。2013 年，专利 CN103263899A 公开了一种用修饰过的大孔 NKA－Ⅱ 树脂（大孔 NKA－Ⅱ 苯胺树脂）来分离纯化白藜芦醇的方法，对白藜芦醇的吸附率由 87.62% 提高到了 99.59%。

2014 年后，研究人员致力于对原料预处理的改进，如对酶解使用的酶、发酵使用的菌等进行探索，以及预处理方法组合使用的探索，以提高原料中其他成分转化为白藜芦醇的效率；对提取方法的改进，如溶剂提取使用的溶剂（单一溶剂或混合溶剂）、超声、微波及超临界二氧化碳提取参数的调整，以及对提取方法组合使用的探索，提高原料中白藜芦醇的溶出率；对纯化手段的探索，如色谱填料、洗脱剂的选择，大孔树脂的选择及对大孔树脂的修饰，膜过滤中膜的选择，以上纯化手段的组合使用，以及结晶方法的探索，提高白藜芦醇的纯度。在这期间，也不乏对白藜芦醇提取生产装置的研究。

3. 发展热点预测

从上述对白藜芦醇采用提取分离的专利中可以看出，随着新技术的出现和不断发展，对于白藜芦醇这类植物提取物的分离纯化，不再局限于传统的溶剂浸取、回流、萃取等常规的分离方式。如酶处理、菌种发酵等预处理方法，超临界萃取、微波、超声等提取方法，柱层析、大孔树脂、膜分离等新技术的使用，使白藜芦醇的分离纯化效率明显提高，从中可以看出新技术的应用对于制备如白藜芦醇这类植物提取物来说，具有非常重要的意义。

（二）人工合成方法

白藜芦醇是有益于人类健康的非黄酮类多酚化合物，从天然植物中提取的白藜芦醇不能满足人们对它的需求。因此，科研工作者一直致力于研究通过快速、安全的化学、生物合成方法来获取白藜芦醇，生物合成的产量低，且操作复杂，所以化学合成方法成为主要研究方向。目前，合成白藜芦醇的方法主要有 Heck 反应法、Wittig 反应法、有机金属法、Perkin 反应法等。

1. Heck 反应法

20 世纪 70 年代，Mizorki 团队和 Heck 团队首次发现，在碱存在下，芳基或烯基的卤化物与烯烃可以在金属钯的催化作用下发生偶联反应。目前，利用 Heck 反应合成白藜芦醇的方法主要包括两类：一类是以卤代芳烃和苯乙炔或苯乙烯的衍生物为原料的传统合成方法；另一类是脱羰基法。

2001 年，专利 WO2001060774A1 公开了一种制备白藜芦醇的方法，使用涉及钯催化的较新的非经典途径，使用催化量的乙酸钯和三乙胺使 3，5-取代的苯甲酰氯与乙酰氧基苯乙烯通过脱羰基 Heck 反应，得到芪产物，产率为 80%，脱羰基 Heck 反应制备白藜芦醇只需 4 步，路线短，且不使用磷化合物作配体，比较经济和环保。2005 年，专利 WO2005023740A2 公开了以卤代芳烃和苯乙烯的衍生物为原料制备白藜芦醇的传统 Heck 合成方法，催化剂可以选择乙酸钯、Pd（dba）₂、三苯基膦钯以及肟衍生的钯，本发明的方法使用更易得到的原料且反应步骤更少，产率更高。2013 年，专利 CN102976938A 摒弃了传统的 Heck 偶联使用的昂贵过渡金属催化剂与特殊膦配体联合作用，均相催化构建了白藜芦醇的骨架结构的方法，使用了价廉易得的过渡金属盐在 NMP 以及无机碱存在下进行反应，最为特殊的是在该反应中利用离子液体替代普通溶剂，随后经简单皂化及纯化即可获得高立体选择性、高纯度的白藜芦醇产物。

2. Wittig 反应法

2000 年，专利 US6048903A 通过 3，5-二甲氧基苄基三苯基鏻盐与对苯二甲醛在正丁基锂存在下的 Wittig 反应合成反式白藜芦醇，用大量三溴化硼将获得的顺式和反式烯烃混合物脱甲基，白藜芦醇的收率为 20% 左右。2001 年，专利 WO2001060774A1 公开了通过 Wittig-Horner 反应制备白藜芦醇的方法，具体路线如下：

在碱性条件下，通过磷酸酯途径合成白藜芦醇，该方法不需要色谱分离中间体，通过重结晶分离该过程中的所有中间体，以良好的收率得到作为单一异构体的 E-芪。较大的磷酸异丙酯确保了完全的反式烯烃形成，同样到此点的所有步骤都不需要使用硅胶柱色谱法，获得的白藜芦醇在所有方面与天然存在的物质相同，这种生产白藜芦醇的方法可以很容易地扩大生产大量的白藜芦醇。原料容易获得且价格低廉。此外，该方法从间苯二甲酸到白藜芦醇的总收率约为 50%。该反应的收率高、成本低，适合大规模生产。

2005 年，专利 CN1663939A 公开了以市售的价格较为低廉地对甲氧基氯苄和 3，5-二甲氧基苯甲醛进行维悌希（Wittig）反应，反应路线如下：

用三氯化铝/吡啶为催化剂进行脱保护，该方法比三溴化硼、三碘化铝、氢碘酸和氢溴酸法反应更易于操作，成本明显降低，产品质量和收率与三溴化硼法相当。

2007 年，专利 CN1907931A 公开了一种 Wittig-Horner 反应合成白藜芦醇的方法，其采用 AlI$_3$ 代替 BBr$_3$ 来脱保护基，相比于 BBr$_3$，成本得到降低，操作得到简化。2008 年，专利 WO2008012108A2 公开了一种 Wittig-type 反应，用苄醇直接与亚磷脂在催化剂的作用下进行双键的构建，该方法反应条件温和。2009 年，专利 CN101531571A 公开了由取代苄醇制备卤代烃，然后采用六次甲基四胺氧化卤代烃制备相应的取代苯甲醛类化合物，再经 Wittig-Horner 缩合制备二苯乙烯类衍生物，该方法简单易行，合成过程中所涉及的反应物安全，生成物不会对环境造成污染，成本低，收率高。2010 年，专利 CN101830764A 公开了以一种 Wittig-Horner 反应合成白藜芦醇的方法，该方法以取代苄醇为原料，采用二甲基亚砜经 Pfitzner-moffatt 氧化制备相应的取代苯甲醛类化合物，再经 Wittig-Horner 缩合制备目标产物芪类化合物。2019 年，专利 CN109516898A 本提供了一种合成白藜芦醇的方法，具体合成路线如下：

3，5-二羟基苯甲醛　　对羟基苄基磷酸三甲酯　　　　　　白藜芦醇

该方法选用负载了 CsF 的 γ 氧化铝纳米颗粒作为催化剂 RS004，其中 CsF 的负载量为 3% ~9%，具有较高的反应活性和催化选择性，易于分离，损耗小，循环利用率高，绿色环保。

3. 有机金属法

（1）Grignard 法。

2007 年，专利 CN1994991A 公开了一种格氏试剂制备白藜芦醇的方法，优点在于：反应条件缓和，使用的溶剂范围广泛，操作简单，产率高，纯度高，成本低，适合大规模生产。

（2）有机锌试剂的烯基化反应。

2009 年，专利 CN101519342A 公开了一种有机卤化锌试剂合成白藜芦醇的方法，该方法合成的白藜芦醇，产物单一，产品纯度可达 98%。

4. Perkin 反应法

2009 年，专利 CN101440023A 公开了一种利用 Perkin 反应构建顺式二苯乙烯骨架，再经官能团转换及脱羧—异构化反应得到反式多羟基二苯乙烯的方法，合成路线如下：

该发明操作简单，反应条件温和，原子经济性好，反式选择性高，无须羟基保护，合成路线短，收率可高达80%，成本低，具有良好的工业化应用前景。2010年，专利CN101875600A采用经典的Parkin反应，改进点在于：在脱羧过程中，采用了吡啶，取代了传统工艺里面的喹啉，大大降低了反应问题，同时，与喹啉相比，吡啶可以非常方便地去除，不会带进最终产品，影响产品品质，降低成本，反应温度更加温和，吡啶很容易用酸洗去，便于后期产品的分离纯化；在异构化的反应中，增加了除碘的步骤，碘会直接带入最终产品，导致产品颜色偏黑，影响产品质量，采用碘/甲苯体系，操作方便，原料便宜易得；脱甲氧基步骤中，采用的是PCl5/DMF法，方法反应条件温和，便于放大。

5. 其他制备方法

（1）Ramberg-Backlund 重排。

2003年，专利WO03094833A2公开了一种Ramberg-Backlund重排仅制备反式异构体的方法，具体反应路线如下：

(ii) one pot conversion:
（halogenation & elimination）

(iii) elimination

在含有含水有机酸的介质中，在 –30～60℃ 的温度范围内，使用氧化剂氧化式（Ⅲ）的化合物；得到式（Ⅱ）化合物，其进一步用相转移催化剂、卤化试剂和有机溶剂在 –60～110℃ 的温度范围内处理，最终得到唯一立体选择性形式的三-O-取代（E）~L-(3,5-二羟基苯基)-2-(4-羟基苯基) 乙烯。该方法具有立体选择性和产率较高的优点。由于在制备反式白藜芦醇的过程当中，会产生顺式白藜芦醇异构体，通常会通过柱色谱或重结晶的方法进行分离提纯。2004 年，专利 WO2004009539A2 公开了一种将顺式白藜芦醇转换成反式白藜芦醇的化学方法，避免了光化学转化所必需的二硫化物产生非常难闻的气味。

（2）氰基的 α 位与醛基加成。

2006 年，专利 CN1775721A 公开了一种氰基的 α 位与醛基加成反应，过 3，5-二甲氧基苯甲醛与对甲氧基苯乙腈在醇钠催化下发生缩合反应，形成二苯乙烯骨架结构，经水解反应、脱羧反应，得到顺和反式 3，4'，5-三甲氧基二苯乙烯混合物，然后分离或异构化得到顺或反式 3，4'，5-三甲氧基二苯乙烯，最后通过脱甲基反应得到顺或反式白藜芦醇，该方法的污染少，利于产业化。具体反应如下：

2012 年，专利 CN102617294A 采用在固相载体中经微波加热来促进氰基的 α 位与醛基加成反应，缩短了反应时间、提高了反应效率，产率高，固相载体还可回收循环使用，没有固体废弃物及有机物污染排放，具有节能、环保的优点。

（3）一锅法。

2014 年，专利 CN103664537A 公开了一种一锅法制备白藜芦醇的方法，具体反应路线如下：

该方法采用3，5-二甲氧基，苯乙酸与缩醛类化合物一锅反应，得到白藜芦醇粗品，经过碱液洗涤，醇中脱色，重结晶，即得白藜芦醇精品。该工艺流程简短，操作简单，适用于工业化生产；收率可达93%以上，产品的质量好，制备成本低。

2022年，专利CN108689805A公开了一种合成白藜芦醇的方法，具体反应路线如下：

该方法以3，5二甲氧基苯甲醇为原料，通过氯代，得到3，5二甲氧基氯苄，与三苯基膦形成叶立德，再与对甲氧基苯甲醛反应得到3，4，5三甲氧基二苯乙烯的顺反混合物，利用铝和碘促进的脱甲基和顺反异构协同进行的"一锅法"反应得到白藜芦醇粗品，最后通过乙醇和水重结晶得到白藜芦醇精品。

| 2000年 Wittig反应法 | 2001年 Heck反应法 | 2003年 Ramberg-Backlund重排 | 2006年 氰基的α位与醛基加成 |

| 2007年 Grignard法 | 2009年 有机锌试剂的烯基化反应Perkin反应法 | 2014年 一锅法 |

图10 白藜芦醇人工合成方法发展历程

6. 发展热点预测

近年来，各国科学家主要致力于以上方法的优化改进，包括开发和寻找更加有效的催化剂，寻找更加有效、环保的脱保护、脱羧、异构化的试剂，并且不断尝试使用微波、超声等促进反应的辅助手段。

尽管如此，以上合成路线仍存在各自的缺点。Perkin 反应的脱羧步骤条件苛刻，限制了其应用；Heck 反应需要使用昂贵的钯催化剂，在工业上不经济；Wittig 反应需使用三苯基膦，不易去除且不环保；Grignard 反应对水敏感；目前应用较为广泛的是Wittig - Horner 反应，反式立体选择性和产率都较高，但合成路线较长。因此，寻找一种经济、绿色、简便的合成方法仍然是一种挑战。

从白藜芦醇的专利整体情况来看，关于白藜芦醇的申请量很多，涉及的技术领域也很广泛，包括化妆品、食品、保健品以及药品领域，可以从新的技术领域开发白藜芦醇的新应用来申请白藜芦醇相关专利。从白藜芦醇的制备方法来看，尝试开发新的提取方法和分离手段或者通过不同提取方法和分离手段的联合使用来得到更高提取率和纯度的白藜芦醇，或者寻找一种经济、绿色、简便的白藜芦醇人工合成方法也是值得进一步探究和发展的领域。这为申请高价值专利提供了思路和方向。

参考文献

[1] 李洁，熊兴耀，曾建国，等. 白藜芦醇的研究进展 [J]. 中国现代中药，2013，15（2）：100 - 108.

[2] 马佩选，寇立娟，王晓红. 葡萄酒分析与检验 [M]. 北京：中国轻工业出版社，2017：164.

[3] 张燕，何芳芳，代红军. 葡萄白藜芦醇的应用与研究进展 [J]. 中外葡萄与葡萄酒，2014（2）：54 - 59.

[4] 陈小林，张子龙，高天慧，等. 白藜芦醇药理作用及机制研究进展 [J]. 中国野生植物资源，2022，41（12）：67 - 76.

应对森林火灾的消防专利技术综述

陈 洁

摘 要 森林火灾为严重威胁森林生态系统以及生命财产安全的自然灾害，火灾监测和扑救是应对森林火灾的有效手段，专利技术能够有效反映该领域的技术发展情况。本文概述了应对森林火灾的消防技术背景，并以发明专利为切入点，分析了应对森林火灾的消防专利的国内外申请趋势、全球及国内专利分布、申请人分布、技术研究方向。在上述基础上，总结并预测了应对森林火灾的消防专利技术的发展热点和趋势，有助于该领域申请人进一步了解技术发展现状，并为后续技术研发和专利布局提供参考。

关键词 森林火灾 消防 专利

一、概述

森林火灾被世界公认为八大自然灾害之一，具有突发性强、极易成灾、扑救困难等特点。[1]一般森林火灾火场面积较大、火线较长，且存在多个火源，火情复杂多变，森林火灾的扑救需耗费大量的人力、物力，造成较为严重的经济损失甚至人员伤亡。同时，森林火灾可烧毁森林，破坏林体结构，导致水土流失甚至山洪暴发。

在全球气候变暖和极端天气增多的情况下，世界各国森林火灾呈现出多发、频发的态势。1987年，黑龙江省大兴安岭发生特大森林火灾，火场面积达133万公顷。[2]2002年，美国发生的森林火灾造成林地损毁面积总计300多万公顷。俄罗斯发生多场火灾，损毁森林面积达到120万公顷。2007年，希腊发生近170场森林火灾，烧毁森林40万公顷，过火面积之和达希腊国土面积的一半。2009年，澳大利亚发生严重的森林火灾，死亡人数多达180人，过火面积超过40万公顷。2016年，加拿大发生森林大火，火灾持续一个月，过火面积约5000公顷，8万多居民因此被疏散。[3]2018年，美国加利福尼亚州南部发生山火，导致88人死亡，249人失踪，2万多栋建筑物损毁，损失超过200亿美元。[4]

在森林火灾消防工作中，监测方式及灭火方式，通常均分为地面和空中两种。森林地形复杂，尤其是较为深处的山林，环境更为恶劣，一旦发生森林火灾，火势扩散迅速，扑救人员无法有效靠近，导致监测困难，在发生火灾后也无法第一时间实施有效的地面灭火。相较于地面消防方式，航空消防因其空中优势而被世界各国广泛研究。为了控制和扑灭森林火灾，世界各国都在不断研发和改进火灾扑救技术。而在灭火剂的选择中，因水具有成本低廉、资源相对丰富、高效快捷以及环境友好等优点，通常作为扑救火灾灭火剂首选。[5]

　　基于此，笔者以发明专利为切入点，通过对专利文献进行检索统计，着重分析国内外专利申请趋势、全球及国内专利分布、申请人分布以及技术研究方向，在有效分析应对森林火灾的消防专利技术研究现状的基础上，总结并预测相应的发展热点和趋势，以期为应对森林火灾的消防专利技术的发展和创新提供一定的支持。

二、专利申请情况

（一）专利申请趋势

　　从第一件应对森林火灾的消防专利申请诞生起，截至 2022 年年底，国内外专利申请量变化如图 1 所示。从图 1 中可以看出，20 世纪 70 年代作为转折点，应对森林火灾的消防专利全球专利申请总量开始呈逐年上升的趋势。

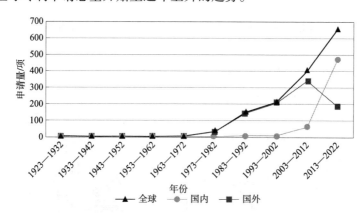

图 1　全球/国内/国外申请量趋势对比

　　国外应对森林火灾的消防专利申请起步较早，最早关于应对森林火灾的消防专利申请诞生于 1925 年，但此后一直到 1972 年，相关专利几乎处于空白状态，申请量共计 7 件。在 1972 年后，尤其是 1982—2012 年，国外相关专利申请量呈逐年增长趋势；但在 2013—2022 年，国外相关专利申请量出现明显下降。

　　国内应对森林火灾的消防专利申请起步较晚，在 1982—2002 年专利申请量较少，呈缓慢增长趋势，处于技术起步阶段；2002—2012 年，专利申请量增长速度有所提升；从 2012 年开始申请量急剧增长，并且开始超过国外申请量。

（二）全球及国内专利分布

1. 基于申请总量的分布情况

　　对专利申请的国别进行统计分析，从图 2 中可以看出，我国应对森林火灾的消防专利申请占全球申请量的比例最大，为32.78%；其次为俄罗斯，占比13.34%；韩国占比11.59%；法国占比8.90%；美国占比6.10%；德国、西班牙、澳大利亚均占比约3%紧随其后；另外，其他国家和地区也有一些相关专利申请。

对我国各省市专利申请量进行统计分析，从图3中可以看出，申请量排名中，黑龙江的申请量占比最大，为13.03%。

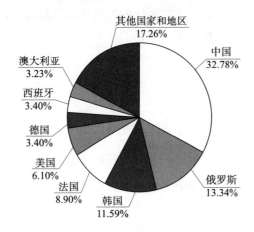

图2　基于申请总量的国家和地区分布

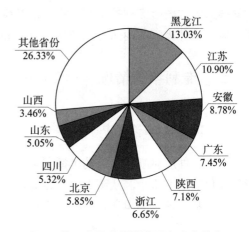

图3　基于申请总量的我国各省市分布

2. 基于授权总量的分布情况

基于申请总量对授权情况进行分析，应对森林火灾的消防专利全球授权率为38.7%。基于授权总量对各国授权分布情况进行分析，从图4中可以看出，俄罗斯应对森林火灾的消防专利授权占全球授权量的比例最大，为27.11%，其次为韩国占比16.66%，我国占比为14.22%。相比于图2所示的我国应对森林火灾的消防专利申请占全球申请总量的比例最大，但授权占比相对靠后，我国应对森林火灾的消防专利申请起步较晚且近几年国内申请量较大是主要原因。

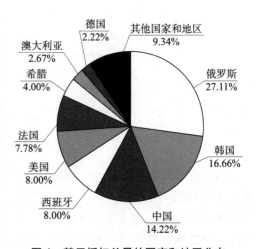

图4　基于授权总量的国家和地区分布

3. 重点申请人

对国内申请人申请量排名及申请人类型进行统计分析。由图5可见，国内申请主要为大专院校申请，其中，哈尔滨工程大学申请量最大，其次分别为东北林业大学、南京森林警察学院和淮海工业集团有限公司，均为1.5%以上。从前十位申请人的申请量占比分析来看，应对森林火灾的消防专利申请并未呈现集中分布于某一申请人的态势，也即该类专利申请分布相对分散。

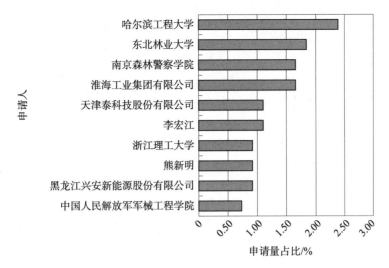

图5 基于申请总量的国内主要申请人排名

此外，在排名前十位的申请人当中，企业及个人均占有一定比例，但未涉及科研单位。根据图6国内申请人类型分布，企业申请占比最大，为37.50%；个人申请次之，占比34.57%；大专院校占比21.54%；而科研单位仅占比6.12%。

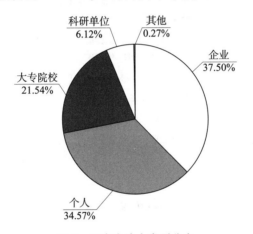

图6 国内申请人类型分布

对国外申请人申请量排名进行统计分析。如图7所示，阿姆罗纳股份公司申请量占比最多，接近3%。在排名前十位的申请人当中，企业申请占有一半以上的比重。

基于授权量对国内外申请人进行统计分析。如图8所示，塞尔维亚科学和技术研究所授权量占比最多。在排名前五位的申请人中，有科研院所申请人1位、高校申请人2位、企业申请人2位，可见具有团队研发性质的专利申请具有更高的授权倾向。在排名前十位的申请人中，我国申请人为哈尔滨工程大学。经对申请人哈尔滨工程大学进行分析，该校的14件发明专利中，刘少刚团队申请有13件，已授权12件，授权率高达92.3%。

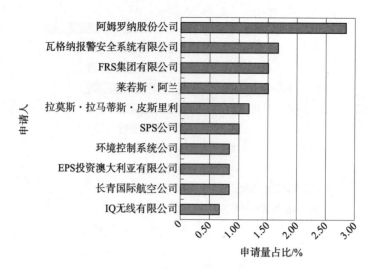

图7 基于申请总量的国外主要申请人排名

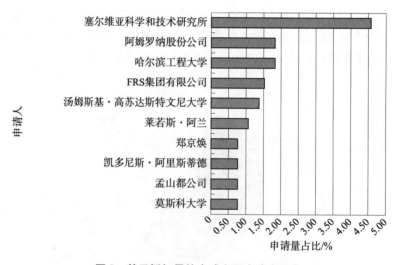

图8 基于授权量的全球主要申请人排名

（三）申请人技术研究方向

根据火灾的发展规律，森林火灾的消防技术，通常包括前期监测阶段以及后期灭火阶段。通过对应对森林火灾的消防专利技术分布进行分析，涵盖灭火技术、监测与灭火技术以及监测技术，从图9可以看出，涉及灭火技术的专利申请占比最大，达到65.06%，而涉及监测技术的专利申请占比最小，仅有14.91%，可见对于森林火灾消防技术的后期灭火阶段的专利研发力度远大于前期监测阶段。

应对森林火灾的灭火专利技术分布主要包括航空灭火类、陆地消防装备类、隔离带类、灭火弹及投射装置类、集水井类以及灭火剂类。从图10可以看出，航空灭火类的专利申请占比最大，约为38.94%；其次陆地消防装备类占比27.97%；灭火剂类占比

9.08%；隔离带类的专利申请与灭火弹及投射装置类的专利申请的占比相差不大；集水井类专利申请占比最少，仅为4.87%。而目前应对森林火灾的监测专利技术，主要涉及前期预防监测及火势监测。

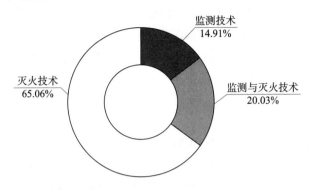

图9 应对森林火灾的消防专利技术分布

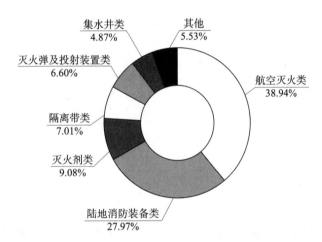

图10 应对森林火灾的灭火专利技术分布

1. 应对森林火灾的灭火专利技术

（1）航空灭火类。

航空灭火方式主要包括利用无人机装载灭火剂并飞行至森林火灾上空直接喷洒灭火的方式，以及由无人机装载灭火剂飞行至森林火灾前方一定距离的未燃地带以构建隔离带的灭火方式。其中，第一种直接灭火方式的专利申请占主要比重，且侧重于无人机消防装备的研发，包括灭火剂取用的快捷性、灭火剂的装载能力、灭火剂的喷洒方式等。

应对森林火灾的航空灭火专利技术最早申请于1966年，为法国的个人申请，旨在将应用于施肥、喷洒杀虫剂等农业领域的飞机转用至森林灭火，飞机上设置有储水箱。国内最早的相关授权专利申请是在1992年（CN1033307C），申请人为南京理工大学。该专利为一种护林飞机在火场上空投放的空投灭火器，由火焰探测启动器、动力源、灭火剂、带有吊耳的壳体和稳定器组成。火焰探测启动器位于壳体的头部，与火焰探测启动器相连的动力源位于壳体中部，稳定器位于壳体的尾部，壳体内充满灭火剂。该灭火器具有灭火剂装载量大、灭火效果好、灭火区域大，并可根据火场燃烧材料的种类选用不同灭火剂类型的技术效果。

2002 年，俄罗斯某科研所（RU2237501C2）提供一种用于定位的森林火灾灭火方法和装置，由直升机荷载大量灭火爆破装置，进行定位投射，如图 11 所示。2004 年，大连理工大学（CN100488583C）设计了一种 GPS 制导的林用灭火隔离弹，由飞机携带投射至精确的灭火位置。2009 年，王梦芝（CN101632852A）申请一种森林灭火袋，将吸氧剂装进袋子，投到大火中，当火烧到吸氧剂时，吸氧剂与火区的氧气发生反应，抢先消耗相当部分的氧气，火区中氧含量迅速降至 14% 以下，使得燃烧不能继续而熄灭。2018 年，韩国个人申请（KR102209056B1）提供一种使用无人机的森林灭火系统及其方法，该系统由第一消防无人机和第一辅助无人机将消防软管连接到水箱，无人机拖动软管移动到森林火灾区域，进行喷射灭火，如图 12 所示。2019 年，安徽字母表工业设计有限公司（CN109985331A）提供一种森林灭火装置，采用整体抛投式水囊对森林火灾进行扑救，同时水囊还配备有延时功能的引爆装置，使水囊在近地上空爆裂，能够有效增大扑救面积。

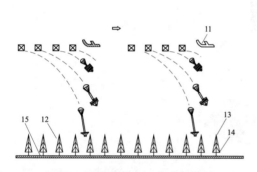

图 11　RU2237501C2 直升机抛射
灭火爆破装置示意

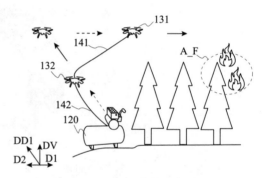

图 12　KR102209056B1 无人机
串联灭火示意

（2）陆地消防装备类。

该专利技术分类下涵盖大型消防车以及消防机器人。消防车辆体积大，对行驶路面有一定要求，森林地形环境复杂多变，消防车辆无法有效进入林区进行消防作业，因此消防车辆通常用于水源的补给，包括向无人机、消防机器人供水，灭火弹的投射以及隔离带的开设等。在灭火弹投射的专利研发中，多侧重于灭火弹的投射方式，以及落地方式所带来的灭火剂喷洒方式。2009 年，韩国个人申请（KR100986638B1）提供一种用于森林火灾的灭火装置，通过装载灭火弹的消防车辆与具有投射平台的消防车辆相互配合实现灭火弹的发射，如图 13 所示。同年，贵州航天风华精密设备有限公司（CN101898017B）提供一种森林火灾的复合远程灭火方法及装置，由远程控制系统指挥发射灭火弹，灭火弹包括近炸引信和碰炸引信两种不同的引信，可形成全方位立体式的灭火形式，有效扑灭地表火和树冠火，如图 14 所示。

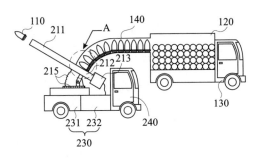

图13　KR100986638B1 整体结构示意

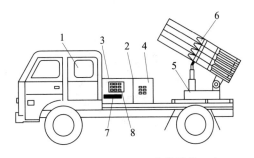

图14　CN101898017B 整体结构示意

森林火灾扩散性强，消防人员无法轻易进入，且扑灭后仍存在复燃的风险。消防机器人代替消防车辆或消防人员进行监测、灭火及余火探测与清理有非常重要的意义，但因为森林环境的特殊性，对消防机器人具有更高的要求，这也是制约适用于森林火灾消防机器人专利研发的关键因素。消防机器人在运动过程中需要实时判断地形通过的难易程度，具备穿越沟壑、灌木丛以及爬坡、清理障碍物的能力，并且对其运动过程中的稳定性和速度都有一定的要求。森林消防机器人要能及时侦查火源位置和发布预警信息，在一定程度上将环境感知与分析决策集成在一起，具备较强的环境适应能力。

根据专利申请情况，适用于森林火灾的消防机器人通常分为轮式、履带式、多足式。其中，轮式消防机器人具有结构简单、高速度、控制简单、运动稳定和低能耗等特点；履带式消防机器人有较强的地形适应能力；多足式消防机器人的灵活性更强。2019年，山东科技大学（CN109649075A）提供一种全地形森林消防侦查机器人及其应用，消防侦查机器人在森林中开展巡视侦查作业，通过摄像机和红外LED灯找寻火源，锁定火源后，通过消防水炮对火源进行灭火，如图15所示。2019年，昆明理工大学（CN110115817A）提供一种陆空森林消防机器人，通过无人机的陆空协防系统和热红外成像等外界技术确定森林火灾火源位置后，机器人穿越复杂地形前往火源点，破障机械臂破除阻挡通行的被烧倒树木并由抓取机械臂清理，同时消防机器人可根据前方火势情况选择灭火方式，如图16所示。2020年，江苏工程职业技术学院（CN111298328A）提供了一种森林消防用攀爬机器人，由电机控制的四足行进以及抓紧地面，通过高清摄像头观察，远程控制机器人携带消防水管进入着火地点，如图17所示。

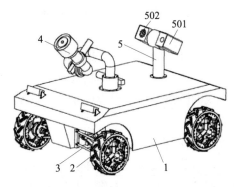

图15　CN109649075A 全地形森林消防侦查机器人轮式形态的结构示意

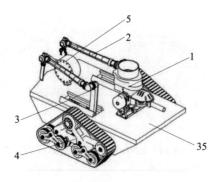

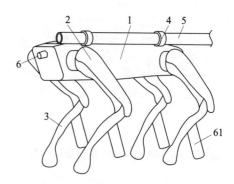

图 16　CN110115817A 整体
外观示意

图 17　CN111298328A 机器人
本体立体结构

（3）灭火剂类。

适用于森林火灾的灭火剂类专利申请占有一定比例，因森林环境不宜污染、森林火灾扩散速度快、扑灭后存在复燃风险的特点，故而对灭火剂的环境友好性、灭火性能具有更高的要求。

2012 年，中国船舶重工集团公司第七一〇研究所（CN102107057B）提供了一种适用于森林灭火弹的水系灭火剂及其制备方法，组分包括含有水溶性胍和水溶性胺类组成的灭火阻燃物质、增稠剂、防冻剂、分散剂、防腐剂、水，该水系灭火剂可快速散开、散布面积大、形成大的液滴，从而减少药液在空中飘散损失和蒸发损失，提高药剂从树冠到地表可燃物的渗透能力和保持更长的阻滞火焰蔓延时间，并可在高温下形成具有隔热、阻氧作用的膨胀性焦炭层，同时形成的磷类铵盐具有扑灭暗火的作用。2016 年，泰康消防化工集团股份有限公司（CN103480115B）提供了一种湿法磷渣森林干粉灭火剂及其制备方法，包括湿法磷石膏渣（基料）、磷酸二氢铵、白土、云母粉、疏水白炭黑、硅油组分，具有灭火效果好、环境友好、成本低等特点。2020 年，FRS 集团有限公司（US10960251B1）提供了一种具有腐蚀抑制剂的长期阻燃剂及其制备和使用方法，阻燃剂含有水和阻燃剂化合物，阻燃剂化合物包括卤化物盐、非卤化物盐、金属氧化物、金属氢氧化物或其组合，其中卤化物盐可以是氯化镁、氯化钙或两者组合，该阻燃剂具有抑制、延缓和控制森林火灾的作用，同时具有耐腐蚀性和低毒性。

（4）隔离带类。

形成森林火灾隔离带的方式通常分为三种：①借助消防车辆等消防设备在森林火灾的外缘物理铲除未燃带形成的隔离带；②由无人机在外缘上空喷洒灭火剂或消防车辆等铺设填充有灭火剂的管路形成的隔离带；③埋设固定的灭火剂管路或建造消防栓体以形成固定的隔离带。

2018 年，广西柳州市宇坤农业科技开发有限公司（CN108478961A）提供了一种新型森林防火消防栓型隔离带，由若干横向消防栓体和若干纵向消防栓体共同组成森林防火隔离网。同年，俄罗斯（RU2695139C1）提供一种带有可卷绕式防火筛网的森林灭火车辆，车辆上配备挖沟机，在挖沟的过程中可同步铺设防火筛网，以快速形成隔离带，如图 18 所示。2019 年，吴立恒（CN110404215A）提供了一种森林开带灭火车，可用直升机进行空中运输至目标地点，以便适用于不同的地形，如图 19 所示。2020 年，李胜成（CN111467712A）提供一种具有灭火控火功能的森林植被种植方法，在种植过程中开挖在植被根部的基坑将森林植被分割成若干块区域（见图 20），且每一块区域的基坑相互连通形成封闭圈将该区域的森林植被根部包围，基坑内铺设输水管道，该方法适用于后期人工造林，但后期管路的维护困难。

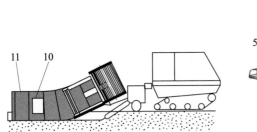

| 图 18　RU2695139C1 整体结构示意 | 图 19　CN110404215A 整体结构示意 |

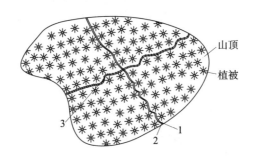

图 20　森林植被根部分割成若干块区域的俯视结构示意

（5）灭火弹及投射装置类。

灭火弹及投射装置类专利申请主要包括投射装置本体结构所带来的投射方式以及灭火弹到达火灾区后的灭火方式。2013 年，哈尔滨工程大学（CN103212175B）提供一种空间斜十字交叉型中心爆管，当森林灭火航弹投放到树冠火场或其他火场内部时，感应起爆装置 1 起爆，爆炸能量高速传递至纵向爆管 3、前斜向爆管 4 和后斜向爆管 6，各爆管瞬间爆炸，产生的强烈冲击波将超细干粉灭火剂快速均匀地弥散在树冠火表面，使森林灭火航弹达到最理想的灭火效果，如图 21 所示。2019 年，韩国个人申请（KR102211635B1）提供一种利用灭火弹预防森林火灾蔓延的灭火系统，通过摄像机单元获取图像并确定灭火点，由固定的发射装置进行远程发射灭火弹，如图 22 所示。

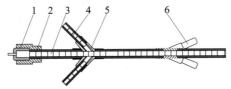

图 21　CN103212175B 中心爆管的剖视图

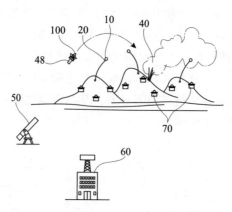

图22 KR102211635B1 灭火系统整体示意

（6）集水井类。

水源为有效应对森林火灾的重要灭火剂类型。当森林发生火灾时，如果火场附近有河流、湖泊、池塘等天然水源，则以水灭火应是首选的灭火方式，并且取水的便捷性可极大地提高灭火速度。而对于水源匮乏的林区，则需要考虑修建临时或永久性贮水池。现有的专利申请多集中于收集雨水并储存的方式，集水装置上顶表面设置为易于存储雨水的倾斜或凹陷设置，内置过滤或沉淀功能部件，如2012年，韩国个人申请（KR1020120096918A）提供一种雨水贮存装置，安装在森林道路旁以收集存储雨水用于森林火灾灭火，如图23所示。

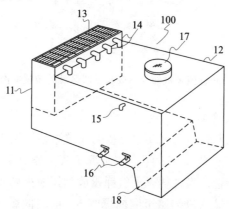

图23 KR1020120096918A 整体结构示意

（7）其他。

应对森林火灾的灭火专利技术还包括通过人工降雨的方式压制森林火灾，但该方式的实施必须具有符合增雨条件的云体，涉及的专利申请占比极少。人工降雨的方法主要包括两种：一种为利用飞机在云层中喷洒制冷剂；另一种为利用高射炮以炮弹形式将制冷剂发送至云层。

2. 应对森林火灾的监测专利技术

监测技术为森林火灾前期预防及有效掌握火势态势的重要技术手段。对森林火灾的监测通常包括地面监测、航空监测、卫星监测三类。地面监测主要为人工巡查、塔台监测、雷达监测；航空监测主要为载人航空监测、无人机监测。2006年，爱斯泰克（上海）高频通信技术有限公司（CN101073693A）提供一种基于小型飞行器的准实时动态森林火灾监测系统，可在所采集的数据基础上，实时进行数据解析和判决，并反馈给数据采集装置，如图24所示。2007年，南京大学（CN101020104B）提供一种基于视频检测的嵌入式森林火灾预警系统，包括中心监控站和监测点，通过对监测数据进行火情识别分析，借助GPRS网络与中心监控站进行相互通信。对于监测数据的分析，还涉及预测火灾趋势算法模型的专利研发。2015年，西班牙森林新技术公司（ES2644966A2）提供一种用于监测并预测森林火灾演变的系统和方法，根据监测的数据，通过特定算法分析森林火灾演变趋势。

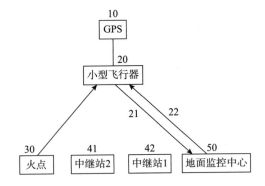

图24　CN101073693A 基于小型飞行器的准实时动态监测系统原理

三、专利技术发展热点以及发展趋势预测

近年来，受全球气候变暖的环境因素、人为用火不当等人为因素的影响，森林火灾始终处于频发的状态。森林火灾的前期有效监测以及火灾发生后的及时有效扑灭是始终贯穿森林火灾消防的工作主线。世界各国致力于森林火灾消防专利技术的研发，涉及消防设备的不断改进、森林火灾的灭火剂类型的研发、灭火方法的不断优化等多个方面。通过对森林火灾的消防专利情况进行统计分析，其热点及发展趋势可以归纳如下。

1. 多足式消防机器人的专利研发

对森林火灾的监测及灭火作业几乎均为远程空中作业，或远程地面定点监测及灭火作业，对近地面情况了解受限，尤其是灭火后的余火监测与清理作业，因存在复燃等危险因素，人员进入会有很大的风险。然而受机器人控制技术的限制，能够有效取代消防人员深入林区火灾环境进行消防作业的多足式消防机器人发展也受到一定限制，相关专利申请几乎处于空白的状态。因此，对于具有高灵活性、耐高温等优势，可取代消防人员深入森林火灾环境进行消防特种作业的多足式消防机器人的专利研发还需更加深入地研究。

2. 火灾演化态势模型的专利研发

森林火灾扩散速度快，极易成灾。根据监测的着火点位置，林地类型与布局，风向、风速、温度、湿度等环境因素，建立有效的火灾模型并模拟火灾蔓延趋势，提前采取消防措施，可更好地辅助森林火灾扑救作业。后续可加强森林火灾演化态势的预测专利研发，避免被动灭火。

参考文献

[1] 张楠，姜树海. 消防机器人研究进展及其在森林消防中应用前景 [J]. 世界林业研究，2015 (2)：42－47.

[2] 杜劲玮，郝强，原延军. 移动航站：扑救重、特大森林火灾的重要力量 [J]. 中国林业，2009 (2)：36.

[3] 唐努尔·叶尔肯. 我国森林航空消防现状及发展对策研究 [D]. 北京：北京林业大学，2017.

[4] 张勇. 美国加州山火分析及对我国森林消防应急救援的启示 [J]. 国际交流，2019 (3)：57－60.

[5] 陈鹏宇，舒立福，文东新，等. 国内外森林火灾扑救中以水灭火技术与设备研发 [J]. 林业机械与木工设备，2014 (1)：9－12.

低温灭菌专利技术综述

李　强

摘　要　随着新材料和新技术的发展，由各类新型材料制作的专业化、精细化医疗器械大量取代了钢铁等耐高温材料的传统器械，这些器械所使用的材料大多属于怕热怕湿材料，低温灭菌技术的应用也越来越广泛。本文从专利视角出发，对低温灭菌技术的专利申请量、地域分布、申请人分布等进行了分析，并选取其中具有代表性的专利技术进行了较为系统的梳理，形成了低温灭菌技术各分支的发展脉络。在此基础上，结合不同技术分支的技术特点，对未来发展趋势进行了预测，以期为该领域的申请人提供一定的参考。

关键词　低温灭菌　环氧乙烷　低温等离子体　低温蒸汽甲醛　戊二醛消毒液浸泡

一、概述

消毒是一门研究和环境微生物进行斗争的科学，是采用物理、化学或生物学的方法，消除各种外环境中可引起人和动物生病的少数有害微生物，控制造成经济损失的其他微生物，从而达到阻断传染病的传播、防止医院感染、减少微生物对食品和物品的损坏、促进工农业生产的目的。因此，消毒学可以定义为研究杀灭、去除和抑制外环境中病原微生物和其他有害微生物的理论、药物、器械与方法的科学。根据杀灭微生物的程度，消毒学可分为灭菌、消毒、防腐与保藏四个方面。在医学中，消毒是对传播媒介上的微生物，特别是病原微生物进行杀灭或清除，达到无害化处理的总称，达到无菌程度的消毒又称灭菌；对活组织表面的消毒又称抗菌；防止食品等无生命有机物腐败的消毒又称防腐与保藏。[1]

消毒的方法主要分为三类：物理消毒法、化学消毒法和生物消毒法。

物理消毒法是利用物理因子作用于病原微生物，将之杀灭或清除的消毒方法。常用的物理消毒方法有煮沸消毒、高压蒸汽消毒、紫外线消毒、臭氧消毒，在日常生活、医疗卫生、食品加工等领域应用广泛。其主要原理是：利用机械清除、混凝沉淀、过滤或吸附等手段阻截去除病原体，以及采用热、紫外线照射、超声波、高频辐射等方法，使病原体的蛋白质在物理能的作用下发生凝聚变性而失去正常代谢功能或使遗传因子发生突变而改变病原体的遗传特征，从而达到将其灭活的目的。[2]

化学消毒法是利用化学药物对物品进行处理以杀灭病原微生物的方法，所用化学药物称为化学消毒剂。有的化学消毒剂杀灭微生物的能力较强，可以达到灭菌的目的，成为灭菌剂。其主要原理是：利用无机或有机化学药剂灭活微生物特殊的酶，或通过剧烈的氧化反应使细菌的细胞质发生破坏性的降解，从而达到将微生物杀灭的目的。[2]

生物消毒法是指利用一些生物及其产生的物质来杀灭或清除病原微生物的方法。在自然界，有的微生物在新陈代谢过程中，往往形成不利于其他微生物存活的物质或环境，并将其杀灭。除人们熟知的抗生素外，目前还发现大量的生物及其产物具有杀菌消毒作用，如各种噬菌体、天然植物提取液（松树油、桉树油、麝香草油、柠檬果等）、蜂蜜、抑菌肽、杀菌蛋白、溶菌酶、核酸酶等，所以利用上述生物及其产物来进行消毒灭菌的方法即属于生物消毒法。[1]

为使消毒工作能够顺利进行并取得较好的效果，必须根据不同情况，选择适宜的方法。在选择方法时，需要考虑以下因素：病原微生物的种类、处理对象的性质以及消毒现场和卫生防疫要求等。在医院临床的具体使用中，对医疗器械的灭菌具有明确的标准和要求，基于上述要求，在实践中需要针对不同类型的医疗器械选择不同类型的灭菌方法。

随着新材料和新技术的发展，很多高灵敏度和综合用途的医疗器械和器材进入临床，其中多数精密度较高的器械属于怕热怕湿材料。根据临床实际情况，医院外科涉及的怕热怕湿医疗器械主要包括以下三类。①锋利度很高的细小器械：用于微创手术的器械和某些眼科器械都不能经高温灭菌，干热高温会氧化破坏其锋利度，湿热高温不仅会造成氧化，还会造成锈蚀。②导电和耦合部件：临床有很多带电操作的器械或需要传导电磁波的耦合件都不能用高温灭菌，如导线、电刀、耦合接头等。③高分子材料：临床使用的导管、仪器连接管道、光缆管和置入物等多数是高分子材料制作而成，它们都不耐高温，属于热敏感材料。[3]有研究显示，如果采用了不恰当的灭菌方法，会极大地降低医疗器械的使用寿命，提升损坏率，并且增大临床使用患者感染的风险。所以，针对上述新材料配套的低温灭菌技术越来越重要，甚至成为部分医疗器械唯一可选择的灭菌方法，而低温灭菌也成为医院消毒供应中心必备的灭菌项目。

从这一角度说，不管是物理、化学还是生物灭菌方法，只要其符合低温以及不产生高热高湿等特点，就可以称为低温灭菌方法。近年来，国内外公认比较成功的低温灭菌技术主要包括：环氧乙烷低温灭菌技术、低温等离子体灭菌技术、低温蒸汽甲醛灭菌技术和戊二醛消毒液浸泡灭菌技术。

二、低温灭菌技术主要分支

（一）环氧乙烷低温灭菌技术

环氧乙烷低温灭菌技术的原理是环氧乙烷与微生物蛋白质上的氨基、游离羧基、羟基和流羟基发生烷基化作用，形成带有羟乙根的化合物，从而取代不稳定的氢原子，将蛋白质上的基团烷基化，阻止了蛋白质反应基的正常活动。同时，环氧乙烷可抑制各种生物酶的活性，阻碍微生物完成基本的新陈代谢，最终将微生物杀死。环氧乙烷这种杀菌作用是不可逆的，也是目前化学消毒剂或灭菌剂无法超越的。环氧乙烷气体杀菌力强，杀菌谱广，可杀死各种微生物，包括细菌芽孢，具有不损害灭菌物品且穿透力强等特点。其适用于金属制品、内镜、透析器和一次性使用的医疗器械的灭菌，各种织物、塑料制品等工业消毒灭菌，传染病疫源地物品的消毒处理。但环氧乙烷不适合液体、粉剂和油脂类物品的灭菌。[4-6]

（二）低温等离子体灭菌技术

低温等离子体灭菌技术是继甲醛、环氧乙烷、戊二醛等低温灭菌技术之后，又一新的低温灭菌技术。低温等离子体灭菌技术克服了上述方法时间长、有毒性的缺点，增添了新的医疗器械低温灭菌方法。

等离子体（又译作电浆）是低密度电离气体云，是在物质固态、液态、气态基础上，提出的物质第四态，即等离子体状态。等离子体的生成是某些气体或其他汽化物质在强电磁场作用下，形成气体电晕放电，电离气体而产生的。在等离子体状态下，物质发生一系列物理和化学变化，如电子交换、电子能量转换、分子碰撞、化学解离合重组等。这种变化使电离气体云产生出电子、离子和其他活性物质等组合成的带电状态云状物质。在等离子体体系中，一方面，能量激发打开了气体分子键生成激发态原子、亚稳态原子并伴随辐射出紫外线、γ 射线、β 粒子等固体颗粒；另一方面，可产生 OH、H_2O_2 等自由基及 O_3 等强氧化性分子。等离子主要靠这些成分起到杀菌作用，其中众多带电粒子具有较高的热动能，瞬间高速击穿、蚀刻、氧化器械表面附着的微生物中蛋白质和核酸物质，使其灭活，达到对器械灭菌的目的。[7-8]

应用最广泛的是过氧化氢低温等离子体灭菌技术，目前该技术已被国内外许多医疗机构采用，广泛适用于不耐湿、不耐高温医疗器械的灭菌，如各种精密仪器、内镜等。

（三）低温蒸汽甲醛灭菌技术

低温蒸汽甲醛灭菌技术的灭菌原理是利用负压下甲醛气体与蒸汽穿透灭菌包对物品进行灭菌，甲醛分子中的醛基可与微生物蛋白质和核酸分子中的氨基、羟基、羧基、巯基等发生反应，从而破坏生物分子的活性，杀死微生物。该技术灭菌效果可靠，完全区别于甲醛气体熏蒸消毒，在灭菌腔体内的真空状态和持续负压状态下，利用甲醛气体与蒸汽能穿透灭菌包对物品进行灭菌，整个灭菌过程全自动运行，具有对不耐热、不耐湿物品灭菌，易穿透、速度快、灭菌效果可靠等特点。该灭菌技术适用于不耐热、不耐湿的诊疗器械、器具和物品的灭菌，如电子仪器、光学仪器、管腔器械、金属器械、玻璃器皿、合成材料物品及软式内镜的灭菌等。[9]

（四）戊二醛消毒液浸泡灭菌技术

戊二醛是广谱高效的消毒剂和灭菌剂，可以有效杀灭各种微生物，可用于灭菌。戊二醛是第三代低温灭菌剂，与甲醛、环氧乙烷等低温灭菌剂相比，在刺激性、使用安全性等方面具有独特优势。戊二醛能够用在各种外科器械、无菌内镜等的灭菌中，20g/L

的戊二醛（碱性、酸性和中性）可以用于各种不怕湿的医疗器械消毒与灭菌。在多数情况下，保证 20g/L 的浓度，实验室模拟现场条件，作用 3h 能够完全杀死细菌芽孢；常温下把清洁干燥的器材完全浸入戊二醛水溶液中，6h 即可达到灭菌要求。[7]

三、低温灭菌技术专利的整体情况分析

本文对现有技术中应用最广泛的四种低温灭菌技术从专利申请量、专利申请产出国、国内主要专利申请人分布以及各技术分支的专利申请量等角度在专利数据库（CNABS、VEN 以及 incoPat 等商业数据库）中进行统计分析，检索时间截至 2022 年 12 月 31 日。

（一）国内外专利申请量趋势分析

通过对全球范围内专利申请量的趋势进行分析，了解该技术的发展情况。当前使用最为广泛的四种技术中，有三种利用了化学物质（环氧乙烷、甲醛、戊二醛），其同样属于化学消毒方法，只有低温等离子体灭菌技术属于物理消毒方法。从图 1 中可知，上述四种方法在 1960 年甚至更早的时候就已开始研究，受制于当时医学水平、医疗器械相关技术的发展以及人们的消毒观念，每年的申请量均处于较低的水平，直到 1961 年，低温灭菌技术的全球专利申请量达到 10 件，首次突破两位数，尽管如此，这些技术仍未得到广泛的应用和研究；从 1980 年后，随着医疗器械的精细化发展，对低温灭菌技术的需求不断增大，传统的化学灭菌以及高温灭菌等方式无法满足当前的需求，且随着科学技术的进一步发展，尤其是等离子体等相关物理技术的突飞猛进，在传统化学灭菌的基础上，开辟了新的灭菌理论。一方面，在新理论的指引下，科研人员提出了低温等离子体灭菌方式，从而使申请量逐年攀升；另一方面，在传统低温化学灭菌的基础上，科研人员通过创新，为环氧乙烷、甲醛、戊二醛等化学物质灭菌剂开发配套了相关结构，大幅提升了灭菌效果和使用安全性，进一步使申请量迅猛提升。

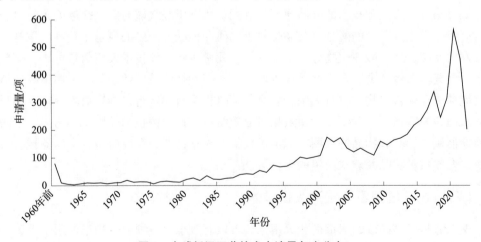

图 1　全球低温灭菌技术申请量年度分布

如图 2 所示，以申请人国别作为统计指标，从国内外的申请趋势来看，在我国专利制度建立之前，国外已经有将近 900 件与低温灭菌技术相关的专利。我国科学技术发展水平以及人们长期以来对于卫生和消毒观念的约束，使得灭菌技术的发展起步较晚，尤其是对于低温灭菌技术的研究更晚。虽然我国紧跟国际科技发展前沿，这体现在我国建立专利制度之后就开始出现有关低温灭菌技术的专利申请，但是申请量和技术水平与国外相比差距明显。同时，随着对精密医疗器械灭菌需求的不断提升，配合灭菌理论研究的不断深入，我国专利申请量逐渐上升，中间虽然经历过相关波动，但结合申请量的趋势来看，我国针对低温灭菌技术的研究与国外的差距正在逐步缩小，近期有可能扭转这一趋势。

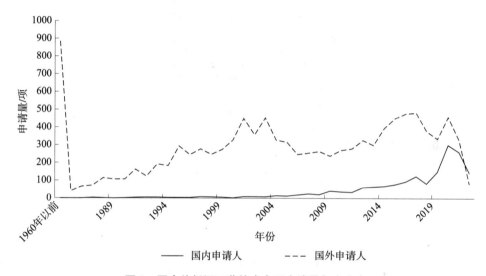

图 2　国内外低温灭菌技术专利申请量年度分布

（二）专利申请产出国申请量分析

以专利申请人国别为标准统计申请量，不仅能够使我们了解该技术在世界范围内的分布情况，还能够使我们认识到我国该领域的研究在世界范围的发展水平。

结合图 3 来看，虽然我国对相关低温灭菌技术的研究起步较晚，在有专利记载的不到 40 年时间中，当前的申请量已经位居全球第二。但同时，我们也应该清醒地认识到，与排名第一的美国仍然存在一定的差距，美国在该领域仍然处于优势地位，其专利申请的总量占到全球的 30% 以上。

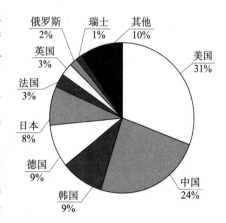

图 3　全球各国低温灭菌技术申请量占比

（三）中国主要专利申请人分布

下面针对中国申请进行重点分析，如图4所示，申请量前20名的申请人中，企业占据头部位置。从这一角度看，与高精尖医疗器械匹配的低温灭菌技术市场巨大，且已经有相当多的医疗器械企业在国内市场进行了相关研发和布局工作；不仅中国企业进行了布局，同时还可以看到，国外申请人如3M创新有限公司和伊西康公司等在中国同样有布局，且排名并不低。

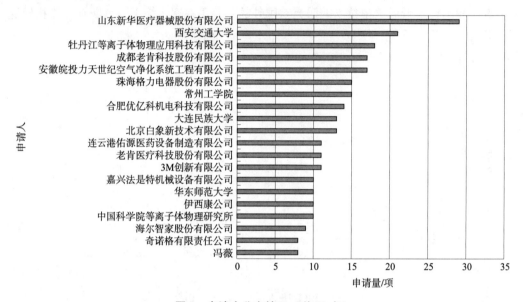

图4　申请人分布情况（前20名）

不可否认的是，我国的科研院所和高校等对低温灭菌技术的理论研究和技术进步发挥了较强的推动作用，中国科学院等离子体物理研究所、西安交通大学等在低温等离子体领域作出了较大的贡献。此外，由图5可以看到，中国低温灭菌技术专利申请中个人申请占比同样较大，分析对应的专利申请之后发现，申请中多是对现有技术的应用，仅对应用技术的相关机械结构、应用场景进行改进，技术方案之间的同质化现象较为严重。

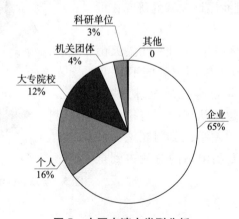

图5　中国申请人类型分析

从申请人国别/地区进行分析，由图6可以看到，有接近20%的申请人为国外申请人，而且从市场上看，国外公司依托其研发早、技术相对成熟、具有专利壁垒等优势在我国的市场占有率并不低，这充分说明，国内外公司已经意识到我国医疗器械行业的市场巨大，与之对应的低温灭菌技术市场同样巨大，大家纷纷进行市场和研发布局。

对国外申请人进行简单分析，发现国外医疗企业巨头深耕低温灭菌技术多年，从专利申请量等多方面都占据优势。这对我们今后的科研水平提出了更高的要求，一方面要从技术角度突破国外巨头的围剿，另一方面同样需要将技术进行市场转化，从而在国内巨大的医疗器械市场中占据有利地位。

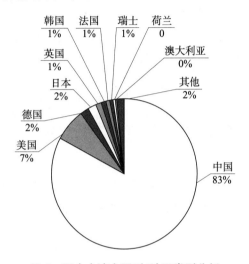

图6　国内申请人国别/地区类型分析

（四）主要技术分支的专利申请量概述

如前所述，在低温灭菌技术中，当前应用最广泛的共有四种，将上述四种灭菌方式的专利申请量分别进行统计，得到图7所示的柱状图。从图中可以看出，低温等离子体的相关专利申请量最多、占比最大。虽然等离子体技术的研究起步时间较其他技术晚，但是得益于低温等离子体的穿透力强、高效、无污染等优点，其申请量占据了低温灭菌技术的一半以上。

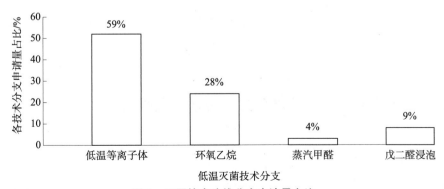

图7　不同技术路线分支申请量占比

从图 8 和图 9 可以看出，国外很早就开始对采用化学物质的环氧乙烷、蒸汽甲醛和戊二醛浸泡的低温灭菌方法进行了研究，而从我国专利制度建立开始，国内的相关研究人员开始在专利中体现对上述低温灭菌方式的研究。但是，对于等离子体技术来说，从专利角度看，我国的研究至少落后于国外十年。国外于 20 世纪 80 年代初就开始大量申请低温等离子体相关专利技术，但是我国直至 20 世纪 90 年代才开始有相关申请，且从当前专利的申请量来看，与国外的研究仍然存在一定的差距。

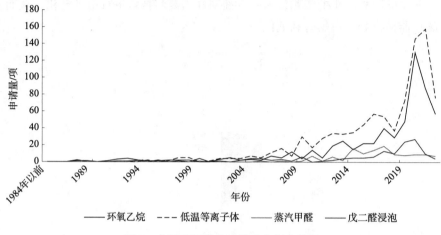

图 8　中国不同技术路线分支年申请量

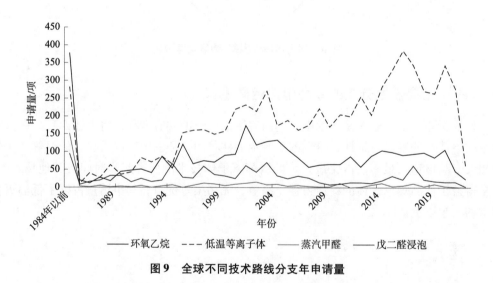

图 9　全球不同技术路线分支年申请量

四、低温灭菌技术各技术分支的技术发展脉络

（一）环氧乙烷低温灭菌技术

最早将环氧乙烷作为消毒与灭菌剂应用是在 1936 年，上述技术方案被记载在

Schrader 和 Bossert 的 US2037439A 中。该专利于 1936 年公开，具体公开了一种熏蒸剂组合物，通过将环氧乙烷与二氧化碳混合后，该气体不可燃，适合杀灭储存在谷物或者面粉中的害虫，虽然其并未应用在医疗生物领域，却是人类历史上第一次将环氧乙烷作为灭菌剂进行使用。

与此同时，美国的 Cross 和 Dixon 于 1937 年公开的 US2075845A 验证了环氧乙烷对 48 种微生物都具有杀灭作用；之后很多学者开始对环氧乙烷的灭菌作用进行大量深入细致的研究，并通过环氧乙烷与不同气体的混合，试图降低环氧乙烷易爆炸的危险性。

从 20 世纪 50 年代起，环氧乙烷灭菌开始用于医院。美国的 Hall 于 1960 年公开的 US2938766A 具体公开了将环氧乙烷应用在医院纱布、海绵、缝合线等各种医用材料中的应用，并具体公开了通过对消毒腔室进行加热和抽真空，使微生物的渗透压变化，再通入环氧乙烷提升其穿透力，整个灭菌过程需要 4～7h，灭菌时间与被灭菌的材料相关。此后，不管环氧乙烷应用在何种领域，大多均未脱离通过抽真空提升环氧乙烷穿透力的技术构思。

虽然环氧乙烷灭菌效果非常好，但是由于其易爆性、有毒性等物理性质方面的短板，有相当一段时间的研究都集中在使用中包括灭菌后对环氧乙烷的排放处理以及如何降低爆炸危险性和中毒等方面，包括但不限于使环氧乙烷与氟利昂、氢化氟利昂、二氧化碳等混合使用降低在使用过程中爆炸的可能性；或者在灭菌后将环氧乙烷分解或者继续混合上述气体之后进行排放处理，如 US3372980A、US3851043A 等，通过上述手段以避免使用后的爆炸和中毒。同时，在灭菌效果和使用效果提升方面，也进行了相关研究，例如设计相关结构便携高浓度环氧乙烷，提高环氧乙烷的使用范围，如 US3436173A 等；或者设计严格密封或者真空度更高的环氧乙烷灭菌腔室，提升灭菌效果，如 EP16888A1。

由于氟利昂等物质对臭氧层产生巨大破坏，面对环保压力，技术人员开始积极寻找氟利昂等混合气体的替代物。从 20 世纪 80 年代开始，环氧乙烷不再与其他气体混合，开始以纯蒸汽或者与少量水蒸气混合进行灭菌，如美国 SaulKaye 的 US4337223A（1982 年公开）。与此配套，日本于 1985 年公开的 JPS60015330B 和 1987 年公开的 JPS62121777A 研发了多种用于监测环氧乙烷灭菌效果的指示剂油墨，通过环氧乙烷在规定条件下与特定物质的反应导致颜色变化，实现了对环氧乙烷灭菌效果的监测。此后，对于指示剂的研究一直持续，并出现了一些新类型的监测剂，如 US20140356963A1、KR1020160030620A 和 US20160312263A1 等。

在 20 世纪末，技术人员就环氧乙烷与其他同样能够进行灭菌的物质混合之后的灭菌效果进行了研究，如 PARK 的 US5746972A 公开了利用环氧乙烷、过氧化氢等物质对隐形眼镜进行灭菌，一方面降低了环氧乙烷的用量，另一方面由于协同作用的存在，提升了灭菌效果。

对于我国专利申请来说，安贞医院的 CN87214026U 于 1988 年公开了一种环氧乙烷灭菌器的自动控制装置，实现了环氧乙烷气化、抽真空、温度、湿度和时间以及废气处理等全自动。由于国内起步较晚，消化学习环氧乙烷灭菌技术之后，开始在各方面进行广泛应用，针对不同的应用场景和组合开发了大量的应用器械，如天津市南开环保仪器设备厂的 CN2121239U 便携式环氧乙烷保温灭菌包、冯立雄等的 CN2105284U 全自动环氧乙烷灭菌消毒装置，深圳市安德森医疗设备有限公司的 CN2925484Y 将过氧化氢等离子体与环氧乙烷结合，形成两用低温灭菌系统等。值得一提的是，中国台湾的梁添丁、梁添寿等以个人名义在 20 世纪 80—90 年代在中国申请了大量关于环氧乙烷灭菌器械的专利。此外，中国企业就类似指示物也进行了较多的研发，珠海天威飞马打印耗材有限公司的 CN107617117A 以及南京巨鲨医疗科技有限公司的 CN109045336A 均公开了一种环氧乙烷灭菌化学指示剂的组合物及胶带。

20 世纪后，在继续提升环氧乙烷灭菌效果的技术上遇到瓶颈，国内外针对临床医疗器械的灭菌研究大多集中在如何解决环氧乙烷的相关短板上，例如防止环氧乙烷气体的泄漏、降低环氧乙烷在灭菌物品的残留以及废气的回收、处理与排放等方面，推动灭菌器械向精细化、精密化和安全化方向发展，如雅马哈的 CN1628896A（2005 年公开）、Douglas 的 US8685336B2（2014 年公开）、精机株式会社的 JP2018143419A（2018 年公开）。

（二）低温等离子体灭菌技术

早在 20 世纪 70 年代，技术人员已经开始利用等离子体的相关技术，将其应用在消毒灭菌领域。波音公司的 US3851436A 于 1974 年公开了一种气体等离子体杀菌包装工艺：将物品封装在容器中，把该容器放置在密封的腔室中，保持容器和腔室中的真空状态，使气体等离子体进入容器，对物品表面进行消毒。BIOPHYSICSRES & CONSULT-INGCO 的 DE3000709A1 于 1981 年公开了一种用于表面灭菌的装置，利用电磁激振等方式对不同类型的气体进行激发，以产生等离子体，该装置作为医院的消毒设备，能够快速灭菌，不会有残留且对环境友好。

由于产生的等离子体种类对灭菌效果存在影响，所以如何产生等离子体、产生何种等离子体成为研究的热点，技术人员对产生等离子体的结构和参数（如电极的形状构成、电压的大小波形等）以及激发等离子体的气体类型等多个角度进行了大量的细化研究。

WO8201996A1 公开了一种脉冲等离子体灭菌装置，利用气体压力脉冲，并采用辉光放电产生等离子体进而实现对物体的灭菌；同期，日本于 1982 年也公开了一种等离子体放电灭菌装置（JP57200156A），美国 SURGIKOS 于 1986 年公开了通过过氧化氢产生等离子体的消毒系统（JP61293465A/US4643876A）；韩国于 1987 年公开了一种过氧化氢等离子体灭菌装置（KR19870000076A）。从此，美日韩开始对等离子体的灭菌开始进行热点研究。

如前所述，各国的研究基本上都需要在真空环境下通过不同类型的放电结构，采用不同温度、压力、电压、频率等参数，利用不同类型的气体生成等离子体进行灭菌。随着应用的逐渐展开，在灭菌效果上被普遍认可的技术是低温过氧化氢等离子体技术。

另外，Abtox 公司（US5413758A）公开了一种利用过氧乙酸蒸气产生等离子体进行灭菌的技术；其结构、操作与过氧化氢等离子体灭菌器类似，但由于种种原因公司倒闭，技术并没有延续下来。[10]

中国科学技术大学的 CN2333398Y 于 1999 年公开了一种高频低温等离子体消毒灭

菌装置，使用壳体作为一个电极，配合一个金属电极，再通过过氧化氢在真空条件下产生等离子体，实现了灭菌功能。

随着对等离子体技术灭菌原理的不断深化，人们意识到，将不同的杀菌剂气体作为等离子体的基础气体可能产生更好的灭菌效果。例如，中国顾恩友的 CN1109365A 于 1995 年公开了一种冷等离子体灭菌消毒装置，其通入氮气、氧气、氩气等惰性气体均能够产生等离子体，实现灭菌。

蒙特利尔大学的 AU4906400A 于 2000 年公开了采用含氧气流作为基础气体来实现灭菌，且能够产生紫外线，处理的耐热性温度低于 50℃。

山东新华医疗器械股份有限公司的 CN2889296Y 于 2007 年公开了一种圆筒形低真空射频等离子体灭菌装置，采用圆筒形金属外壳、网孔状不锈钢电机，对过氧化氢气体电离率高，灭菌效果好。

美国 George 的 US20080247904A1 于 2008 年公开了一种用于医疗废物处理的射频等离子体系统，具体公开了采用氮气和水分作为基础气体的等离子体反应器。

韩国 CMTECH 的 KR1020090026586A 于 2009 年公开了一种利用臭氧和水分被活化后产生等离子体进行灭菌的装置，同时能够将臭氧分解后排出；西安交通大学的 CN101623506A 于 2010 年公开了一种射流等离子体消毒装置及消毒方法，其同样利用氧气、氮气或者氦气等惰性气体进行活化激发，形成射流等离子体；美国 NOXILIZERINC 的 US9655987B2 于 2017 年公开了一种灭菌系统及充气方法，其采用的基础气体是二氧化氮。此外，西安交通大学的 CN110092446A 于 2019 年公开了一种制备用于腔体内灭菌的等离子体活化水的系统及其方法，首先通过等离子体对水进行活化，然后采用具有等离子体的活化水对相关物品进行消毒灭菌。

随着使用范围的不断拓展，在真空条件下已不能满足使用的需求，逐渐出现了能够在常压（大气压）下进行灭菌的等离子体技术。美国 Laroussi 的 US5876663A 于 1999 年公开了一种能利用辉光放电装置在大气压下对液体进行灭菌的方法和装置。此后，在大气压条件下产生等离子体同样成为研究热点。

韩国高等工程学院的 KR1020030060644A 于 2003 年公开了一种常压下利用水、过氧化氢或者氮气、氧气等作为基础气体的等离子体灭菌装置。中国华中科技大学卢新培的 CN102523674A 于 2012 年公开了一种手持式等离子体电筒，将等离子体生成装置进一步小型化，且在大气压下将 12V 电池升压至 10kV 配合一组 12 根细微针尖组成的电极阵列即可产生脉冲等离子体。大气压低温等离子体技术，极大地提升了等离子体的使用便捷性。法国国立奥尔良大学的 US20170319727A1 于 2017 年同样公开了一种用于在大气压下产生多个冷等离子体的方法和装置，将电极设置通孔，从而在大气压下产生等离子体。韩国基础科学研究院的 KR1020200121667A 于 2020 年 10 月公开了一种用于皮肤处理的大气等离子体喷射装置，同样在大气压下即可产生等离子体。

（三）低温蒸汽甲醛灭菌技术

常规的甲醛熏蒸技术与低温蒸汽甲醛灭菌技术有所不同，常规的低温蒸汽甲醛灭菌技术应用在常压下，通过直接对甲醛进行熏蒸来实现灭菌的目的，其应用场景比较广泛，门槛低，但是也由于其无法对温度、压力、气体浓度、空气流动等进行控制，所以消毒过程本身以及消毒效果均无法进行精确控制和监测。虽然最早在 1907 年法国人 ISAACLEVY 的 FR374121A 就公开了将甲醛熏蒸应用在图书消毒中，但是其不能称作低温蒸汽甲醛灭菌技术。

低温蒸汽甲醛技术利用负压下甲醛气体与蒸汽能穿透灭菌包对物品进行灭菌，一般采用市场提供的 35%～40% 的水溶液（即福尔马林）作为产生甲醛气体的原料，在全自动预真空压力蒸汽灭菌器内借助饱和蒸汽的穿透作用，完成灭菌过程。其灭菌温度只有 55～85℃，故称为低温蒸汽甲醛灭菌。比利时鲁汶大学的 US4637916A 于 1987 年公开了使用循环气态灭菌剂的灭菌方法，首先使消毒室形成真空，然后引入蒸汽，再通入甲醛，甲醛气体与蒸汽混合，建立平衡，保持一定时间的温度和湿度，实现灭菌消毒。中国张家港市华菱医疗设备制造有限公司的 CN2511304Y 于 2002 年公开了一种甲醛低温蒸汽消毒灭菌柜，同样对柜体抽真空后通入甲醛气源以增大甲醛的穿透力；上述申请人的 CN103893792A 于 2014 年公开了一种医用低温蒸汽甲醛灭菌柜及其灭菌方法，在灭菌结束后，利用甲醛易溶于水的特性，采用蒸汽置换甲醛，实现物品上甲醛的无残留；该公司的 CN105999332A 于 2016 年继续公开了一种低温等离子体甲醛灭菌器及甲醛去除方法，在灭菌完成后，利用等离子体清除残留甲醛气体。日本三浦工业的 JP2018110793A 于 2018 年公开了一种甲醛低温蒸汽消毒方法和装置，利用水对柜体进行密封，防止甲醛泄漏，并且设置催化剂来分解甲醛。

甲醛的致癌性是该方法目前被替代的主要原因。

（四）戊二醛消毒液浸泡灭菌技术

1962 年，美国 Pepper 的 US3016328A 公开了一种二醛醇类杀孢子组合物，发现了戊二醛的强大杀菌作用；此后，人们就将戊二醛应用在各种需要杀灭细菌孢子的领域。安大略研究基金的 US3697222A 于 1972 年公开了不使用碱性或者酸性的戊二醛，而是通过超声波叠加戊二醛，实现了灭菌消毒的效果；同时发现，如果酸性戊二醛和超声波叠加，则可以实现在较低温度使用。

由于戊二醛用于直接浸泡灭菌，所以，技术人员将研究热点放在了对戊二醛组合物的改进上。如托尼马丁销售和批发公司在我国申请的 CN1100135A 于 1995 年公开了一种戊二醛水溶液，包含戊二醛水溶液、非离子型洗涤剂、醋酸钠以及 pH 值调节剂，其 12 个月内保持稳定，使用时也不需要加入活化剂，直接用水稀释使用；俄罗斯的 RU2183468C1 于 2002 年公开了一种消毒剂，实质上是碱性戊二醛，包括戊二醛、碳酸氢钠以及指示剂，混合后直接使用。

此外，我国还针对戊二醛的使用方法及装置进行了一些研究，例如 CN107296969A 麻醉面罩的消毒方法、CN208626259U 一种肝病用消毒箱、CN20259938U 手术器械用消毒装置等，但是上述装置和结构均是对戊二醛使用范围的扩大应用，同质化现象严重。

五、总结

本文对低温灭菌技术的技术分支分别进行了概述分析，梳理了当前低温灭菌技术的相关技术脉络。市场需求和新技术理论仍然在不断更新，呈现出研究热点越来越热的情况，同时，也有部分技术面临着应用市场不断缩小、濒临淘汰的境地。此外，经过梳理，本文也从专利角度看到我国在该领域的长足进步，但同时也认识到，我国与世界领先水平仍然存在一定差距。

展望未来，对于低温蒸汽甲醛灭菌技术，由于甲醛是强致癌、强致畸、高毒性物质，也是潜在的强致突变物之一，对人的中枢神经系统、心血管系统均有毒性作用，因此只有对其他灭菌方法均无法使用的物品方可使用低温蒸汽甲醛灭菌技术。[5]虽然研发人员从装置的气密性、甲醛的分解排出等多种角度进行研发和尝试，但是当前该方法仍然被谨慎使用。因此，如果能够保证使用安全性，就可能使该技术重新焕发生机。

对于环氧乙烷低温灭菌技术，其安全性和环境友好性同样受到关注，如果能够进一步提升上述功能，则在市场中就能够继续占有一席之地；对于戊二醛消毒液浸泡技术，曾经在我国大范围推广，为临床事业作出了不可磨灭的贡献，当前在中等规模以上医疗机构已经很少采用该方法[3]，但是其在基层单位仍然受到大家的欢迎，灭菌效果可靠且成本低廉，这对于技术人员和市场来说，可能在后续研究上动力不足；对于低温等离子体技术，虽然已经发展将近50年，但是对于其灭菌机理仍然未形成统一共识，所以对低温等离子体的继续研究方兴未艾，不仅是企业，广大的科研院所和高校同样投入巨大关注，对基础理论展开了研究，该技术在今后一定会继续丰富和发展，继续造福人类。

参考文献

[1] 张文福. 医学消毒学 [M]. 北京：军事医学科学出版社，2002.

[2] 曹务春. 中华医学百科全书：军队流行病学 [M]. 北京：中国协和医科大学出版社，2017.

[3] 张流波，杨华明. 医学消毒学最新进展 [M]. 北京：人民军医出版社，2015.

[4] 尹广桂，刘白云. 环氧乙烷低温灭菌技术的进展及使用安全管理 [J]. 世界最新医学信息文摘，2016，16（32）：43－44.

[5] 何晓滨，徐习. 消毒供应中心常用低温灭菌技术 [J]. 中国医疗设备，2016，31（3）：84－86，92.

[6] 朱建民，刘兆滨，董振鹏，等. 环氧乙烷灭菌现状与发展 [J]. 中国消毒学杂志，2021，38（5）：373－376.

[7] 杨华明，易滨. 现代医院消毒学 [M]. 北京：人民军医出版社，2002.

[8] 王原莉，徐利佳，郑春霞，等. 低温等离子体技术在消毒杀菌领域的研究进展 [J]. 科技风，2022（12）：167－169.

[9] 崔树玉，田忠梅. 低温蒸汽甲醛灭菌技术及其发展 [J]. 中国消毒学杂志，2015，32（2）：162－164.

[10] 郑超. 低温等离子体和脉冲电场灭菌技术 [D]. 杭州：浙江大学，2013.

从专利角度看凹印制版技术的发展

鲁 楠

摘 要 凹版印刷简称凹印，是四大印刷方式中的一种。本文从凹印制版技术的角度分析凹版印刷，梳理国内外凹印制版技术的发展历程，重点介绍腐蚀制版法、电子雕刻制版法、激光制版法、直接制版法的工作原理，并采用专利分析手段，从申请量、申请地域、申请人等方面入手，对凹印制版技术发展情况进行分析，以期为我国制版企业的研发方向以及专利布局提供参考。

关键词 凹印制版 专利分析 专利技术分析

一、概述

凹版，顾名思义，它的文字图像是下凹的，也就是说凹版的空白部分位于同一平面上，而图文部分以不同深度凹入版面，通过着墨量多少来表现原稿图像的浓淡层次，用凹版复制图像的印刷方式称为凹版印刷。[1]凹版印刷与凸版印刷、平版印刷都不相同，凸版印刷与平版印刷都是以网点面积的大小或者线条的粗细疏密来表达画面层次，而凹版印刷是以图文或线条的深浅程度来表现层次。[2]图文凹进的深度深，填入的油墨量就多；图文凹进的深度浅，填入的油墨量就少。印成后的复制品，组成暗调部分的油墨层就较厚，图像的明亮处油墨层就较薄。[3]凹版印刷是常规印刷中唯一可以用墨层厚度来表现色调层次的印刷方式，凹版印刷品层次丰富，印刷密度变化范围大，线条分明，墨色厚实，立体感强，是大家公认的精美印刷品，图1为凹版印刷示意图。

凹版印刷行业流行这样一句话："三分印刷，七分制版。"[4]由此可见，凹印制版技术的重要性。相应的，凹版印刷与其他常规的印刷方式相比，存在制版技术复杂、制版成本昂贵的缺陷，而随着凹印制版技术的不断改进，上述问题也逐步得到解决。

总的来说，凹版印刷是一种历史悠久、生命力强的印刷方式。凹印制版技术发展至今已有几百年的历史，从最早出现的手工雕刻凹版和腐蚀凹版，再到后来的照相凹版、电子雕刻凹版和激光雕刻凹版等[5]，先后经历了多个发展阶段。

商代出现的青铜印章（玺）和东汉出现的石碑拓文是最古老的印刷制品；

1430年，德国最早出现了手工雕刻的直刻凹版；

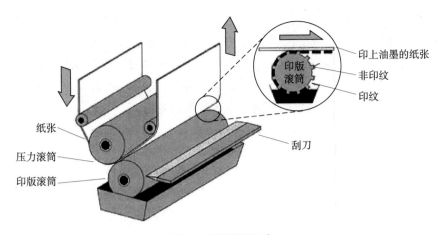

图1　凹版印刷示意

1460 年，意大利人芬尼格拉发明了手工雕刻金属凹版的印刷技术；

1513 年，德国人格雷夫发明了在涂布蜡层的版面上，用钢针刻画图文，再经酸腐蚀的蚀刻凹版技术；

1642 年，德国人 L. Van. Siegen 首先发明了在版面用轧花刀压制均匀细密的、用于着墨的"网目"，然后按图文要求破坏"网目"，达到不同版面着墨效果的网目凹版制版技术；

1768 年，意大利人 J. B. Le Prince 发明了在版面均匀撒上树脂或沥青微小粉末，经加热固着后用抗蚀剂画出阴图，再经腐蚀的撒粉式腐蚀制版技术，控制撒粉的密度和腐蚀液浓度以获得由细小凹孔组成的不同层次版面。

上述雕刻网版和腐蚀网版技术的发明奠定了从雕刻线条凹版向网目凹版转变的基础。

1820 年，法国人尼布斯发明了照相凹版技术；

1837 年，美国人佩金斯发明了复制钢凹版的钢板过版技术；

1838 年，苏格兰 Jacobi 教授与英国人 Julden 实现机械雕刻凹版和电铸法复制凹版；

1864 年，Wilson Swan 发明了碳素纸转移过版法；

1879 年，捷克人 Karl Klietsch 发明了撒粉照相凹版，1890 年发明了照相碳素纸转移"影写凹版"，1892 年又发明了刮刀凹印技术，成为世界公认的照相凹版印刷技术发明者；[6]

1910 年，德国人发明了网深相同的加网直接照相凹版；

1937 年，美国人道尔金发明了网深不同的"道尔金"制版法；

1962 年，德国 Hell 公司研制出电子雕刻机；[7]

1977 年，英国 Crosfield 公司研制出激光雕刻机；

1982 年，日本新克公司开发出数字化控制的"布美兰"直接照相制版系统；

1995 年，瑞士人 Max Daetwyler 研发激光直接雕刻锌版的制版技术；

2000 年，德国 Schepers 公司研制成激光刻膜腐蚀制版系统。

……

新材料、新技术的不断发明，计算机、激光、电子、信息等诸多行业的科技变革，无不推动着凹版制版技术不断向前发展。当然，凹版制版技术的发展也离不开市场的需求，随着人们对于塑料包装、纸质包装、装饰印刷、转移印花、出版印刷等多方面更丰富的印刷需求，凹版制版技术也在不断地繁荣发展[8]。在不远的将来，凹版印刷技术也必将在更绿色、更精细、更高效的方向上不断发展和变革。

二、本领域专利申请情况

本文通过对凹印制版技术领域的专利进行分析，了解和归纳该领域的国内外发展现状、核心技术以及应用现状。本文选择 CNABS 中文检索数据库以及 VEN 检索数据库，选用的检索词为：凹印、凹版；制版、版辊；腐蚀、雕刻，对应的英文关键词为："gravure""intaglio""heliogravure""concave""plate?""electrographic""laser""en-grav +"。IPC 分类号为：B41C1 及其下位点组、B41F9 及其下位点组、G03F 及其下位点组、G03G 及其下位点组。通过以上检索要素所获得的专利申请经过筛选后建立专利申请数据库，作为研究对象，重点对申请时间、申请趋势、主要申请人、技术主题、重要专利等进行统计和分析。

（一）全球专利申请量分析

图 2 示出了全球凹印制版技术专利申请总体态势，从图中可以看出，全球范围内凹印制版技术的研究总体呈现上扬、偶有回落的态势，从技术发展的角度上看，总体分为以下三个阶段。

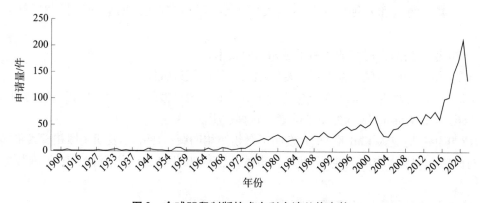

图 2　全球凹印制版技术专利申请总体态势

1. 发展起步期（1900—1960 年）

这一时期，全球范围内关于凹印制版技术专利的申请量较少，凹印制版技术处于一个缓慢发展的阶段，其技术发展的程度相对较低，全球申请人对凹印制版技术的研究处在一个技术研发和专利申请的起步阶段。

2. 稳步发展期（1960—2000 年）

20 世纪 60 年代后，随着工业技术的飞速发展和经济水平的提高，凹印制版技术专利的申请量开始逐步上升，进入了一个凹印制版技术发展的稳步增长期，人们对凹印制版技术的研发水平和重视程度都有了质的提升。

3. 飞速发展期（2000 年后）

2000 年后，各项技术逐步成熟和普及，全球范围内对凹印制版技术的重视程度逐步增强，相应的凹印制版技术也有了新的突破，凹印制版技术不断与控制领域、计算机领域、光电领域等相结合，专利申请量更上一个台阶。其中，中国在 21 世纪后的申请量有了突飞猛进的增长，不仅中国对凹印制版技术的研究在不断深入，而且全球范围内对凹印制版技术的研究也得到了更加迅猛的发展。

（二）全球专利申请地域分析

图 3 示出了全球专利申请量地域分布，就整体情况而言，申请量排名前五的国家分别是中国、日本、德国、美国、韩国。其中，我国占据总申请量的 39%，日本占据总申请量的 37%。

图 4 示出了主要国家凹印制版技术专利申请趋势，从图中可以看出，日本、德国在凹印制版技术领域专利申请起步早，但在发展起步期，专利申请情况态势平稳，到 20 世纪 60 年代才快速发展起来。日本在凹印制版技术领域的研究起步

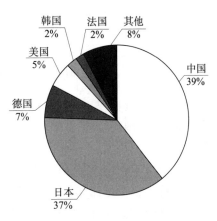

图 3　全球专利申请量地域分布

于 20 世纪 60 年代，于 90 年代达到相关技术研究的顶峰并一直持续发展。相比之下，中国在凹印制版技术领域的研究萌芽发生于 20 世纪 80 年代，21 世纪后得到飞速发展，并成为全球申请量最大的国家，这体现了我国在凹印制版技术领域的研究逐渐完善的发展历程。

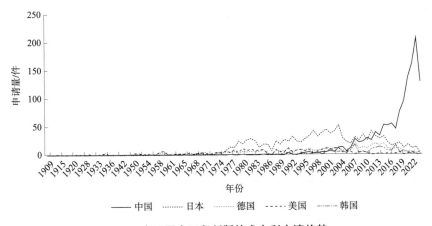

图 4　主要国家凹印制版技术专利申请趋势

（三）全球专利申请人分布分析

图 5 示出了凹印制版技术的全球专利申请人排名前十位。

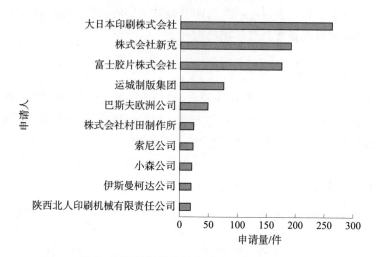

图 5　凹印制版技术的全球专利申请人排名

由此可以看出，凹印制版技术的全球专利申请人主要集中在日本，一方面说明了日本在凹版印刷领域的发展水平较为先进，另一方面也说明了日本对于知识产权具有较强的保护意识。

图 6 示出了中国申请人类型比例分布，从图中可以看出，我国凹印制版领域专利申请的主要来源为企业，占比为 82%。改革开放以来，市场经济不断发展，在凹版印刷品的需求越来越多、质量要求越来越高的趋势下，我国凹版印刷得到迅速发展，取得了有目共睹的出色成绩，从最初很大程度上依赖于进口到后来学习国外优秀的经验和成果，如今，我国凹印制版技术已经具备一定的自主研发能力，甚至出口到国外。例如，我国最大的凹印制版集团——运城制版集团[9]，从 1992 年开始，分别在东莞、上

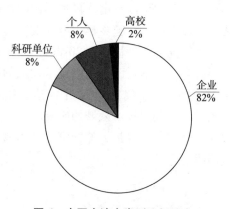

图 6　中国申请人类型比例分布

海、大连等地建立子公司，进入 21 世纪，跨出国门占领国际市场，先后在越南、泰国、印度尼西亚、俄罗斯等国建立多个子公司。如今，运城制版集团国内市场占有率达 75% 以上，主要用于塑料凹版和烟包凹版的制作，基本上能够满足国内凹印企业的制版需求[10]。此外，北京精工、东洋激光等 20 多家凹印制版公司也拥有较大的市场份额。

三、典型凹印制版技术专利分析

目前，凹印制版技术大体可分为：腐蚀制版法、电子雕刻制版法、激光制版法、直

接制版法。

　　图 7 所示的专利 JP2004184893A（2004 年 7 月 2 日）公开了一种凹版制版方法：在凹版印刷版用基材的表面层叠形成对光的灵敏度不同的多个感光层，将最上层的感光层曝光和显影成图像状，形成抗蚀剂层，接着将露出的其他感光层曝光和显影，形成其他抗蚀剂层，对基材进行蚀刻并除去各抗蚀剂层，能够提供一种工序简单，且深度灰度设计的自由度大、制版的稳定性优异的凹版制版方法。

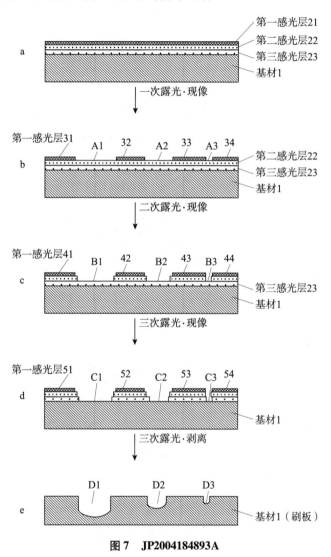

图 7　JP2004184893A

　　图 8 所示的专利 CN101402275A（2009 年 4 月 8 日）公开了电子雕刻法制备凹印版辊的方法：先在制版铜层上镀上铬层，然后进行雕刻，再对雕刻好的 V 形网穴进行腐蚀，使 V 形网穴所对应的制版铜层加深、加宽，使网穴的容积变大后，对腐蚀后的印版辊筒进行去铬处理，最后镀上起保护作用的铬层。该方法具有容积较大的网穴，容墨量较大，转印时印刷物的色彩饱和度较好，印刷质量较高。

　　图 9 所示的专利 CN104626786A（2015 年 5 月 20 日）公开了一种激光版版辊的均匀腐蚀方法：前期通过喷淋腐蚀机将网穴深度及网穴底部处理到一定程度，在这个过程中网穴还未完全成型，喷嘴压力的大小对较厚的网壁产生的影响极其微小，然后通过布美兰腐蚀机对版辊进行深加工，直至网穴形状完全成型，是一种网穴腐蚀均匀、效果好、成本低、应用范围广的激光版版辊的均匀腐蚀方法。

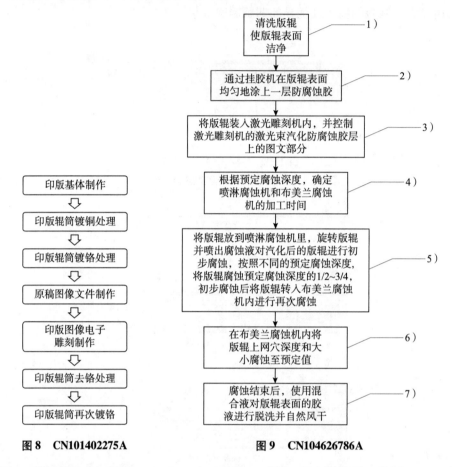

图 8　CN101402275A　　　　　　　图 9　CN104626786A

　　图 10 所示的专利 CN205767958U（2016 年 12 月 7 日）公开了一种用于 CTP 制版设备中多能量转换与调用的硬件构型，CTP 制版设备采用计算机直接控制激光发生器，由激光束在 CTP 版材上扫描曝光成像，然后通过后续加工（如显影、固版、烤版等）工

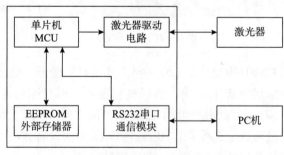

图 10　CN205767958U

序制成印版。利用外部存储器存储电流值，当初始化或更换版材时，每一路激光器分别调用查找外部存储器对应地址的电流，并由激光器驱动电路按此电流值给激光器供电，实现对应版材的能量输出，避免了能量装置复杂、能量调用与转换时间长、能量不准确的问题。

四、重要申请人专利技术分析

运城制版集团成立 30 多年以来，以领先的技术创新、过硬的产品质量成为行业中的佼佼者，提交了多项专利申请，涉及版辊机械加工、版辊电镀、版辊雕刻以及质量检测等多个工序，成为我国在该领域的重要申请人之一。如表 1 所示，该公司在凹印制版技术方面作出了多项研发改进，如花布印刷凹印版的"四分色"技术，还将世界先进的制版技术拓展到木纹纸、壁纸、皮革、花布、瓷砖等领域，对该领域的技术发展作出了重要贡献。

表 1　运城制版集团有关凹印制版技术的重要专利

公开号及公开日	发明名称	技术要点	结构简图
CN201284382Y 2009 年 8 月 5 日	凹印版辊的镀铬装置	设有直流电源和镀槽，镀槽内设置有阳极板和阴极板，阳极板和阴极板分别通过导线对应连接至直流电源的正负输出端；阳极板与直流电源的正输出端之间、阴极板与直流电源的负输出端之间分别串联有电流表。可通过两极的电流表直接看出阳极板的电流与阴极板的电流是否一致，从而可及时对镀铬装置的各导电部件之间进行检修，降低凹印版辊的废品率	
CN103481638A 2014 年 1 月 1 日	一种用于激光纸张印刷的版辊及其制作工艺	制作工艺包括镀铜、包胶、激光雕刻、腐蚀、脱胶和镀铬步骤，激光雕刻层包括第一雕刻层和第二雕刻层，第一雕刻层的雕刻网线数、雕刻网角和第二雕刻层的雕刻网线数、雕刻网角均不相同。通过采用两次雕刻的制作工艺，可以使凹印后的断层位置错位，从而达到印刷层次自然平缓的效果	

公开号及公开日	发明名称	技术要点	结构简图
CN105383199A 2016年3月9日	一种木纹纸的数码印刷方法	通过对色彩管理系统控制及工艺的调整，使数码打样系统打出的样张同实际印刷样张的效果十分接近，并能较好地还原实际凹印效果，同时数码样能够帮助制版人员在制版之前及时发现问题，并采取相应的措施加以纠正和调整，从而提高制版质量、降低返工率	原稿扫描 → 制作分色 → 数码打样 → 雕刻制版 → 印刷
CN208558590U 2019年3月1日	一种高同轴度稳定型凹印版辊	通过改变辊轴动力传递到辊筒过程中动转矩的分布，完善了旋转配合结构，使同轴度更加精度可靠，印刷过程中精度和印刷质量得到进一步的提高	
CN109720079A 2019年5月7日	一种均匀细线条电子雕刻处理工艺	电子雕刻拼版文件的分辨率、电子雕刻文件的分辨率均与原稿文件分辨率一致，在雕刻的时候选择步进式进给方式，可以得到雕刻后的均匀线条，雕刻在版辊上面的线条粗细与原稿文件所制作的线条粗细一致，很好地还原原稿的效果	原稿文件制作 → 电子雕刻拼版文件制作 → 电子雕刻文件制作 → 步进式进给方式雕刻
CN111730953A 2020年10月2日	一种激光蚀刻凹印制版工艺	仅需要对辊体喷涂一层激光胶，通过多次激光蚀刻形成最终网穴，且最终形成的是由外至内深度逐渐加深的V形网穴，通过该种工艺可制作深度深且穴型佳的版辊，对于颗粒大、黏性大、流平性相对较差的反光型材料油墨具有极佳的适用性	
CN115230297A 2022年10月25日	一种用于印刷机版辊的调节装置	通过驱动中心转动轴移动实现版辊的移动，达到版辊调节的目的，在支架上便能够改变版辊的所处位置，快速调节版辊与油墨辊之间的距离，有效改善版辊调节比较费力的问题	

五、总结与展望

本文简要介绍了凹印制版技术从手工凹版技术、照相凹版技术、电子雕刻凹版技术到激光雕刻凹版技术的发展历程，在此基础上，分析了全球凹印制版技术专利申请情况，分析了国内外关于凹印制版技术的专利地域分布特点，且针对我国重要申请人——运城制版集团的技术发展路线进行了研究。通过本文，可以对"凹印制版技术"这一领域的现有技术发展脉络及发展现状有更清晰的认识。

通过对全球凹印制版技术专利申请的分析，可以看出中国作为凹印制版产业的后来者，虽然在凹印制版技术方面的专利数量占有很大比重，但是，在专利布局、技术研究深度等方面与日本、德国、美国等老牌的工业强国还有很大的差距。由于上述国家在凹印制版技术方面的研究起步较早，很多专利申请已经处于失效状态，我国在凹印制版技术方面的研究可以站在巨人的肩膀上，不断学习积累，不断取得新的突破。

参考文献

[1] 刘凤山. 凹版制版的现状 [J]. 印刷杂志，2000 (9)：22 – 25.

[2] 杨志钢. 凹印的制版与印刷 [J]. 印刷世界，2001 (2)：1 – 5，11.

[3] 董望成. 凹印制版激光直接雕刻的研究 [D]. 广州：华南理工大学，2013.

[4] 陈淑荣，曹国荣，芦春燕. 凹印制版方式与制版标准简述 [J]. 北京印刷学院学报，2013，21 (6)：54 – 55，59.

[5] 胡啸. 凹版制版技术的发展及其应用 [D]. 北京：北京印刷学院，2017.

[6] 许文才. 我国凹印技术的现状及发展趋势 [J]. 今日印刷，2005 (4)：6 – 9.

[7] 回顾中国凹印60年的历程与成就 [J]. 印刷技术，2017 (5)：27 – 31.

[8] 中国机械工业联合会. 印刷机械工业四十载 [J]. 机械工业标准化与质量，2019 (2)：17 – 24.

[9] 徐世垣. 当代凹印的发展趋势 [J]. 今日印刷，2005 (4)：13 – 14.

[10] 夏琴香，王甲子，周思聪，等. 激光凹印制版设备及其关键技术分析 [J]. 包装工程，2008 (7)：37 – 39，45.

紧扣发明构思的创造性判断

王 玮

摘 要 提高专利审查水平可以促进提升专利质量，进一步引导创新主体的技术创新和专利保护。本文结合创造性评价"三步法"的具体步骤，依托具体案例探讨在创造性评价中如何紧扣发明构思，把握发明实质，在整体上重构发明，兼顾专利审查的技术性和法律性，客观地评价创造性。以审查实践为基础，通过探讨、挖掘形成理论，以促进高质量、高效率的审查和专利申请保护，为我国高价值专利的培育和知识产权价值的实现贡献绵薄之力。

关键词 创造性 三步法 发明构思

一、前言

《专利法》第22条第3款是有关创造性的条款，是专利授权实质性条件中的重要条款，也是在审查实践中最常使用的条款。《专利审查指南2010（2019年修订)》给出判断发明是否相对于现有技术具有创造性的方法，具体为如下三个步骤：①确定最接近的现有技术；②确定发明的区别特征和发明实际解决的技术问题；③判断要求保护的发明对本领域的技术人员来说是否显而易见。[1] 这就是我们通常所说的"三步法"。然而，有时在运用"三步法"进行创造性评价时会出现特征割裂、"事后诸葛亮"等问题，导致创造性评判发生错误。

发明构思来源于发明创造的过程，是对具体的、细节的申请文件的抽象描述，进而还原发明的来龙去脉。技术问题是发明创造的起因，技术方案是解决问题的具体过程，技术效果是发明创造的结果。基于发明构思评价创造性可以将技术问题、技术方案、技术效果联系起来，整体上重构发明，进而考虑现有技术整体是否给出启示。紧扣发明构思，利用"三步法"评价创造性，可以契合申请人发明创造的正向思维过程，从整体上对发明的智慧贡献作出客观评价，能够加强审查工作中的证据支撑，以高质量、高效率的审查促进高质量专利的创造、保护和运用，为我国高价值专利的培育和知识产权价值的实现贡献绵薄之力。

二、紧扣发明构思利用"三步法"评价创造性

（一）基于发明构思确定最接近的现有技术

《专利审查指南 2010（2019 年修订）》规定，最接近的现有技术，是指现有技术中与要求保护的发明最密切相关的一个技术方案，它是判断发明是否具有突出的实质性特点的基础。在确定最接近的现有技术时，应当基于发明构思，从技术方案整体出发，选择发明构思最接近的技术方案作为最接近的现有技术，即最接近的现有技术与本申请的技术领域相同，解决相同或相近的技术问题，采用相同或相近的技术方案，达成相同的技术效果。

但是，在实际审查中，往往检索不到如此接近的对比文件，那么，"退而求其次"的选择应当如何考虑呢？《欧洲专利审查指南》指出，最接近的现有技术是通过显而易见的改进从而得到该申请的最佳起点。[2] 因此，从发明构思出发，为了提供一个最佳起点以作出显而易见的改进，可以选择技术领域相同，整体框架与本申请一致，与本申请背景技术相同或相近的对比文件作为最接近的现有技术。选择这样的对比文件作为最接近的现有技术，与发明人的发明起点是最接近的。同时，在此基础上进行改进，相当于面对一片"蓝海"，任何的改进都具备可能性，此后进行创造性评判时，需要考虑技术问题的发现是否具有技术贡献以及技术方案本身是否具有技术贡献两方面。而如果选择技术领域相同，解决的技术问题与本申请一致，但采用技术手段不同的技术方案作为最接近的现有技术，那么在进行创造性评价时，除了需要考虑技术方案本身是否具有技术贡献外，还需要考虑在已经解决该技术问题的前提下是否有动机进行技术方案的替换、替换的难易程度以及技术方案可否兼容等问题。

【案例1】

权利要求 1 如下：一种超薄显示触控一体式电容触摸屏的制备方法，其特征在于包括以下步骤：S1. 在原始厚度的基板玻璃上形成线路；S2. 将原始厚度的基板玻璃和原始厚度的背板玻璃进行封装密封，获得原始 AMOLED 玻璃；S3. 对原始 AMOLED 玻璃进行薄化处理，获得超薄 AMOLED 玻璃，所述的超薄 AMOLED 玻璃的背板玻璃的厚度为 0.10mm ~ 0.30mm，所述的超薄 AMOLED 玻璃的基板玻璃的厚度为 0.10mm ~ 0.30mm；S4. 进行 ITO 电极层镀膜，获得超薄 AMOLED 显示触控一体式电容触摸屏。

根据说明书内容可知，现有技术中背板玻璃生产完成后再进行切割和单面薄化处理导致出现玻璃破片率高、整体厚度偏厚的问题。AMOLED 的背板玻璃和封装玻璃先封装密封，两片玻璃的外表面同时薄化处理可以有效保护背板玻璃上的线路和有机发光材料，提高良品率，降低厚度。

检索后得到两篇对比文件，对比文件 1 涉及一种 AMOLED 显示屏的制备方法，其解决的技术问题为采用塑料薄膜作为基板所引起的工艺实现难度大、工艺复杂的问题，具体地，也是通过 AMOLED 的背板玻璃和封装玻璃先封装密封，两片玻璃两个外表面

同时薄化处理的方式达到减薄玻璃基板的厚度、降低工艺实现难度和简化工艺步骤的效果。对比文件2涉及一种触控显示装置及其制作方法，其主要公开了显示触控一体式电容触摸屏的一般制备方法，包括获得 AMOLED 玻璃后进行 ITO 电极层镀膜，以及 AMOLED 显示触控一体式电容触摸屏。

通过分析，对比文件1技术领域与案例1相近，对比文件1是显示屏的制备而案例1是触控屏的制备，解决的技术问题也相近，实现技术方案的关键技术手段一致，达成的技术效果一致。而对比文件2可以看成案例1的背景技术。虽然对比文件1公开了更多技术特征，但从发明构思出发，选择最接近的现有技术，应选择适合作为起点朝着发明迈出第一步的现有技术。从案例1来看，选择对比文件2作为最接近的现有技术，与申请人站在同一起点，以发明构思为路径接近发明创造，进而判断本领域技术人员是否能够找出发明的技术改进思路，这在逻辑上是通顺的，并且与发明人实际的发明创造过程吻合，更易得到发明人的认同。选择对比文件2作为最接近的现有技术，同时考虑到案例1的改进点已被对比文件1公开，而基于对比文件2整体装置的基础上结合对比文件1对装置局部器件的制造方法作出改进，具备明显技术启示，并且不存在技术障碍。

（二）基于发明构思确定发明的区别技术特征和发明实际解决的技术问题

最高人民法院在（2020）最高法进行终38号案中指出，以特征对比为手段进而确定发明实际解决的技术问题，由于强调特征的比对和对应，在确定发明区别特征时，容易发生特征割裂现象。因为不合理拆分技术特征，割裂发明和现有技术的整体性，从而在"非显而易见性"的判断中，对于功能上彼此相互支持，存在相互作用关系的技术特征，未能从整体上考虑所述技术特征和它们之间的关系在要求保护的发明中所达到的技术效果，从而得出了偏离创造性实质的错误结论。

因此，在确定发明的区别技术特征和发明实际解决的技术问题时，应紧扣发明构思，基于发明构思考虑技术特征之间的协作关系，基于整体技术方案进行考虑，从技术问题出发，通过对技术方案的分析，辨别出权利要求中哪些技术特征是用于解决技术问题的，以及它们之间的逻辑关系，对于存在内在联系，相互协作解决技术问题的特征，应整体考量，并且重点关注与发明构思紧密相关的技术特征，突出发明的技术实质，集中争议焦点。最后，将区别技术特征放在技术方案中确定发明实际解决的技术问题。对于区别技术特征的整体考量，最高人民法院在（2020）最高法进行终155号裁判要旨中指出：创造性判断中，对于紧密联系、相互依存、具有协同作用、共同解决同一技术问题、产生关联技术效果的区别技术特征，可以作为整体考虑，而不宜简单割裂评价。即应从发明构思出发，确定技术特征与发明为解决技术问题采用的技术方案以及产生的技术效果之间的关系，对于紧密联系、相互依存、具有协同作用、共同解决同一技术问题、产生关联技术效果的技术特征，应作为一个或一组技术特征进行考量，而不应机械地仅进行单个技术特征的对比，忽视技术特征间相互配合协同作用所作出的技术贡献。

【案例2】

权利要求1如下：一种光源装置，其特征在于具备：光源，在规定的波段发光；光源光发生部件，利用上述光源发光，以分时的方式发生发光效率不同的多种颜色的光源光；光源控制部件，其控制上述光源和上述光源光发生部件的驱动定时，使得由上述光源光发生部件发生的多种颜色的光源光中，将发光效率较高的至少1种颜色的光源光的发光期间设定得比其他颜色的光源光的发光期间短，并且将已把该发光期间设定的较短的颜色的光源光发生时的上述光源的驱动电力设定得比其他颜色的光源光发生时的上述光源的驱动电力大，由上述光源光发生部件发生的多种颜色的光源光循环发生，上述光源光发生部件是具备涂覆了发出规定波段光的荧光体的区域的色轮。

案例2针对荧光粉被照射的光源光的光强过高时出现饱和而导致发光效率急剧下降的问题，使在如色轮的光源光发生部件上，将对应发光效率较高的光源光的发光期间设置得比其他颜色对应的光源光发光时间短，同时驱动电流设置更大，来解决亮度、饱和度与色彩平衡的问题。

对比文件1也公开了一种光源装置，该光源装置用于投影仪等投射型图像显示装置，还公开了对色盘发出不同颜色光的发光时间进行调整，从而调整整个单位时间段内三种颜色的出光量，用于完善色彩的平衡性。

一审阶段法院认为，区别技术特征在于"将已把该发光期间设定的较短的颜色的光源光发生时的上述光源的驱动电力设定得比其他颜色的光源光发生时的上述光源的驱动电力大"，并重新确定所解决的技术问题为调整不同荧光体的驱动电力以获得更好的发光效果。

二审阶段最高人民法院知识产权法庭基于发明构思对区别技术特征进行了不同的认定，认为案例2要解决的技术问题是："当激发光照射荧光体的每单位面积的输出超过某一值时，荧光体会处于饱和状态。由此，存在荧光体的发光效率急剧恶化的情况。进而，当为使荧光体不饱和而照射低输出的激发光时，绝对光量会不足，相反地为了充分得到绝对光量而照射高输出的激发光时，荧光体的发光效率会下降。"为了解决上述问题，在发明构思上将光源和荧光体组合来共同提高各种颜色光的发光效率，在考虑避免荧光体饱和的同时，也保证了绝对光量充足，使图像尽可能明亮且颜色再现性高。在技术手段上体现"光源控制部件，其控制上述光源和上述光源光发生部件的驱动定时，将发光效率较高的至少1种颜色的光源光的发光期间设定得比其他颜色的光源光的发光期间短"的同时，设定"将已把该发光期间设定的较短的颜色的光源光发生时的上述光源的驱动电力设定得比其他颜色的光源光发生时的上述光源的驱动电力大"。因此，上述两个特征具有协同作用，共同解决荧光体饱和及绝对光量不足的技术问题，二者紧密联系、不可分割。虽然对比文件1公开了对色盘发出不同颜色光的发光时间进行调整，从而调整整个单位时间段内三种颜色的出光量，用于完善色彩的平衡性的技术手段，但是这种调整并不是因为考虑到不同颜色的荧光体层的发光效率存在差异而进行的相应调整，并且也没有对不同颜色的光产生时的光源的驱动电力的大小同时进行调整。因此认定权利要求1与对比文件1的区别在于"光源控制部件，其控制上述光源和上述光源光发生部件的驱动定时，使由上述光源光发生部件发生的多种颜色的光源光中，将发光效率较高的至少1种颜色的光源光的发光期间设定得比其他颜色的光源光的发光期间短，并且将已把该发光期间设定的较短的颜色的光源光发生时的上述光源的驱动电力设定得比其他颜色的光源光发生时的上述光源的驱动电力大"。基于区别技术特征，最高人民法院知识产权法庭认定该专利实际解决的技术问题是，因荧光体饱和而出现发光效率恶化、绝对光量不足的问题。

在案例 2 中，虽然对比文件 1 公开了"光源控制部件，其控制上述光源和上述光源光发生部件的驱动定时，将发光效率较高的至少 1 种颜色的光源光的发光期间设定得比其他颜色的光源光的发光期间短"，但是，从发明构思出发，该技术特征与技术特征"将已把该发光期间设定的较短的颜色的光源光发生时的上述光源的驱动电力设定得比其他颜色的光源光发生时的上述光源的驱动电力大"是存在内在联系的，二者相互协作解决发明要解决的技术问题，因此，二者应作为一个技术特征进行对比，不应分割来看，应将上述两个特征作为一个整体来认定区别。

（三）基于发明构思判断是否存在技术启示

判定现有技术中是否存在解决技术问题的技术启示，需要站位本领域的技术人员，围绕发明实际解决的技术问题，判断发明的显而易见性，即基于现有技术整体，判断本领域技术人员是否能够显而易见地重构发明。然而，在实际工作中，可能会出现"重作用相同，轻改进动机"的问题，即只考虑技术上的可行性却忽略了是否存在改进动机。北京知识产权法院（2015）京知行初字第 5431 号行政判决书中指出，判断创造性的关键不取决于技术手段本身本领域技术人员是否有能力采用，而是基于申请日前的现有技术的教导，本领域技术人员会不会有技术动因确实会采用这样的手段。技术上的可行性及无障碍只是满足再现性要求的必要条件，而不是断定本领域技术人员可以实现故而显而易见的充分条件。相应地，在创造性技术启示的判断过程中，欧洲专利局上诉委员会判例法阐述了 could-would 方法，即关键不在于技术人员是否能够通过修改现有技术实现这一发明，而在于该技术人员是否会抱有对实际实现的优点的期望（根据所提出的技术问题），由现有技术中的提示而实现该发明。因此，在判定现有技术中是否存在解决技术问题的技术启示时，应站位本领域技术人员，紧扣发明构思，从技术方案整体、技术特征之间的内在联系、技术特征之间的依存关系、是否存在结合障碍、是否存在相反教导来考量技术上的可行性，也就是 could 的问题；从发明所解决的技术问题是否被提出、现有技术是否给出了由最接近的现有技术向本申请进行改进的教导来考量技术动因，也就是 would 的问题。

【案例 3】

权利要求 1 如下：一种用于移动通信设备终端的浏览方法，由设置在移动通信设备终端上的用于访问网页的浏览器软件实现，其特征在于，所述浏览器软件的访问网页的方式包括普通浏览方式和隐身浏览方式。具体步骤如下：用户通过浏览器访问网页；浏览器判断用户选择的浏览方式为普通浏览方式还是隐身浏览方式；根据用户选择的方式发起浏览请求；根据浏览请求访问网站，并获取数据；浏览器软件记录并保存浏览过程中产生的缓存数据，其中，在普通浏览方式下，缓存数据保存在普通浏览缓存数据库，在隐身浏览方式下，缓存数据保存在隐身浏览缓存数据库；用户退出浏览器软件时，清空保存在隐身浏览缓存数据库中的缓存数据，其中，用户通过浏览器软件访问网页时，通过所设置的用于在普通浏览方式和隐身浏览方式之间切换的切换控件在普通浏览方式和隐身浏览方式之间切换。在从普通浏览方式切换成隐身浏览方式时，切换前的数据保存在普通浏览缓存数据库，切换后的数据保存在隐身浏览缓存数据库；在从隐身浏览方式切换成普通浏览方式时，切换前的数据保存在隐身浏览缓存数据库，切换后的数据保存在普通浏览缓存数据库。

案例 3 针对现有浏览器产生的用户浏览访问痕迹，需要通过手工清除，由于各个清理项可能分布在不同的子菜单，而且保存的深浅度存在差异，普通用户很多时候无法彻底清除浏览访问痕迹，对用户来说并不方便的问题提出了一种包括普通浏览和隐身浏览的浏览方法：在普通浏览方式下，缓存数据保存在普通浏览数据库中，在隐身浏览方式下，缓存数据保存在隐身浏览数据库中，用户退出浏览则清空隐身浏览数据库，用户切换浏览方式时缓存数据的保存也在数据库间对应切换。

对比文件 1 是 IE8 浏览器技术手册，其中公开了隐身浏览模式作为普通浏览模式的补充，当用户不想留下网站的浏览行为时，可以选择隐身模式浏览，此时用户的浏览行为将不会被浏览器保存。可见，对比文件 1 公开了普通浏览方式和隐身浏览方式，权利要求 1 与对比文件 1 的区别在于权利要求 1 中两种浏览模式下产生的缓存数据分别放置在不同的数据库中，并且在模式切换的过程中，数据也随着模式的切换放置在不同的缓存数据库中，在用户退出浏览器软件时清空保存在隐身浏览缓存数据库中的缓存数据；而对比文件 1 中的浏览器在隐私浏览方式下不记录任何浏览行为。

驳回决定认为，使用缓存来保存曾访问的数据是本领域常用的提高访问速度、简化访问流程的技术手段。对比文件 1 中的浏览器在隐身模式下浏览时，不记录任何浏览数据以保证隐身模式的浏览安全性，而为了兼顾安全与访问效率的问题，本领域技术人员很容易想到在浏览过程中保存产生的缓存数据，退出浏览器软件时，清空之前保存的缓存数据。当两种数据不同时，为了更快地区分和处理这两种数据，本领域技术人员很容易想到将其保存在不同的数据库中，以便后期的操作。

复审决定书认为，对比文件 1 中的浏览器在隐身浏览方式下不记录任何浏览行为，不存在隐身浏览模式下所用到的缓存数据库，也就不存在对该模式下的缓存数据库的相应操作。对比文件 1 虽然公开了 IE8 浏览器在普通浏览模式下访问网页时会保存用户的浏览历史、cookie 信息、临时网页文件，但是在隐身模式下浏览时，则采取实时下载的网页访问方式，完全不记录任何浏览数据以确保该模式下浏览的绝对安全性。对比文件 1 的技术方案中保护个人隐私才是它要解决的技术问题，它愿意通过牺牲网页访问效率来换取个人隐私的绝对安全。因此，对比文件 1 并没有给出技术启示，使得本领域技术人员有需要、有动机去改进对比文件 1 公开的技术方案，从而得到权利要求 1 所请求保护的技术方案。并且，正是由于上述区别特征的存在，权利要求 1 所请求保护的技术方案具有了有益的技术效果：既能保护用户个人隐私的绝对安全，又能提高网页的访问效率。

在案例 3 中单独看区别技术特征，从对比文件 1 的基础上向案例 3 改进确实在技术上是可实现的，但是，考虑到对比文件 1 与案例 3 的发明构思的不同，对比文件 1 已经给出了通过牺牲网页访问效率来换取个人隐私的绝对安全的技术方案，在此基础上，不存在向案例 3 改进的动机。因此，在判定现有技术中是否存在解决技术问题的技术启示时，需要站位本领域技术人员，把握本申请发明构思与对比文件发明构思，整体考量是否存在改进动机以及是否可以进行改进，而不能仅仅依据区别技术特征可实现而进行创造性判断。

三、总结

紧扣发明构思利用"三步法"进行创造性评价，在确定最接近的现有技术时，重点考虑最接近的现有技术应作为最佳起点以作出显而易见的改进；在确定发明的区别技术特征和发明实际解决的技术问题时，基于发明构思，对于紧密联系、相互依存、具有协同作用、共同解决同一技术问题、产生关联技术效果的技术特征，应作为一个或一组技术特征进行考量，重视特征协同作用所作出的技术贡献；在判断是否存在技术启示时，应当把握发明构思，将现有技术整体考虑，在多个方面既考虑技术上的可行性又考虑技术动因。由此，在创造性评价过程中可以把握发明实质，还原发明过程，做到客观地评价创造性。进而以高质量、高效率的审查激发创新主体的发明创造热情，促进高质量专利的创造、保护和运用。以尺寸之功，积千秋之力，为我国高价值专利的培育和知识产权价值的实现添砖加瓦。

参考文献

[1] 国家知识产权局. 专利审查指南 2010（2019 年修订）[M]. 北京：知识产权出版社，2020.
[2] EUROPEAN PATENT OFFICE. Guidlines for examination in the European Patent Office [M]. Munich：Intellectual Property Publishing House，2017.

基于技术理解判断技术启示的方法

孙　宁

摘　要　准确的审查结论是高效专利保护的压舱石，正确的技术理解是高质量的专利审查的定盘星，基于技术理解判断技术启示是作出审查结论的重要环节。本文从审查实践出发，探讨了技术启示的判断方法。通过梳理欧美技术启示判断方法的优点，本文阐述了以技术启示的整体性为制约、以实际解决的技术问题为引导的理论基础以及可行性，并根据不同形成原因，逐一分析影响技术启示判断的主观因素、不确定因素和逆向因素。在此基础上，通过典型案例对上述内容进行详细说明与具体分析，为我国专利事业的长远发展添砖加瓦。

关键词　创造性　技术启示　技术问题　整体性

一、影响技术启示判断的因素

在评价创造性是否具有突出的实质性特点时，需要所属技术领域的技术人员基于现有技术对发明的显而易见性进行判断。对于要求保护的发明相对于现有技术是否显而易见，《专利审查指南 2010（2019 年修订）》在第二部分第四章第 3.2.1.1 节给出了判断步骤：（1）确定最接近的现有技术；（2）确定发明的区别特征和发明实际解决的技术问题；（3）判断要求保护的发明对本领域的技术人员来说是否显而易见。[1]

刘晓军在《专利创造性评判中的技术启示》一文中，认为"三步法"的第（3）步骤存在主观因素和不确定因素，同时，由于审查员是在已经充分理解发明内容的基础上判断其创造性的，因此这种"事后行为"容易导致低估发明的创造性水平。[2] 对此，牛强[3]、张永康[4] 和吴章鹏[5] 也曾发文探讨过我国《专利审查指南 2010》中相关规定与"事后诸葛亮"式的错误的关系。为了方便后续引用，笔者将导致"事后行为"的因素称为逆向因素。

（一）主观因素和不确定因素

对于创造性审查的主观因素和不确定因素，吴静[6]、加玉[7] 和原学宁[8] 等人分别在不同时间和文章中均阐述了相似的观点，即突出的实质性特点判断的主观因素和不确定因素主要在于如何界定发明所属技术领域的技术人员的技术水平，以及如何准确判断现有技术是否给出了教导或启示。

尽管《专利审查指南 2010（2019 年修订）》对所属技术领域的技术人员的技术水平作出了限制，并且对现有技术是否给出了教导或启示给出了指导，但在审查实践中，审查主体依然会受到生活经验、开展审查活动所处时间的科技发展水平以及对发明创造性评价标准的尺度和把握等主观因素的影响，导致无法对发明的显而易见性作出客观的判断。对于现有技术是否给出了教导或启示，《专利审查指南 2010（2019 年修订）》规定，在面对所述技术问题时，本领域的技术人员有动机改进该最接近的现有技术并获得要求保护的发明。然而，这依然无法明确、完整地阐述如何判断现有技术是否给出了教导或启示。

有观点认为，启示包括明示（现有技术中明确记载的内容），以及暗示（现有技术中未记载但本领域技术人员可以推导出的内容）。在审查实践中，这种暗示就需要本领域技术人员基于一般知识和能力来判断是否具有结合启示或动机。这无疑又进一步增加了创造性审查的主观性和不确定性。[9]

（二）逆向因素

吴章鹏在《发明创造性评价时区别特征所起作用与技术启示的认定刍议——以化学和材料领域申请案为例》中认为，《专利审查指南 2010》给出的三种通常认为现有技术中存在技术启示的情况实质上是一种逻辑推理。这种逻辑推理是在已经理解发明内容的基础上进行的，这种逻辑推理属于事后行为。这种事后行为可能会导致轻率地套用区别特征所起的作用并认定现有技术存在相应的技术启示，从而犯下"事后诸葛亮"式的错误。[5]可见，只关注区别特征所起的作用，并理所当然地认为现有技术存在相应的技术启示，是技术启示判断中存在逆向因素的根本原因。

二、以技术启示的整体性为制约

《专利审查指南 2010（2019 年修订）》规定，在判断过程中，要确定的是现有技术整体上是否存在某种技术启示，即要求在进行技术启示判断时，要以现有技术所公开的技术方案的整体作为基本单位。技术效果产生技术启示，促使本领域技术人员在面对发明实际解决的技术问题时，有动机改进最接近的现有技术以获得要求保护的发明。一般地，技术方案中包括多个技术特征，每个技术特征所产生的技术效果的累加不一定等于技术方案所产生的整体上的技术效果，也可能由于技术特征之间存在互相制约的情况。换句话说，单独技术特征对技术方案的技术贡献还需考察其他技术特征对该单独技术特征的影响。因此，需要将单独技术特征所产生的技术启示放置于整个技术方案中进行整体考虑，才能够得到较为客观的评价结果。

谢有成在《创造性判断"三步法"中技术启示判断的整体考虑》中提供了在进行技术启示判断时需要考虑的三个因素。[10]在此基础上，笔者认为对技术启示的判断进行整体考虑，需要从以下三个方面入手。

首先，相同或相近的技术领域。尽管《专利审查指南 2010（2019 年修订）》在定位本领域技术人员时，规定本领域技术人员知晓申请日或优先权日之前发明所属技术领域所有的普通技术知识，或者所要解决的技术问题能够促使本领域技术人员在其他技术领域寻找技术手段，但是如果技术领域相距甚远，则本领域技术人员就无法想到从该技术领域中寻找解决方案。

其次，区别技术手段是否被制约。区别技术特征在现有技术中是否受到其他技术手段的制约，或者需要其他技术手段的辅助，才能产生期望的技术效果，是对技术启示的判断进行整体考虑的关键，也是审查实践中最易发生争议的部分。对区别技术特征起到制约或辅助作用的其他技术手段需要和区别技术特征作为一个整体考虑，进而评价该整体技术特征对最接近的现有技术是否存在技术启示。

最后，对比文件之间结合的难易程度，这也是最重要并且最容易被忽略的方面。除了前文所列举的制约和辅助，技术手段之间还可能存在另一种复杂的关系，即冲突。《专利审查指南 2010（2019 年修订）》列举了以下几种通常认为现有技术中存在技术启示的情况，包括①区别特征为公知常识；②区别特征为与最接近的现有技术相关的技术手段；③区别特征为另一份对比文件中披露的相关技术手段。无论公知常识还是最接近的现有技术中的其他实施例，抑或其他现有技术所公开的技术方案提供的技术手段，与最接近的现有技术之间有可能存在较大的技术冲突，导致在最接近的现有技术的基础上，无法将上述情况所提供的技术手段有机地、整体地结合进来。或者，当需要多篇对比文件或公知常识进行横向的简单组合时，是否存在技术手段的人为拼凑，是否忽略了技术手段之间必须存在的内在联系，而这种联系又是现有技术和公知常识无法证明的。

通过对上述三个方面的考虑，以技术启示的整体性作为制约，将现有技术公开的技术手段的技术启示放置于技术方案之中，不仅需要考察该技术方案的技术领域，还要判断该技术手段是否可以单独产生技术效果，最重要的是着重关注该技术手段与最接近的现有技术结合的难易程度，可有效排除技术启示判断过程中的主观因素和不确定性。

三、以实际解决的技术问题为引导

相比于我国，欧美国家较早建立起了专利保护与审查制度，并在审查活动中逐渐进行了完善，积累了大量的理论和操作层面的经验，对我国专利审查实践具有借鉴意义。

卜冬泉等在欧洲专利局作出的 T176/84、T195/84 和 T560/89 决定的基础上进行了总结，认为在创造性的评价中，技术领域对技术启示存在影响，技术领域包括所属技术领域、相近技术领域、通用领域、通用技术的主要应用领域，以及素材的使用或涉及的问题与所属技术领域共有的其他技术领域。[11] 范胜祥等认为，虽然美国的 TSM test 判断法、欧洲的 could-would 方法和中国的"三步法"在表述上不同，但所反映出的内涵基本相同。基于此，准确理解欧美的相关规定有助于我们按照我国《专利审查指南 2010》的规定正确地判断权利要求的创造性。[12] 薛杰也在 could-would 理论的基础上，提出四种结合启示的考量因素，并结合实际案例进行分析与说明，实现了更加客观的创造性审查。[13]

美国的 TSM test 判断法，即"教导—启示—动机"判断法，要求确定权利要求显而易见，需要现有技术中必须给出启示或教导，以将现有技术中披露的手段进行结合。欧洲的 could-would 方法的关键在本领域技术人员是否会得到现有技术整体上给出的启示，即现有技术是否会促使本领域技术人员解决客观上要解决的技术问题。我国《专利审查指南 2010（2019 年修订）》规定，现有技术中是否给出将上述区别特征应用到该最接近的现有技术以解决其存在的技术问题（发明实际解决的技术问题）的启示，这种启示会使本领域的技术人员在面对所述技术问题时，有动机改进该最接近的现有技术并获得要求保护的发明。

通过上述对中美欧技术启示判断标准的分析，发现上述三种方法都强调了发明实际解决的技术问题的重要性，以及在整个判断过程中的引导作用。周琦在《从发明要实际解决的技术问题角度看结合启示》中也认为，在判断发明的显而易见性时，准确把握发明实际解决的技术问题处于核心位置，具有关键作用。[14]这种作用是技术方案这枚子弹所要命中的标靶，是产生技术启示的原动力。这种原动力促使本领域技术人员考虑，最接近的现有技术是否存在对应的技术问题，同时，也要考虑现有技术是否存在改进动机。

以实际解决的技术问题作为指引，就是在还原发明创造的获得过程中，以最接近的现有技术作为改进起点，充分尊重发明人的技术贡献，设身处地地考虑发明人在技术改进过程中所遇到的技术困难和问题，综合考察改进动机，从而有效地避免"事后诸葛亮"式的技术启示判断。

四、案例分析

（一）案情介绍

本案涉及个人识别技术领域。现有技术中基于步态的远距离身份识别方法对用视频录像分解出的按时间排序的系列图片的处理较为复杂，在实际应用中不方便。为了解决上述问题，本案根据人体上的标志点在水平方向、垂直方向和时间的三维关系，处理得到表明人动态个体特征的三维曲线，分别获得嫌疑人和目标动态人的三维曲线，并进行比较。该方法具有很强的实用性。

基于申请日提交的权利要求 1、说明书第 1~48 段、说明书附图 1~3、说明书摘要和摘要附图，作出驳回决定。复审请求人未提交修改文本。

权利要求 1 如下：

一种基于动态特征的个人识别方法，包括如下步骤。

首先，取具有目标人活动的视频录像，对所述视频录像进行处理，得到目标人的动态特征图；其次，取具有嫌疑人活动的视频录像，对所述视频录像进行处理，得到嫌疑人的动态特征图；最后，用目标人的动态特征图与嫌疑人的动态特征图的相似程度，判断目标人和嫌疑人是不是同一人，其特征在于：

（1）在首先的步骤与其次的步骤之间，有摄取嫌疑人在与目标视频录像中目标人的状态情况尽可能相同的条件下重复目标人活动的具有嫌疑人活动的嫌疑视频录像的步骤。

（2）对具有人活动的视频录像进行处理的步骤是：

① 把视频录像分解成按时间排序的系列照片；

② 在上述系列照片上的人身上与运动相关的点上标示出标志点；

③ 分别测取在上述系列照片上人身上的标志点在水平方向和垂直方向的系列二维坐标；

④ 根据系列二维坐标、系列二维坐标中水平方向坐标和时间、系列二维坐标中垂直方向坐标和时间制作出二维曲线图，得到表明人的动态特征的三个二维曲线图。

（二）现有技术

对比文件 1（CN1582851A）公开了一种人体运动轨迹检测方法，并且具体披露了以下技术特征：该方法用于对人体运动轨迹进行检测，从而实现人体的识别；其将标志点粘贴在被检测人待检测部位表面，并以不同颜色来标识这个被检测的标志点；实时截取人体运动图像的图像序列作为有效图像序列；这些图像序列是按照时间排序的；分别获得各标志点在水平方向和垂直方向的二维坐标；根据图像采集频率，跟踪各个标志点，得到所有图像序列中各个标志点的中心坐标；并且根据坐标计算出人体运动的棍图，对人体运动进行动态分析。

对比文件 2（CN1746929A）公开了一种非法者检测方法，并且具体披露了以下技术特征：该方法为了判断出嫌疑人，在尽可能相同的条件下通过将待识别的目标人特征与嫌疑人图像特征进行比较，从而判断并检测出嫌疑人。

（三）争议焦点

本案主要争议焦点在于：对比文件 1 和对比文件 2 均没有公开权利要求 1 的特征部分，即针对视频录像中按时间顺序的动态系列图片中的人的动态处理，根据人的动态制作出动态特征图。

（四）前后审观点

实审阶段认为，对比文件 1 用于对人体运动轨迹进行检测，从而实现人体的识别；其将标志点粘贴在被检测人待检测部位表面，并以不同颜色来标识这个被检测的标志点；实时截取人体运动图像的图像序列作为有效图像序列；这些图像序列是按照时间排序的。对比文件 1 的这些标志点的运动轨迹即可反映出目标的动态特征，并且在创造性评述过程中并不是仅针对前序部分，还考虑了特征部分。同时，对比文件 2 也公开了该特征部分的技术特征。对比文件 2 给出了将该特征部分的技术特征应用于对比文件 1 以解决权利要求 1 实际解决的技术问题的技术启示。

而合议组认为，尽管对比文件 1 也涉及对标志点进行提取以及对视频进行实时截取，可以视作是按时间排序的，但对比文件 1 没有公开根据提取的坐标绘制基于动态特征的二维曲线图，即 $X-Y$ 曲线图、$X-T$ 和 $Y-T$ 曲线图。对比文件 2 是用于静态特征的个人识别，不可能提取动态特征，也不可能形成基于动态特征的曲线图。在实现原理上，对比文件 1 和对比文件 2 提供了无法结合的技术手段，因此对比文件 1 和对比文件 2 不存在技术启示。

可见，由于对比文件公开事实的认定存在偏差，前后审作出了截然相反的审查结论。

（五）观点分析

对比文件 1 与本案所要解决的技术问题不同，对比文件 1 要解决的技术问题是：通过标志点坐标的提取来对人体运动轨迹进行检测。也就是说，对比文件 1 不涉及使用动态特征进行个人识别。可见，对比文件 1 没有给出将所检测的人体运动轨迹用于动态特征的个人识别的启示，也就没有动机来形成本申请所记载的三个基于动态特征的曲线图，从而进行个人识别。因此，对比文件 1 并没有公开针对视频录像中按时间顺序排列的动态系列图片中的人的动态处理，根据人的动态制作出动态特征图。基于此，对比文件 1 实际解决的技术问题是：如何根据动态特征来进行个人识别。

对此，对比文件 2 公开了一种个人识别方法，但其采用的是静态特征，而不是本申请和对比文件 1 所使用的动态特征。本领域技术人员熟知，动态特征和静态特征是两种不同的特征提取结果。对比文件 1 和对比文件 2 在实现原理上存在冲突、无法兼容，公开的技术特征所包含的技术手段无法有机地、完整地结合，从而形成本案要求保护的技术方案。对比文件 2 提供的基于静态特征的个人识别方法不可能提取动态特征，也无法形成基于动态特征的曲线图。客观上，对比文件 2 中的技术手段无法解决对比文件 1 实际解决的技术问题。因此，基于对比文件 2 公开的内容，本领域技术人员在面对实际解决的技术问题时，没有动机改进对比文件 1 公开的技术方案。

（六）案件反思

通过上述分析，发现在审查过程中，没有以实际解决的技术问题为引导，未能根据实际解决的技术问题对现有技术公开的技术方案进行整体判断，没有客观地分析现有技术是否能够改善最接近的现有技术所存在的技术缺陷。同时，也没有以技术启示的整体性作为制约，准确站位本领域技术人员，基于所属技术领域的普通技术知识，考察现有技术中的技术手段与最接近现有技术公开的技术方案是否会出现相互冲突的情况。

五、结语

创造性评述是基于现有技术还原发明要求保护的技术方案的过程。但在该过程之前，往往已经充分理解发明内容，因此容易出现"事后诸葛亮"式的错误。针对上述问题，本文阐述了以实际解决的技术问题为引导、以技术启示的整体性为制约的理论基础以及可行性，并辅以实际案例进行详细说明，以期为后续研究提供一些有效的参考借鉴，更希望能够成为我国专利保护征程上的铺路石。

参考文献

[1] 国家知识产权局. 专利审查指南 2010（2019 年修订）［M］. 北京：知识产权出版社，2020.

[2] 刘晓军. 专利创造性评判中的技术启示［J］. 知识产权，2012（5）：42-47.

[3] 牛强. 专利"创造性"判断中的"事后诸葛亮"：兼评我国《专利法》第 22 条及《审查指南》中相关规定［J］. 知识产权，2009，19（4）：49-57.

[4] 张永康.《专利法》第 22 条：创造性理论与实践［M］. 北京：知识产权出版社，2012.

[5] 吴章鹏. 发明创造性评价时区别特征所起作用与技术启示的认定刍议：以化学和材料领域申请案为例［J］. 专利代理，2016（1）：97-100.

[6] 吴静. 创造性判断中结合启示的认定标准［J］. 专利代理，2020（1）：64-69.

[7] 加玉，吴倩. 创造性中最接近对比文件的选择［J］. 电视技术，2013，37（S2）：348-350.

[8] 原学宁，王勤耕. 对有机化学领域化学方法发明创造性判断的思考［C］//中华全国专利代理人协会. 提升知识产权服务能力 促进创新驱动发展战略：2014 年中华全国专利代理人协会年会第五届知识产权论坛优秀论文集. 北京：知识产权出版社，2014.

[9] 李彬. 专利创造性判断中结合启示的初探［J］. 法制与社会，2014（21）：252-253.

[10] 谢有成. 创造性判断"三步法"中技术启示判断的整体考虑［J］. 专利代理，2015（2）：19-23.

[11] 卜冬泉，栗彬彬. 浅谈创造性评价中技术领域对技术启示的影响［J］. 中国发明与专利，2013（4）：79-81.

[12] 范胜祥，詹靖康. 创造性判断中技术启示的分析［J］. 电子知识产权，2013（11）：76-82.

[13] 薛杰. 浅析创造性结合启示的认定考量［J］. 专利代理，2019（3）：55-58.

[14] 周琦. 从发明要实际解决的技术问题角度看结合启示［J］. 专利代理，2022（1）：95-100.

浅谈准确理解发明对提升"审查三力"的促进

刘晨秀

摘要 近年来，随着知识产权强国建设和创新驱动发展战略的深入实施，社会公众对专利审查提出了更高要求，提升审查能力是做好审查工作、回应社会需求的当务之急。本文依托审查工作所需的三大核心能力，即技术理解能力、检索能力和法律适用能力，初步探讨了准确理解发明的重要性。通过对一个商业方法领域案例进行分析，从深入理解发明、把握发明实质，程序节约、善意审查，有效扩展关键词、高效检索三个方面具体分析了在专利审查工作中如何提升"审查三力"。在此基础上，从专利申请角度出发，为申请人高质量撰写专利申请文件提供建议。

关键词 专利审查　技术理解能力　检索能力　法律适用能力

为建设知识产权强国，习近平总书记对专利审查提出了"提高知识产权审查质量和审查效率"的重要指示。国家知识产权局开展专利审查"提质增效"的专项工作来提升专利审查质量和审查效率。技术理解能力、检索能力和法律适用能力（简称"审查三力"）是审查工作所需的三大核心能力，因此，提升"审查三力"是提升审查能力的核心，也是当前审查工作的核心。专利的审查流程依次为理解发明、检索、依法给出审查意见。本文对2022年商业方法领域检索案例（发明名称：一种饮食推荐方法及系统）进行分析，阐述如何提升"审查三力"，并为申请人撰写专利申请文件给出建议。

一、深入理解，把握实质

（一）发明构思

本案背景技术中提到，现有技术根据官方发布的饮食指导，如国家卫生健康委员会或中国营养学会发布的指导文件，对用户进行饮食推荐。由于官方发布的文件是针对群体的指导，因此上述推荐方法对单个用户的准确度较低。同时，现有技术在推荐的过程中，从整个食材库中筛选推荐的食材，因此还存在推荐效率低的问题。为解决上述问题，本申请提出了根据用户信息确定个人优先指数，根据用户偏好生成初始食谱，再根据个人优先指数对个别食材进行替换，从而生成最终推荐食谱的方法，达到针对用户精准、高效推荐饮食的效果。

（二）权利要求 1 解读

权利要求 1 如下：一种饮食推荐方法，其特征在于，所述方法包括：在预先建立的食材营养信息数据库中获取食材的营养成分含量信息；基于各类食材的营养成分含量，计算食材的分类偏差系数；根据所述食材的分类偏差系数和用户日均所需热量值，确定食谱的食材推荐量；根据实际需要，基于推荐的候选食材确定当前饮食。方法流程如图 1 所示。

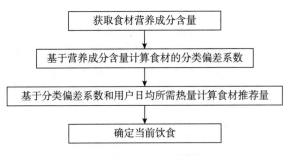

图1 权利要求 1 的方法流程

通过阅读可以发现，权利要求 1 的方案并未体现本申请的发明构思，而是围绕分类偏差系数撰写。同时，在权利要求 1 中并未给出分类偏差系数的定义。经过检索，分类偏差系数并非本领域技术人员的公知常识。

事实上，结合全部的权利要求和说明书可以发现，分类偏差系数是申请人自定义的词，其具体定义被限定在本申请权利要求 3 中。

如权利要求 1 所述的方法，其特征在于，所述基于各类食材的营养成分含量，计算食材的分类偏差系数包括：基于食材的营养素成分含量定义相应权重；获取各类食材的权重高于预设阈值的营养成分，将其作为该类食材的高权重营养成分；根据各类食材下高权重营养成分的数量以及食材所属类别对应营养成分的平均含量，确定食材相对于所属种类的偏差系数；通过下式确定食材相对于所属种类的偏差系数：

$$P = \sqrt{\frac{\sum_{n=1}^{x} w_x (nutri_x - \overline{nutri})^2}{x}} \tag{1}$$

式中，P 为食材相对于所属种类的偏差系数；x 为选取的高权重营养成分 $\{(nutri_1 \mid w_1), (nutri_2 \mid w_2), \cdots, (nutri_x \mid w_x)\}$ 的数量；$nutri_x$ 为营养素的含量；w_x 为对应权重；$\overline{nutri}$ 为食材所属类别对应营养素的平均含量。

从 $nutri_x - \overline{nutri}$ 可以分析出分类偏差系数实际上反映的是：某一食材相对于同类食材平均水平的偏差。

由此可见，对于权利要求 1 中的用户自造词"分类偏差系数"，根据不同的内容能够理解出不同的范围。如仅根据权利要求 1，其仅是一个与分类相关的数，如根据该范围理解并检索，很容易就能够检索到对比文件，评述权利要求1的新颖性和创造性，但无法评述本申请权利要求3的新颖性和创造性，且无法对案件走向进行正确预期。如结合全部的说明书和权利要求，从表达形式上来看，其范围为权利要求3中限定的公式，如根据该范围理解并检索，由于范围太小，很难检索到完全相同的公式。如从该词在本申请中要表达的实际含义以及作用来看，其本质上就是衡量某一食材相对于同类食材平均水平的偏差。如根据该范围理解并检索，既兼顾了权利要求1和3的新颖性和创造性，又不至于范围太小而无法检索到对比文件。因此，将"分类偏差系数"的范围确定为"某一食材相对于同类食材平均水平的偏差"较为合适。

（三）权利要求4、5解读

权利要求4是对权利要求1中"基于分类偏差系数和用户日均所需热量计算食材推荐量"步骤进一步的限定，内容如下：基于待推荐用户的用户信息，计算用户个人优先指数和用户日均所需热量值；根据用户个人优先指数生成推荐食谱；根据用户日均所需热量值及食谱食材的分类偏差系数，确定食谱的食材推荐量。方法流程如图2所示。

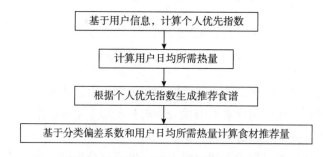

图2 权利要求4附加特征的方法流程

其中，个人优先指数同样是申请人自定义的词。该词的定义被限定在权利要求5中，内容如下。

所述计算用户个人优先指数包括：获取待推荐用户的用户信息；所述待推荐用户的用户信息，包括性别、年龄、身高、体重、运动情况、生理信息、疾病信息、忌口食物、喜好食物；结合所述用户信息和系统内置医疗数据，筛选出对所述待推荐用户有益的营养素集合和过量营养素集合；根据用户历史饮食记录，计算各营养素日均摄入量；通过所述各营养素日均摄入量与所述有益的营养素集合和过量营养素集合之间的对比，获得待推荐用户当前缺乏的营养素和摄入过量的营养素，并建立由所述缺乏的营养素构成的缺乏营养素集合以及摄入过量营养素构成的过量营养素集合；根据所述缺乏营养素集合和摄入过量营养素集合确定用户个人优先指数；通过下式确定用户个人优先指数：

$$I = \sum_{1}^{n} \frac{s_1 - \widehat{s_1}}{\widehat{s_1}} + \sum_{1}^{n} \frac{\widehat{s_2} - s_2}{\widehat{s_2}} \tag{2}$$

式中，I 为用户个人优先指数；s_1、s_2 分别为缺乏营养素和过量营养素的集合；$\widehat{s_1}$，$\widehat{s_2}$ 分别为缺乏营养素和过量营养素的标准摄入量集合。

经分析，式中 $s_1 - \hat{s_1}$，$\hat{s_2} - s_2$ 表示用户摄入缺乏或过量营养素与标准摄入量相比，缺乏和过量的程度。因此，个人优先指数衡量了用户的营养不均衡程度。

基于前述解读，个人优先指数在本申请中是用于生成推荐食谱的，具体生成步骤被限定于权利要求 7 中。具体内容如下（见图 3）。

所述根据用户个人优先指数生成推荐食谱包括：根据用户自定义偏好饮食和历史饮食记录，依次选取食用频率由高到低排序的前 5 类食材；对每一类食材随机分配 N 个不同候选食材，根据偏好食材和高食用频率食材的选取概率，生成初始推荐食谱；其中，N 表示随机分配的候选食材数量；针对食谱中的每一类食材，选取其对应分类下用户个人优先指数前五种食材，在其中随机选取一项与当前食谱中的食材进行优先指数对比，若差距超过预设范围阈值，则进行替换；按照用户忌口记录对当前推荐食谱中的食材进行筛选，若包含忌口食材，则按照用户个人优先指数进行同类替换；生成推荐食谱。

由此可见，本申请首先根据用户偏好生成初始食谱，再根据个人优先指数对个别食材进行替换，从而生成最终推荐食谱。

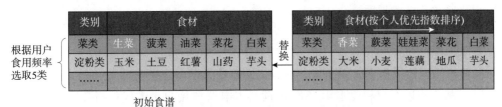

图 3　权利要求 7 食谱生成过程

由此可见，对于申请人的自造词"个人优先指数"，根据不同的内容能够理解出不同的范围。如仅根据权利要求 4、5，仅需检索到根据用户营养不均衡程度进行食材推荐的文件，即可评述权利要求 4、5 的新颖性和创造性。而根据全部权利要求，考量本申请利用"个人优先指数"生成推荐食谱的具体步骤，在检索时，应当优先检索既利用用户营养不均衡情况，又利用用户偏好进行食材推荐的对比文件，更贴合本申请。

（四）小结

在理解发明阶段，为正确预判案件走向，提高审查效率，审查员应当结合全部申请文件，充分理解发明。对于申请人的自造词及自定义的公式，应从其实质出发，把握其实质内涵，确定合理的检索方向，从而提升技术理解能力。

二、程序节约，善意审查

（一）关于客体判断

在商业领域的方案中，常常涉及大量人为设定的规则或者商业规律，这些规则的存在有时会导致商业方法不构成技术方案，不符合《专利法》第 2 条第 2 款规定的客体。因此，商业方法领域的审查员在审查过程中要尤其注重客体的审查。

基于前述理解，本申请解决的问题是如何向用户精准、高效地推荐食材，解决上述问题采用的手段是"首先根据偏好生成初始食谱，然后根据用户营养不均衡程度进行个别食材的替换，最终生成推荐食谱"。其中利用食材所含的营养成分，根据用户的营养不均衡程度判断何种食材适合用户，何种食材不适合用户属于生物自然规律，因此，所采用的手段与解决的问题之间利用了自然规律。可见，上述问题构成技术问题，手段构成技术手段，最终产生的效果属于技术效果。本申请的方法构成技术方案，符合《专利法》第 2 条第 2 款的规定。

（二）说明书充分公开和三性法条的选择

在理解发明的过程中，本申请存在以下两点让人疑惑之处：

（1）基于前述对权利要求 4、5 的解读，本申请"用户个人优先指数"用于衡量用户的营养不均衡程度，其衡量的是用户；而在权利要求 7 中"选取对应分类下用户个人优先指数前五种食材"，其衡量的是食材，存在前后矛盾的情况。

（2）本申请使用公式 $S = P \times CP \times CAL$ 计算食谱的食材推荐量 S。式中：P 为分类偏差系数；CP 为分类热量系数；CAL 为用户日均所需热量值。基于前述解读，分类偏差系数为用户自造词，用于衡量某一食材相对于同类食材平均水平的偏差；CAL 为本领域的公知常识，本领域技术人员能够理解其含义；而 CP 经检索，不是本领域的公知常识，且申请人在全部申请文件中并未给出其含义。

因此，基于上述原因，有观点认为说明书中给出了技术手段，但对所属技术领域的技术人员来说，该手段是含糊不清的，根据说明书记载的内容无法具体实施，本申请存在说明书公开不充分的问题，应当适用《专利法》第 26 条第 3 款。

最终认为：对于第一点疑惑之处，我们能够大致得出申请人的方案是：首先根据用户偏好生成初始食谱，其次根据用户营养不均衡程度，对其中个别食材进行替换；对于第二点疑惑之处，由"CP 分类热量系数"字面含义，我们能够猜测该词与某一食材所属类别的热量相关，其与分类偏差系数 P 相乘以表征某一食材的热量，进而求得该食材的推荐量。因此，上述令人疑惑之处，很可能是申请人的撰写引起的，而非刻意隐瞒，申请人后续的陈述可以澄清。因此，出于善意审查、节约程序，审查员应当尽量理解申请人意图，适用三性法条更为合适。

（三）小结

应当从技术问题、技术手段、技术效果三个方面全面考虑发明是否为符合《专利法》第 2 条第 2 款规定的客体。技术方案是技术手段的集合，判断是否为技术手段就是看使用该手段解决问题是否利用了自然规律。

《专利法》第 1 条阐明了专利法的立法宗旨：为了保护专利权人的合法权益，鼓励发明创造，推动发明创造的应用，提高创新能力，促进科学技术的进步和经济社会发展。因此，专利审查员在法条选择时应当立足立法宗旨，对申请人的智慧成果抱有善意，进行善意审查，这样更能节约审查程序。

三、有效扩展，高效检索

检索的常规流程是：首先，对申请人和发明人进行追踪；其次，语义检索，简单检索；再次，使用分类号和关键词进行块检索；最后，在中文非专利、外文专利与非专利库中进行全面检索。

（一）有效检索结果分析

相关文件 1 公开了："获取数据库中的食材信息，食材可表示为 $X = \{x_1, x_2, \cdots, x_l\}$，每种食材的营养含量为 $P = \{p_1, p_2, \cdots, p_k\}$，$k \in [1, l]$；计算每日所需热量 $TEE = PAL \times BMR$；计算出饮食中的各项营养成分的值，与推荐摄入标准对比，当摄入量大于某营养素的阈值时，发出警告，提醒用户某项营养素摄取超标，将阈值 Th 与摄取量 U 做差值，得到每项营养成分的缺值按照偏好高度值从高到低排序，满足了用户营养需求，也满足了用户的偏好"。由此可见，该文件公开了权利要求 1 除分类偏差系数以外的特征，以及权利要求 4、5 中的特征。因此，本案的检索重点就在分类偏差系数上。

按照正常检索流程，存在一篇能够评述本申请权利要求 1、4、5 的 X 类文件相关文件 2。该文件公开了：该食物/食材 INQ 在同类食物/食材中相对高低标签（如蔬菜中的柿子椒 VC 营养质量指数相对较高，就对柿子椒加注一个"高 VC"标签，根据消费者信息和基础膳食模型匹配 M104 中对其适宜的各种食物标签及标签组合，得出每餐或/和每日、每周、每月、每个季度、一年、若干年等的食物推荐种类——要求针对除热量以外每一种必需营养素，至少有一种食物的该营养素的营养质量指数 INQ 为高，比如 $INQ \geq 3$）。由此可见，相关文件 2 公开了权利要求 1 中分类偏差的含义，即某一食材相对于同类食材平均水平的偏差。命中该文件的检索式（命中结果数后括号内的数字为语义排序后相关文件所处的位置）如下：

1. CNTXT　　10（2）　　［（食物 or 食材）5d（成分 or 营养）s（分类 or 类别 or 类型 or 种类）s（偏差 or 偏离 or 差值 or 偏高 or 偏低 or 较高 or 较低）］and（G16H20/60/ic）

2. CNTXT　　31（3）　　［（系数 or 指数 or 参数）s（分类 or 类别 or 种类 or 品

类）s（营养 or 元素 or 热量 or 能量）s 食材] and pd ＜ 20210303

3. CNTXT　　95（21）　　［食材 s（类别 or 种类 or 分类）s 营养] and（食材 s 推荐）and pd＜20210303

一种思路是通过分析上述检索式，可以发现其基本上都是按照分类偏差系数的实际含义，提炼出关键词食材、种类、营养、偏差，并对上述关键词进行扩展来构建检索式。对于偏差的扩展，式1根据分类偏差在本申请的作用实际是对食材在同类食材当中进行评价，将偏差扩展至了下位概念，偏高、偏低、较高、较低，从而命中了相关文件2。式2、式3由于"偏差"一词的含义比较难以表达，因此舍弃了偏差，使用食材、种类、营养，同样命中了相关文件2。

另一种思路是根据式1的技术实质进行扩展。根据式1可以看出，其形式与数学上的均值与方差非常相似，在含义上方差和标准差都是反映样本整体波动水平的指标，其公式内容包含了每个样本与整体水平的偏差，因此想到将偏差扩展至方差和标准差，构建出检索式4，从而在少量的文件中精准命中了一篇能够作为 Y，与相关文件1结合评述权利要求1创造性的相关文件3。该文件中公开了：根据食物中每100kcal 所提供营养素的含量在该食物类别中该营养素分布的相对位置来计算评分，同样非常贴合本申请分类偏差系数的含义。

4. CNTXT　　16（4）　　（食物 or 食材）s（分类 or 类别 or 种类）s（营养 or 含量）s（偏差 or 方差 or 标准差）

（二）无效结果分析

基于前述分析，可以发现有些命中相关文件2的检索式（如式3）使用的关键词以及关键词的扩展都比较简单。那么是什么导致未检索到该文件呢？为探究该问题，我们对其他上交的检索式进行分析，发现了许多检索式结果中均包括相关文件2，但并未将其作为对比文件，例如检索式5~9。

5. CNTXT　　85（16）　　（食材 or 食物　or 食品）s 营养素 s（需求 or 所需）s 推荐

6. CNABS　　432（85）　　（G16H20/60 /ic /cpc）and［（饮食 or 菜单 or 菜品 or 食谱 or 食品）s 推荐] and pd＜20210303

7. CNTXT　　82（18）　　［（食材 or 食物 or 食品）s 营养素 s 计算] and（推荐 s 值）

8. CNTXT　　247（18）　　［（饮食 or 食谱 or 膳食）s 推荐] and［不同 s（类别 or 种类 or 组）s（量 or 份数）] and（g16h or g06q）/ic

9. CNABS　　46（37）　　［（食谱）s 推荐] and（食材 s 量 s 推荐）and pd＜20210303

由检索式5~9的构造可以看出，在使用上述检索式进行检索时，并未针对分类偏差的含义进行检索，即检索目的并非获得利用"某一食材相对于同类食材平均水平的偏差"进行饮食推荐的对比文件。因此，即使命中相关文件，也未将其筛选出来。造成上述问题的原因就是对发明理解不到位，具体来说就是并未根据全部的权利要求和说明书对权利要求 1 中的"分类偏差系数"进行充分理解并确定正确的检索目标，仅将其理解为一个与类别相关的数，因此遗漏了有效的相关文件。

此外，还有一些无效检索式（例如检索式 10）虽针对分类偏差进行了检索，但由于对其含义理解不到位，对于偏差的扩展仅限于表面的含义，没有对其进行充分扩展，将其扩展至偏高、偏低、方差、标准差等，因此没有命中对比文件。

10. CNTXT　　35　　　　　（营养 or 食物 or 食材 or 食谱）s（偏差 or 校正 or 校准）s 推荐

（三）小结

准确理解发明是高效检索的前提，只有充分理解发明，把握发明实质，合理确定检索方向，才能更精准地扩展关键词、筛选对比文件。对于申请人的自造词或自定义的公式，根据其含义、在本申请中所起作用的角度进行关键词扩展，合理进行表达，从而实现高效检索、提升检索能力。

四、对专利申请撰写的建议

（一）清楚定义自造词/公式

对于自造词和公式，审查员无法通过检索现有技术理解其含义，申请人不仅对其名称进行表述，还应当对其定义、含义以及在本申请中发挥的作用进行充分说明，以使审查员和公众能够了解申请人所要表达的真实意图，同时避免违反《专利法》第 26 条第 3 款关于充分公开的规定。

（二）前后表述一致、逻辑通顺

专利申请文件包括权利要求书和说明书，说明书又包括技术领域、背景技术、发明内容、具体实施方式等部分。申请人在撰写专利时，往往需要在多个部分对本申请的方案进行描述。在描述时，应当前后表述一致、逻辑通顺，避免出现前后矛盾之处，给审查员和公众理解方案的执行过程增加困难。

（三）围绕发明构思，突出重点

申请人在撰写专利申请文件时，应当围绕发明构思撰写，在权利要求书和说明书中突出其想要保护的方案的重点。例如，在背景技术部分写清现有技术存在的技术问题及本申请要解决的技术问题，在发明内容部分着重强调发明的关键技术手段和由该手段带来的技术效果，将发明的关键技术手段写入独立权利要求中，从而帮助审查员更好地把握发明构思，确立正确的检索方向，高效准确地给出审查意见。

（四）小结

申请人应当清楚完整地说明其方案，使审查员和公众在阅读申请文件后能够清楚地了解其方案的实现过程。此外，为帮助审查员更好地把握发明构思，高效准确地给出审查意见，建议申请人围绕发明构思，突出重点地撰写申请文件。

改良基因领域的区别特征判断方法

赵建民　董旭婷　王艳丽　刘　慧

摘　要　基因领域作为新领域新业态知识产权保护领域，对其技术特征的准确事实认定是保护和提升产业技术水平的有力手段。本文依托基因领域案件的专利实质审查过程，探讨基因领域技术方案中区别技术特征的认定，确定区别特征常规判断方法的不足，并针对基因领域产品权利要求和方法权利要求，总结提出有关功能、样本来源、用途等的特征是否应该视为区别特征的判断方法，有效帮助申请人准确地判断技术方案的可授权性，并有助于提升授权后的权利稳定性。

关键词　区别特征　基因技术　专利审查

一、引言

基因领域专利是以基因为发明创新的基础，以发现和改造携带遗传信息的核苷酸为手段，对核苷酸本身、制备方法以及其他涉及核苷酸序列功能和表达等方面进行保护的专利。近年来，以转基因、基因编辑为代表的遗传育种技术，以基因诊断、基因治疗为代表的基因诊疗技术快速发展，成为基因技术专利的主要申请主题。基因技术既是基础性学科，又具有极高的市场价值，因而基因领域创新主体多利用专利制度进行保护。习近平总书记指出，要健全大数据、人工智能、基因技术等新领域新业态知识产权保护制度。[1]该指示对基因领域专利的审查质量和审查效率提出了更高的要求。

由于基因及其序列本身难以直接表征基因功能和用途，并且同一基因可能具有多种不同的用途，加之基因诊断、基因治疗发明的瑞士型权利要求撰写方式，基因领域专利的权利要求往往包含一些描述功能、样本来源、用途等方面的特征。这些特征是否有限定作用并不是显而易见的，而正确判断这些特征的限定作用、在"三步法"中准确列出区别特征却是基因领域进行新颖性和创造性判断必不可少的步骤，对于该领域专利审查质量的保证具有重要意义。

对于创造性判断的"三步法"的第二步——确定发明的区别特征和发明实际解决的技术问题和第三步——判断要求保护的发明对本领域的技术人员来说是否显而易见，《专利审查指南 2010（2019 年修订）》明确规定：首先应当分析要求保护的发明与最接近的现有技术相比有哪些区别特征，然后根据该区别特征在要求保护的发明中所能达到的技术效果确定发明实际解决的技术问题；判断过程中，要确定的是现有技术整体上是否存在某种技术启示，即现有技术中是否给出将上述区别特征应用到该最接近的现有技术以解决其存在的技术问题（发明实际解决的技术问题）的启示。[2]可见，准确列出区别特征是审查员进行创造性判断的重要基础。对于基因领域专利，判断功能、来源、用途等特征是否应该视为区别特征有一定难度。对于申请人来说，正确理解特征对技术方案的限定作用，有助于将发明与现有技术产生实质不同的特征包含在权利要求中，以利于专利获权和确权。因此，本文对于审查员的审查和申请人申请文件的撰写都具有一定参考意义。

本文将通过以下两个案例就基因领域如何准确判断产品权利要求和方法权利要求中的区别特征进行分析，尝试提出适合于基因领域专利审查的区别特征判断方法，为本领域审查员提供判断思路及建议。

二、案例

【案例1】

（一）案情介绍

案例1涉及用于鉴定家族性渗出性玻璃体视网膜病变的引物，说明书中记载了通过全外显子测序技术筛查家族性渗出性玻璃体视网膜病变（FEVR）家系的相关致病基因，发现实验组选择的受试者家系均存在CTNNA1基因c.215T > C的突变，该突变与FEVR显著相关。其权利要求的内容为：用于鉴定待测基因与CTNNA1基因全长序列相比是否具有c.215T > C的突变的引物对A或引物对B，其特征在于引物对A的序列如SEQ ID No.1和SEQ ID No.2所示，引物对B的序列如SEQ ID No.3和SEQ ID No.4所示。

案例1引物对A在c.215T > C突变位点上下游设计引物，扩增后通过测序检测所述位点的基因型；引物对B序列在c.215T > C突变位点上游2个碱基处引入碱基替换，使得突变样本的扩增产物中包含了酶切位点，酶切后产生两个片段，而野生型样本不含酶切位点，酶切后还是单一片段，扩增后通过酶切电泳判断样本的基因型。

案例1的对比文件公开了检测CTNNA1基因的引物对，经过序列比对，所述的引物序列的扩增片段包括了案例1所述的突变位点。

（二）案情分析

对于产品权利要求来说，判断某个特征是否有限定作用，一般看该特征是否对产品的组成/结构具有实际限定作用。一方面，在基因领域，由于请求保护的产品（基因、引物、探针等）的组成/结构已经通过序列固定，因而其他特征一般没有进一步的限定作用。另一方面，基因领域产品的创造性不是通过对比文件产品组分的增删或结构的改变进行评价的，而是通过创设发明的方法来评价产品的创造性，功能、样本来源、用途等特征对创设发明的方法可能又有一定的限定作用。因此，准确把握功能、样本来源、用途等特征是否有限定作用，以及是否应该视为区别特征并不十分容易。案例1"用于鉴定待测基因与CTNNA1基因全长序列相比是否具有c.215T>C的突变"是对引物产品用途的限定。理论上，该特征对于引物对A或B的组成/结构没有实际限定作用，但其又是创设发明的目的，在创造性评价中难以简单地确定是否应该视为区别特征。

（三）判断方法

案例1与对比文件引物针对相同的靶基因，案例1引物对A通过扩增靶基因并对其进行测序以实现对突变位点基因型的检测，所述引物实际仅起到扩增的作用，而对比文件引物扩增片段包括了本发明的突变位点，故对比文件引物显然能用于检测本发明的突变位点，即相对于对比文件，本发明突变位点未体现在引物对A中。因此，引物对A与对比文件引物对都是常规引物设计和筛选手段下的常规选择，在评价引物对A的创造性时，不应考虑"用于鉴定待测基因与CTNNA1基因全长序列相比是否具有c.215T>C的突变"特征，仅通过常规实验手段即可判定引物对A不具有创造性。

案例1在设计引物对B时考虑了突变位点在靶基因中的位置，并体现在引物序列的最终选择中，使之有别于可常规设计获得的引物，本领域技术人员无法基于对比文件去考虑在特定位点设计引物，并在设计引物时引入特定的核苷酸序列，使得PCR产物具有不同的酶切特性。因此，在评价引物对B的创造性时，应该考虑"用于鉴定待测基因与CTNNA1基因全长序列相比是否具有c.215T>C的突变"特征，需要在现有技术中寻找基于c.215T>C突变位点设计引物的技术启示。

综上分析，对于同一种用途的限定，在评价引物对A和B的创造性时，采取了完全不同的认定结果。其原因是本领域技术人员在获得发明引物时的难易程度，以及特征是否体现在产品的最终选择中决定了是否应该考虑功能、样本来源、用途等特征的限定作用。如果发明的产品是对比文件产品常规且容易获得的替代性产品，不需要付出创造性的劳动，即使创设产品的过程、用途不同，该过程、用途也不应影响对产品创造性的审查。因此，在基因领域，如果功能、样本来源、用途等特征不体现在产品的最终选择中，即不能够排除本发明产品是对比文件产品的一般性替代，则这些特征不应视为区别特征，可直接进行创造性判断。

【案例2】

（一）案情介绍

案例2涉及一种肝癌患者对索拉非尼耐药性相关的circRNA标志物，本申请通过研究证明，将肝癌索拉非尼耐药患者与不耐药患者相比，耐药患者血清外泌体中circRNA标志物显著高表达，可见该circRNA标志物可以用于肝癌患者对索拉非尼耐药性的诊断。其权利要求的内容为：

（1）一种血清外泌体中circRNA标志物的检测试剂在制备肝癌索拉非尼耐药诊断试剂盒中的应用，其特征在于所述circRNA的核苷酸序列如SEQ ID No.1所示。

（2）根据权利要求 1 所述的应用，其特征在于所述试剂盒还包含血清外泌体分离试剂。

案例 2 的对比文件公开了索拉非尼耐药患者肝癌组织中的 circRNA 显著高表达，并公开了使用分离试剂从肝癌组织中分离 RNA，再使用 PCR 引物检测 circRNA 标志物（序列同案例 2　SEQ ID No. 1）以诊断肝癌索拉非尼耐药患者。

（二）案情分析

案例 2 涉及基因诊断方法（属于不授权客体），申请人将其变形为制备用途式的瑞士型权利要求。案例 2 与对比文件的区别是检测样本不同，案例 2 的检测样本是血清，而对比文件的检测样本是肝癌组织。在一般方法权利要求中，样本来源的选择天然具有限定作用，应该视为区别特征。但是将诊断方法权利要求变形为制备用途权利要求后，将制备用途权利要求中的样本来源特征也都直接认定为有限定作用、视为区别特征则有可能犯"理所当然"的错误。

（三）判断方法

制备用途权利要求的本质是方法权利要求，而方法权利要求实际是由具体可操作的步骤组成的。因此，判断制备用途中某个特征是不是区别特征，关键是要看该特征是否使发明与对比文件的操作步骤有所不同。因此，无论是制备用途权利要求，还是一般方法权利要求，都可以将技术方案分解为具体实施的操作步骤，再判断该特征是否使得发明与对比文件的操作步骤产生区别。

将案例 2 权利要求 1 技术方案转化为具体实施步骤：把血清外泌体 circRNA 标志物的检测试剂放入肝癌索拉非尼耐药诊断试剂盒中。将对比文件技术方案转化为具体实施步骤：把肝癌组织 circRNA 标志物的检测试剂放入肝癌索拉非尼耐药诊断试剂盒中。因此，"血清外泌体"是不是区别特征就变为了判断"血清外泌体 circRNA 标志物的检测试剂"与"肝癌组织 circRNA 标志物的检测试剂"是否为同样的产品。案例 2 和对比文件的说明书都使用 PCR 试剂作为检测 circRNA 标志物的试剂，基于 PCR 试剂对于检测样本的通用性，在没有证据证明检测肝癌组织的 PCR 试剂不能检测血清的情况下，本领域技术人员无法将案例 2 "血清外泌体 circRNA 标志物的检测试剂"与"肝癌组织 circRNA 标志物的检测试剂"区分开，因此，"血清外泌体"不构成案例 2 权利要求 1 与对比文件的区别特征。

将案例 2 权利要求 2 技术方案转化为具体实施步骤：把血清外泌体 circRNA 标志物的检测试剂和血清外泌体分离试剂放入肝癌索拉非尼耐药诊断试剂盒中；将对比文件技术方案转化为具体实施步骤：把肝癌组织 circRNA 标志物的检测试剂和肝癌组织分离试剂放入肝癌索拉非尼耐药诊断试剂盒中。因此，"血清外泌体"是不是区别特征就变为了判断"血清外泌体 circRNA 标志物的检测试剂"与"肝癌组织 circRNA 标志物的检测试剂"是否为同样的产品（如上分析，无法区分），以及"血清外泌体分离试剂"与"肝癌组织分离试剂"是否为同样的产品。而经过检索发现，血清外泌体的分离试剂不同于分离实体组织样品的试剂，两者是不同的产品，即本领域技术人员可以将"血清外泌体分离试剂"与"肝癌组织分离试剂"区别开来。因此,"血清外泌体"构成了案例 2 权利要求 2 与对比文件的区别特征。

类似于上述分析,可以将方法权利要求拆解成具体可实施的步骤,再判断某个特征是否使发明与对比文件的操作步骤产生区别。然而,即使某个特征使得发明与对比文件的操作步骤产生区别,但如果该区别是上下位概念的区别,具体是在本发明特征是对比文件相应特征的上位概念的情况下,也无法认定该特征是区别特征。因此,为了更准确判断某特征是否为区别特征,可以借鉴侵权判定中技术特征是否相同或等同的判定方法,即以本发明为参照专利,判断对比文件相应特征是否落入参照专利的保护范围,如果不侵权(本发明特征与对比文件相应特征既不相同或等同,也不是对比文件相应特征的上位概念),则视为区别特征。

通过对上述两个案例的分析,总结得出区别特征的判断方法。对于产品权利要求,判断功能、样本来源、用途等的描述性特征是否能够排除本发明产品是对比文件产品的一般性替代,如果是,则视为区别特征,应当寻找相应功能、样本来源、用途的技术启示进行创造性判断;反之,则不视为区别,不必寻找技术启示而直接进行创造性判断。对于方法权利要求,宜将技术方案转化为具体实施步骤,以本发明为参照专利,判断对比文件是否侵权,如果不侵权,则视为区别特征,应当寻找相应功能、样本来源、用途的技术启示进行创造性判断;反之,则不视为区别,不必寻找技术启示而直接进行新颖性或创造性判断。区别特征判断流程如图 1 所示。

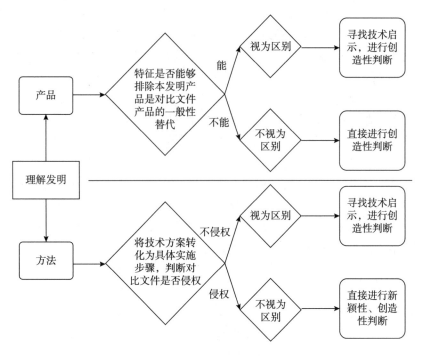

图 1 区别特征判断流程

三、案例应用

基于上述案例的分析和总结，笔者在此将上述的判断方法应用于下面产品和方法两个案件的审查中。

【案例3】

（一）案情介绍

案例3权利要求如下：一种用于狐狸逆转录病毒检测的特异引物对，其特征在于上游引物如 SEQ ID No. 1 所示，下游引物如 SEQ ID No. 2 所示。案例3的对比文件公开了使用一对以异嗜性小鼠白血病病毒相关病毒（XMRV）gag 基因为靶基因的检测引物来检测 XMRV。

（二）案情分析和判断

案例3申请人首次发现异嗜性小鼠白血病病毒相关病毒（XMRV）可以感染狐狸，造成狐狸发育不良、肾脏肿大、发育停滞。申请人将从狐狸体内分离到的 XMRV 命名为狐狸逆转录病毒，并进行了病毒株保藏。案例3说明书记载了狐狸逆转录病毒检测的特异引物组是以 XMRV 的 gag 基因为靶基因设计所得。

对于引物、探针产品创造性的判断，通常需要考虑发明与对比文件的靶基因是否相同。由于靶基因是创设发明的起点，不同的靶基因是明显的区别特征。虽然案例3申请人将狐狸逆转录病毒进行了保藏，但说明书未记载狐狸逆转录病毒与普通的 XMRV 有何种差异，狐狸逆转录病毒 gag 基因与普通 XMRV 的 gag 基因有何种区别。因此，本领域技术人员无法直接判断案例3与对比文件的靶基因是否有不可忽视的差异。而按照本文对产品类权利要求区别特征的判断方法，只需要判断"用于狐狸逆转录病毒检测"的用途特征是否能够排除案例3产品是对比文件产品的一般性替代即可。经过序列比对，案例3引物对序列与对比文件引物对序列部分重叠，且案例3引物序列与 GenBank 记载的 XMRV 病毒 gag 基因序列完全匹配。因此，案例3产品不体现在狐狸逆转录病毒检测产品的特异性选择中，无法排除是对比文件产品的一般性替代，"用于狐狸逆转录病毒检测"不应视为区别特征，案例3产品不具有创造性。

（三）交互过程

申请人陈述：对比文件并没有公开 XMRV 与狐狸逆转录病毒之间的关系，而本申请保藏的狐狸逆转录病毒为申请人首次发现，本领域技术人员在本申请的申请日之前无法选择该毒株作为待测具体病毒毒株。审查员认为，虽然本案与对比文件产品创设的过程不同，但两种产品属于很相似的产品，本领域技术人员在对比文件产品基础上通过常规设计和筛选手段就可开发出来，同时也没有证据证明对比文件产品不能检测狐狸逆转录病毒，因此本案产品属于不需要付出创造性劳动的替代性产品。虽然"选择该毒株作为待测具体病毒毒株"付出了创造性劳动，但其体现在引物对的应用而非产品本身上。经过审查员的说理，申请人删除了引物对产品权利要求，只保留了引物对应用的方法权利要求。

【案例4】

（一）案情介绍

案例4权利要求的内容为：一种（a）提高植物的氮肥利用率的方法；或（b）降低氮肥比例的施肥方法，其特征在于降低植物中miR396的表达。

案例4的对比文件公开了一种调控水稻株型、穗型和粒重的方法，其特征在于降低植物中miR396的表达。

（二）案情分析和判断

案例4和对比文件都涉及制备转基因植物，具体是降低植物中miR396的表达。所不同的是，案例4发现这种转基因植物获得了更高的氮肥利用率，而对比文件发现这种转基因植物具有更长的叶片和叶鞘，增加稻谷千粒重，增大穗形。案例4以特征"提高植物的氮肥利用率""降低氮肥比例的施肥"，对比文件以特征"调控水稻株型、穗型和粒重"分别对方法进行了描述，"提高""降低""调控"很像是方法步骤，很容易误判其对方法权利要求是否具有限定作用。然而按照本文对方法类权利要求区别特征的判断方法，将案例4技术方案（a）和对比文件进行具体实施步骤的转换，其技术方案的实施步骤都为降低植物中miR396的表达。"提高植物的氮肥利用率""调控水稻株型、穗型和粒重"都是植物中miR396的表达降低后所表现出来的技术效果，是植物获得的新性状和功能，不涉及额外的人为操作步骤。因此，对比文件与案例4技术方案（a）保护范围完全一致，对比文件侵权，故而"提高植物的氮肥利用率"不属于区别特征，案例4技术方案（a）不具有新颖性。

对于案例4技术方案（b），"降低氮肥比例的施肥"并不是miR396的表达降低后所表现出来的技术效果，而属于额外的人为施肥步骤，因此案例4技术方案（b）转换后的实施步骤为：降低植物中miR396的表达，同时减少施肥中的氮肥比例。因此，对比文件不落入案例4技术方案（b）的保护范围，对比文件不侵权，故而"降低氮肥比例的施肥"属于区别特征。由于现有技术未找到降低miR396的表达并允许更少的氮肥的施用比例的技术启示，案例4技术方案（b）具有创造性。

（三）审查过程

本案在审查过程中，代理人和申请人对于技术方案（a）不具有新颖性具有较大的意见，认为技术方案（a）与对比文件发明目的和解决的技术问题不同。审查员在与代理人和申请人沟通过程中，采取了将权利要求技术方案转化为具体操作步骤进行说理比较的方法，并且从代理人和申请人更好理解的第三者重复侵权角度假设了发明具有新颖性后的不合理性：如果本发明与对比文件都得到了授权，第三人同样实施了降低植物中

miR396 的表达的操作，其侵权对象是本发明还是对比文件？经过审查员的说理，申请人删除了技术方案（a），提高了审查效率，保证了审查质量。

四、总结与思考

本文先通过对两个典型案例的分析和判断，针对区别特征常规判断方法的不足，分别提出了适用于基因领域专利产品和方法权利要求的区别特征判断方法，进一步将判断方法运用于其他案件的评判过程中，取得较好的效果。对于功能、样本来源、用途等特征限定的产品权利要求，虽然申请人创设发明时可能付出了创造性劳动，但如果其产品仅为本领域技术人员通过常规手段就可以得到的现有产品的一般性替代，那么其应该近似于公知公有的范畴，申请人实际的贡献更应该是对已知相同或相似产品新用途的发现。如果对这种一般替换性产品进行保护，利益天平将过于倾向于申请人而损害公众利益。因此，在这类产品创造性判断中不把功能、样本来源、用途等特征视为区别特征更加符合专利法立法宗旨。对于功能、样本来源、用途等特征限定的方法权利要求，尤其是用途类权利要求，其撰写形式往往具有迷惑性，如果把技术方案转化为可操作的具体实施步骤，再从侵权的角度判断对比文件是否落入发明的保护范围，则能够比较容易确定这类特征是否属于区别特征，保证审查质量。申请人在撰写专利文件时，需要充分检索现有技术，注重对区别特征的分析。本文的区别特征分析方法能够帮助申请人准确地判断技术方案的可授权性，也有助于授权后的权利稳定。

需要注意的是，本文提出的判断方法是在不考虑其他明显区别特征的条件下进行的，如果功能、样本来源、用途等特征与明显区别特征在功能上彼此相互支撑、存在相互作用关系，也要谨慎考虑是否同样视为区别特征。

参考文献

［1］习近平. 全面加强知识产权保护工作 激发创新活力推动构建新发展格局［J］. 求是，2021（3）：4-8.

［2］国家知识产权局. 专利审查指南 2010（2019 年修订）［M］. 北京：知识产权出版社，2020.

技术事实认定之警惕看图说话

赵　泽

摘　要　准确认定技术方案的客观事实是有效确保专利保护范围的重要保障，也是提升案件审查质量的有效手段。本文依托"审查三力"，分析了附图对于事实认定的作用和地位。主要内容为附图公开的事实认定，阐释了附图公开的常见问题并尝试归纳出避免该类问题的具有一定参考性的技术理解方法。在此基础上，通过综合分析附图与技术问题、技术手段、技术方案和技术效果之间的内在关联，准确、客观地理解对比文件公开的技术事实，避免片面地看图说话导致技术事实认定错误，确保审查意见准确，防止审查程序震荡，提高审查效能。

关键词　技术事实　技术关联　附图公开　文件瑕疵

一、技术理解能力

"技术理解能力""检索能力"和"法律适用能力"，统称"审查三力"，是专利审查员职业基础素质/能力，是确保审查意见准确、提高审查过程整体效能、贯彻落实提高发明专利审查质量和审查效率、压减专利审查周期任务的根本保障。

技术理解/技术事实认定是指审查员站位所属领域的技术人员对本申请和现有技术等证据记载的技术内容或技术信息的事实及其二者关系的理解/认定。在审查过程中，针对每件申请文件的技术理解和针对大部分案件的现有技术的技术事实认定占据日常工作的重要部分，尤其在新颖性和创造性审查实践中，技术事实认定是新颖性和创造性法律适用正确与否的关键。因此，技术理解/技术事实认定是检索和法律适用的基础，是专利审查的重要任务和环节，直接影响审查意见和审查效能，决定审查结论准确与否。

准确的技术事实认定不仅取决于审查员的技术理解能力，同时也依赖于专利申请等技术文件的撰写和公开的情况，高质量的专利申请对高质量审查具有积极的促进作用。因此，对于专利保护而言，高质量专利、高质量审查和高质量专利申请三者之间是密切相关、相互影响的。

二、附图公开的事实认定

申请文件和现有技术文件等证据的文字记载内容（例如，专利文件的权利要求、说明书，书籍或文章的正文部分等）和附图均是技术信息的载体，尤其对于机械结构领域的专利或非专利文献，附图更是不可或缺的组成部分。根据《专利审查指南 2010（2019 年修订）》第二部分第三章第 2.3 节[1]记载的"对比文件中包括附图的，也可以引用附图。但是，审查员在引用附图时必须注意，只有能够从附图中直接地、毫无疑义地确定的技术特征才属于公开的内容，由附图中推测的内容，或者无文字说明、仅仅是从附图中测量得出的尺寸及其关系，不应当作为已公开的内容"，附图是审查员进行技术理解/技术事实认定的重要依据。

在审查实践中，尤其是基于现有技术等证据进行创造性判断时，利用附图和附图公开的内容整体地考量对比文件的技术事实及其对比文件与申请文件的关系，通常有助于审查员快速地进行技术理解，提高审查效率。但是，割裂地、片面地依赖附图可能会引起技术事实认定争议，导致技术理解错误。例如，在判断现有技术与申请文件之间的技术事实关系时，审查员可能基于现有技术与申请文件的附图相似而带入主观价值判断。[2]例如，将申请文件的技术事实带入对现有技术的技术事实认定中，或者在认定附图公开的技术内容时，文件可能存在说明书或权利要求文字记载和附图不一致等瑕疵导致技术事实认定错误。本文基于两个案例阐释附图公开的两种常见问题，并尝试归纳出避免该类问题的具有一定参考性的技术理解方法。

（一）常见问题 1：带入主观价值判断的事后诸葛亮

在审查实践中，尤其是结构简单的专利申请的审查中，比较常见的问题是当检索到的专利文件的附图与本申请的附图高度相似时，审查员在认定对比文件公开的技术事实、确定对比文件与申请文件之间的技术事实关系时可能会容易带入主观价值判断。例如，只关注局部结构、带入本申请的技术事实来解释对比文件的技术事实、放大相同而忽视区别，从而导致审查标准不一致或者判断出现偏差，如创造性判断偏差。

1. 申请文件事实认定

本申请涉及一种多功能书梯，通过在各个架层设置由限位架支撑的可翻转踏板，使书梯既可以放书又可以踩踏，如图 1 所示。

权利要求具体限定为一种多功能书梯，其特征在于，包括：

从上到下依次设置在所述左立架（1）与所述右立架（2）之间的第一、第二和第三架层（3，4，5）；所述第一、第二和第三架层均用于安放书本；

从上到下依次设置在所述左立架（1）与所述右立架（2）之间的第一、第二、第三限位架框（6，7，8）；

从上到下依次设置在所述左立架（1）与所述右立架（2）之间的第一、第二、第三翻转踏板（9，10，11）；第一、第二、第三翻转踏板（9，10，11）分别通过铰接轴

（12）连接在所述左立架（1）与所述右立架（2）之间且分别绕各自铰接轴进行翻转，使所述第一、第二、第三翻转踏板（9，10，11）的下表面翻出，第一、第二以及第三限位架框（6，7，8）分别用于提供第一、第二、第三翻转踏板（9，10，11）翻出后限位；第一、第二、第三翻转踏板（9，10，11）的上表面为金属面，并且第一、第二、第三翻转踏板（9，10，11）上表面用于安放书本；所述第一、第二、第三翻转踏板（9，10，11）的下表面为橡胶面，用于防滑。

2. 现有技术事实认定

专利文件 1 涉及一种多功能书梯（见图 2），其要解决的技术问题是既可以放书，又防止踩踏时踩脏踏板。书梯包括固定在支架 1 上的从上至下的数个呈阶梯状分布的踏板 2，在踏板一侧连接盖板 5，盖板 5 绕连接装置翻转而覆盖于踏板 2 上，需要整理书架时，翻转盖板使其覆盖踏板，供图书管理员踩踏；整理完毕，翻转盖板使其与踏板分开，将需要转移的书放置在踏板上。

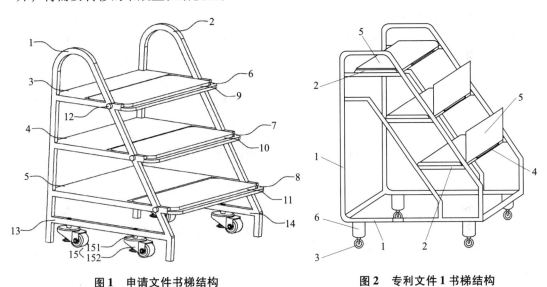

图 1　申请文件书梯结构　　　　图 2　专利文件 1 书梯结构

3. 重视技术整体　警惕主观影响

孤立地比较附图，专利文件 1 的附图和申请文件的附图结构相近，都属于书梯领域，都包括可翻转的板状结构，"申请文件的权利要求相对专利文件 1 不具备创造性"的判断结论似乎呼之欲出。

结合表 1，综合分析本申请和专利文件 1 的技术问题、技术手段、技术方案和技术效果可知，申请文件附图中的可翻转板状结构是踏板，该可翻转踏板的一面用于放书，另一面供踩踏。为了支撑限位翻转的踏板以供踩踏，本申请设置与踏板配合的限位框，为了放书设置架层，本申请的书梯可以同时放书和踩踏。而专利文件 1 附图中的可翻转的板状结构是盖板，其踏板不可翻转，可翻转的盖板也不能供踩踏，而且，专利文件 1 的书梯不能实现同时放书和踩踏。由此可见，虽然专利文件 1 和申请文件的附图相似，解决的技术问题都是既能放书又能踩踏，但是，二者采取的具体技术手段、技术方案以及取得的技术效果是不同的。仅基于该专利文件，审查员并不能得出申请文件的权利要求不具备创造性的结论。

表 1　申请文件与专利文件 1 整体技术对比

文件	技术领域	技术问题	技术手段、技术方案	技术效果
申请文件	书梯	既能放书，又能踩踏	可翻转踏板，支撑翻出的踏板的限位框	可以同时放书和踩踏
专利文件 1	书梯	既能放书，又能踩踏	可翻转盖板，覆盖踏板	放书和踩踏不能同时实现

4. 案例启示

创造性判断，不仅需要对申请文件和现有技术文件分别进行技术理解，还需要对二者之间的关系进行技术事实认定，这一过程容易受到主观因素的影响而犯"事后诸葛亮"的错误。尤其对于结构简单的专利申请，检索到的现有技术在与本申请的附图高度相似的情况下，应当提高警惕，避免带入主观价值判断，应客观地分析申请文件与现有技术文件的技术问题、技术手段、技术方案和技术效果及其内在联系，客观地进行技术事实认定，作出准确的判断。

（二）常见问题 2：现有技术的文字记载与附图相矛盾

附图以直观的、形象的描述方式补充说明书文字部分，有助于读者理解技术细节或技术方案整体。通常，附图与文字记载部分是一致的。但是，由于撰写时的失误等原因，现有技术文件如专利文件可能存在一定的瑕疵，如文字部分可能和附图部分是矛盾的，在这种情况下，如果审查员片面地、孤立地理解附图，可能导致技术事实认定错误。

1. 申请文件事实认定

专利申请涉及一种背光源，为了减小混光距离，背光源的发光单元的出光面侧上设置包括折射率不同的第一透射层和第二透射层的复合光学膜材。其中，复合光学膜材的第一透射层靠近半透半反对的一侧设置多个凹槽，通过多个凹槽的设置限定多个微结构，微结构呈现为上表面小于下表面、上下之间通过具有一定倾斜角度的侧面连接的凸台结构，第一透射层的折射率小于第二透射层的折射率，以及顶部的半透半反对使光线集中区域即角度较小部分的光线以更大角度射出，使光线分布更加均匀。

权利要求具体限定为：一种背光源。其特征在于，包括：

如图 3 所示，设置在基底 1 上的多个发光单元 2；

设置在多个发光单元的出光面侧的复合光学膜材，复合光学膜材包括第一透射层 4 和第二透射层 6 以及半透半反对 5，若干个半透半反对间隔地位于第一透射层的一侧，第一透射层靠近半透半反对的一侧且对应间隔区域的位置形成界面为 V 字形凹槽，即凹槽限定的多个凸台状微结构对应地设置在发光单元 2 上方，第二透射层填充在间隔区域，第二透射层的折射率大于第一透射层的折射率。

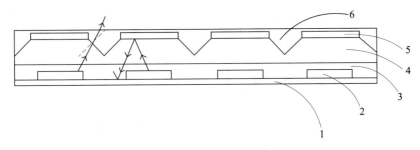

图3 申请文件背光源结构

2. 现有技术事实认定

专利文件 2 公开一种背光模组，其要解决的技术问题是"提高光利用率且缩短混光距离、发光均匀"，背光模组包括导光板和设于导光板侧向的发光二极管光源（发光元件），导光板包括贴附光源的第一部分和远离光源的第二部分，第一部分靠近第二部分的一侧设有使光源射入其上的光线的出光角度变大的微结构，从而使混光距离缩短，第一部分和第二部分的折射率不相等。

关于微结构，该专利文件提供四种（两类）实施方式，如图 4 所示，第一、二实施例中，微结构为若干横向设置的朝向第二部分突出的凸起 113，导光板的第一部分的折射率小于第二部分 12 的折射率。

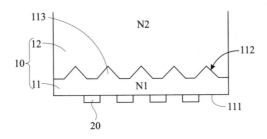

图4 专利文件2背光模组结构的第一类实施方式

如图 5 所示，第三、第四实施例中，微结构 112 为若干个横向设置且朝向侧平面凹陷的凹坑 114，第一部分的折射率 N1 大于第二部分的折射率 N2，凹坑 114 的截面可以呈三角形。由此可见，在相连的凹坑 114 之间形成了梯形凸台部分，即梯形台阶结构。梯形凸台部分位于发光二极管光源上方，并与发光二极管光源一一对应且覆盖发光二极管光源，第二部分覆盖该梯形凸台部分。

3. 基于技术问题 查明技术事实

关于多个梯形台阶结构及其与覆盖层的折射率关系，根据图 5，该专利文件似乎公

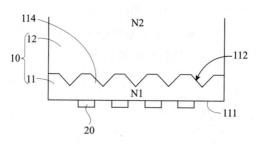

图5　专利文件2背光模组结构的第二类实施方式

开了位于发光元件上方的、与发光元件一一对应的梯形台阶结构，公开了申请文件关于凸台微结构与发光单元的位置关系。

但是，图5示出的背光模组结构和说明书记载的"第一部分的折射率N1大于第二部分的折射率N2"得到的技术方案，使发光二极管光源发出的小角度的光线经由台阶／凹陷的侧面朝向发光二极管光源中心的法相发生偏折，也就是说，该小角度的光线以更小角度射出。由此可见，图5示出的背光模组结构和说明书记载的"第一部分的折射率N1大于第二部分的折射率N2"与说明书记载的要解决的技术问题"微结构能使发光二极管光源的出光角度增大，从而使得混光距离缩短"是相互矛盾的。

在审查过程中，审查员面对这种情况，需要考虑正确的技术方案的可能性，确定导致文字与附图矛盾的原因。针对本案，根据说明书记载的内容可知，该专利文件涉及的技术方案是利用背光模组的特定的微结构和第一部分、第二部分之间的折射率关系实现出光角度的增大，因此，正确的技术方案可能是以下两种情况的任一种。

假设的技术方案一：截面为三角形的凹坑对应并朝向光源设置，第一部分的折射率大于第二部分的折射率。

对于所属领域的技术人员来说，当光源设置在截面是三角形的凹坑下方时，小角度的光线经由凹坑的侧面使得光线偏向远离光源的中心法相发生偏折，即将集中的小角度光线以更大的出光角出射，解决了该专利文件要解决的技术问题。因此，技术方案一的假设是合理的。

假设的技术方案二：背光模组如图5所示的梯形台阶部分对应光源设置，第一部分的折射率小于第二部分的折射率。

对于所属领域的技术人员来说，经倾斜面出射的光线部分的出射角度增大，但是，由于第一部分的折射率小于第二部分的折射率，经梯形台阶顶部的光线被偏折到更靠近光源中心的法相，即小角度部分的光线以更小的出射角射出，无法解决该专利文件要解决的技术问题。可见，技术方案二的假设是不合理的。

基于上述分析，所属领域的技术人员可以确定，为解决该专利文件要解决的技术问题，该专利文件的梯形台阶部分不能对应地设置在光源上方，因此，不能根据该专利文件得到"多个凸台状微结构对应地设置在发光单元上方，第二透射层的折射率大于第一透射层的折射率"这一技术事实，该专利文件不能影响申请文件的新颖性和创造性。

4. 案例启示

附图由于角度不同，或者撰写存在瑕疵等因素，可能不能真实地描述技术事实，为了能够客观地、准确地确定现有技术文件公开的技术事实，审查员应站位所属领域的技术人员，综合分析附图与技术问题、技术方案的内在关联，查明技术事实。

三、结论

在通常情况下，附图作为专利申请和现有技术文件中非常重要的信息载体，其配合文字描述能够更直观地展示出形状、位置、连接等技术细节，有助于审查员快速地进行技术理解，提高审查效率。但是，有图未必有真相，附图可能与技术事实大相径庭，片面地依赖附图公开或者过度地解读附图公开的内容可能会陷入看图说话的误区，导致错误地认定现有技术公开的技术事实及其现有技术与本申请的技术事实关系。在实际审查中，审查员应当警惕看图说话，针对申请文件和对比文件的技术理解，应以技术问题为核心，结合文件整体，综合分析附图与技术问题、整体技术方案、技术效果的内在联系，客观准确地认定附图公开的技术事实。

参考文献

[1] 国家知识产权局. 专利审查指南 2010（2019 年修订）[M]. 北京：知识产权出版社，2020.
[2] 张立泉，韦江利. 试析专利附图公开事实认定的方法 [J]. 审查业务通讯，2022（8）：30 – 38.

站位本领域技术人员　判断技术手段的作用对技术启示判断的影响

韩文静

摘　要　技术启示认定作为创造性审查过程中的重要环节，其准确与否直接影响专利审查质量。本文从技术手段的作用入手，简要探讨了在技术手段相同或相似情况下，具体作用对技术启示判断的影响。本文列举对于同样技术手段所起作用的记载与专利申请不完全一致或不明确的情形，并分析其对技术启示判断的影响，为审查实践提供相关指引。在此基础上，对技术启示的准确判断能有效保障创造性判断的客观性，确保案件走向明确、权利范围清晰适当。

关键词　技术启示　技术手段作用

一、引言

《专利法》第 22 条第 3 款是在发明专利审查实践中使用频次最高的法条，准确把握发明专利的创造性是确保案件走向准确和/或权利范围清晰适当的关键因素之一。该法条规定了发明专利具备创造性的条件是具有突出的实质性特点和显著的进步，其中突出的实质性特点一般通过显而易见性进行判断，显著的进步一般通过是否产生有益的技术效果进行判断。而在创造性审查实践中，显而易见性的判断更为常见。

创造性判断"三步法"的第三步为"判断要求保护的发明对所属领域的技术人员来说是否显而易见"，即判断现有技术是否给出了将第二步中确定的区别特征应用到第一步确定的最接近现有技术中以解决其存在的技术问题的技术启示。该步骤既包括对现有技术公开的事实的认定过程，也包括基于认定事实进行的法律适用过程，相比于"三步法"的第一、第二步，更容易带入主观性的内容。[1] 因而为保障创造性判断的客观性，不仅要准确站位本领域技术人员，同时需要本领域技术人员确定现有技术能否给出技术启示，其中技术启示的判断则需要从发明构思、技术问题、技术手段的作用、技术特征之间的关联性等多方面的因素进行综合考虑。

《专利审查指南 2010（2019 年修订）》列举了现有技术能够给出技术启示的三种情

形[2]，其中包括技术手段在对比文件中所起的作用需要与区别特征在要求保护的发明中解决其重新确定的技术问题所起的作用相同。现有技术公开了与区别技术特征作用相同的技术手段是存在结合启示的一种常见情形，但现有技术对于同样技术手段所起作用的记载经常存在不明确或者与专利不完全一致的情形，该种情况成为技术启示判断的难点。因此，下文将从上述情形出发，探讨此种情形对技术启示判断影响的理解。

二、技术手段作用的分类

技术手段在现有技术中所起的作用一般分为以下四类：①技术手段相同或相似，作用完全不同；②技术手段相同或相似，作用相同；③技术手段相同或相似，未记载作用；④技术手段相同或相似，作用不尽相同。对于第 1 类，如果现有技术披露的技术手段在现有技术中所起的作用与区别特征在发明解决技术问题的过程中所起的作用完全不同，则该现有技术难以给出将区别特征应用到最接近的现有技术以解决其存在的技术问题的启示。对于第 2 类，现有技术公开了与区别技术特征作用相同的技术手段，这意味着本领域技术人员能够合理意识且预期到现有技术公开的该技术手段能够解决第二步"实际所要解决的技术问题"。对于第 3 类和第 4 类，现有技术对于同样技术手段所起作用的记载经常存在不明确或者与专利不完全一致的情形，也即现有技术没有给出明确的技术指导，此时既不能一概否定技术启示的存在，也不能出现"事后诸葛亮"式判断，后文通过多个典型案例，对上述情形进行分析。

三、典型案例解析

（一）技术手段相同或相似，作用不尽相同

【案例1】

发明名称：用于在蒸汽压缩热传递系统中进行热交换的方法以及包含具有双排蒸发器或冷凝器的中间换热器的蒸汽压缩热传递系统。

技术领域：该案涉及制冷领域。

技术问题：现有制冷系统采用 R134a（HFC-134a）作为制冷剂在系统内完成制冷剂热循环。但采用该制冷剂存在传热性能不够高的技术问题。因此，本申请寻找改善系统传热性能的方法，以此降低系统的运行成本。

关键技术手段：当采用氟烯烃 2，3，3，3-四氟丙烯（HFC-1234yf）用作制冷剂时，与使用已知的工作流体，如 1，1，1，2-四氟乙烷（R-134a）相比，氟烯烃工作流体的性能系数与能力方面获得了令人惊讶的结果。

技术效果：与使用 R-134a 作为工作流体的系统相比，使用 HFC-1234yf 的系统的性能系数以及冷却能力提高了至少 7.5%。

证据情况：对比文件 1，公开了与本申请相同的蒸汽压缩热传递系统，仅公开了采

用制冷剂作为工作流体，未提及制冷剂的种类选取。权利要求 1 与对比文件 1 的区别是制冷剂为 HFC-1234yf，与 HFC-134a 作为工作流体的系统相比，系统性能系数以及冷却能力提高了至少 7.5%。对比文件 2，公开了一种可替代 CFCs 用作制冷剂的混合物，其中该混合物包含 HFC-1234yf，其可被用于制冷，在相关技术中描述，该制冷剂不危害环境。

问题思考：审查员采用对比文件 1 和对比文件 2 评述了本申请的创造性，认为对比文件 2 给出了选择 HFC-1234yf 作为制冷剂组分的技术启示，而其产生的"与用 HFC-134a 作为工作流体的系统相比，所述系统的性能系数和冷却能力提高至少 7.5%"则是由所选制冷剂 HFC-1234yf 和 HFC-134a 本身的属性所决定的。而申请人则提供了 2 篇文献，该文献证明"HFC-1234yf 作为制冷剂的表现落后于 R134a"，申请人认为发现 HFC-1234y 的表现优于 R134a 是意料之外的。对比文件 2 记载的制冷剂 HFC-1234yf，作用在于该制冷剂相比于 CFCs 制冷剂不危害环境，是否能够给出相关的技术启示。

该案于后续程序中进行了驳回，申请人提出了复审请求，而对比文件 2 是否存在技术启示构成本案的争议焦点。复审阶段认为：追求环保、节能是制冷和换热领域中普遍的技术追求，本领域技术人员有动机尝试采用各种较为环保、节能的制冷剂并在相应的系统中试验其效果。对比文件 2 已指出，HFC-1234yf 更有利于保护环境，可替代 CFCs 用作制冷剂，因此本领域技术人员出于环保的考虑可以从对比文件 2 中获得技术启示而选择含 HFC-1234yf 的制冷剂，将其用于对比文件 1 公开的系统中。当其用于对比文件 1 公开的系统中时，其客观上必然具有较高的制冷性能，不论其制冷性能与 HFC-134a 相比是较高还是较低，由于其请求保护的系统结构本身相对于现有技术是显而易见的，其取得的附加的其他效果属于其客观属性，不能作为其具有创造性的依据。

从复审阶段处理该案的观点可以看出，当对比文件中区别特征所起的作用与其在本发明中的作用不尽相同时，其并未直接否定技术启示，并认为在本领域公认的或普遍的技术追求的促使下，即便作用与本申请记载的不同，本领域技术人员仍然有动机在已知系统中或已知组分中使用本领域已知的材料。在该动机的促使下，本领域技术人员客观获得的技术方案与要求保护的发明相同，则此时认为要求保护的发明是显而易见的。

虽然我国现行专利法和专利审查指南未有针对关于"对比文件中区别特征所起的作用与其在本发明中的作用不尽相同时"处理方式的明确记载，但在专利审查实践中的处理方式与日本特许厅和美国专利商标局的处理方式有相通之处。日本专利审查指南关于创造性的判断中规定："尽管对比文件与本申请所声称的解决的技术问题不同，但是如果本领域技术人员能够较容易地得出这样的一个事实，即能够从不同于本申请的思考方式出发而得到与本申请相同的技术方案，则虽然解决的技术问题不同，但仍然能够否定本申请的创造性。"[3] 美国专利审查操作指南关于创造性的判断中规定："不必为了获得显而易见的初步结论而要求现有技术必须存在与本申请具有同样或者类似用途的建议或者期待，如果现有技术能够因为他们具有类似的性能而提供作出本发明的动机，就可以作出显而易见性的初步结论。"

尽管如此，笔者仍然认为并非相同或相似的技术手段在对比文件 2 中所起的作用是本领域公认的或普遍追求的，就必然具有结合启示。其对技术领域的相同或相近要求是极其严格的。除此之外，技术特征关联、技术方案整体等因素的影响也是不容忽视的。

（二）技术手段相同或相似，未记载作用

【案例2】

发明名称：管道连接件及带有能减轻磨损的结构的套圈。

背景技术：该案涉及管接头领域。如图1所示，现有的管接头包括管接头本体10，套在管件13外部的螺母30。在管接头本体的外部设置外螺纹，用于与螺母30螺纹连接，在管接头本体10内部设置开口12，开口12前端形成锥形部，开口12用于承接管件13，锥形部的设置便于管件13插入开口12。螺母内部与管件13之间设置前套圈16和后套圈22。在使用该管接头时，首先将带有螺母的管件13从锥形部插入管接头本体的开口12，然后拧紧螺母30，螺母在拧紧的过程中，前套圈的第一端插入锥形部，前套圈的第二端与后套圈的第一端相抵，后套圈第二端抵接在螺母的内表面。螺母拧紧过程中，前套圈和后套圈发生一定程度的弹性变形，从而对管件13产生轴向的夹紧力，以此实现管道的夹紧、密封。

技术问题：现有的与螺母接触的后套圈，其与管子接触的面为整个内表面，在螺母拧紧的过程中，后套圈会对螺母产生较大的轴向推力，造成螺母内表面受力集中，易使螺母内表面产生磨损，同时增大了螺母拧紧过程中的扭矩力。

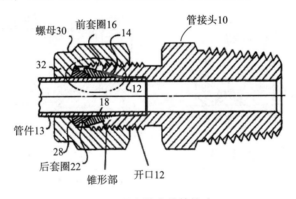

图1　现有技术的管接头

关键技术手段：如图2、图3所示，本申请后套圈的内壁设置位于第一和第二端之间的圆周形凹槽，凹槽与第一端轴向有距离；在后套圈的内部设置圆周形的凹槽后，在螺母拧紧过程中，后套圈产生变形，使得后套圈对螺母产生轴向推力和倾斜向上的推力。

技术效果：凹槽在螺母上紧时减小了在螺母内表面的力集中，减少螺母拧紧时的扭矩力。

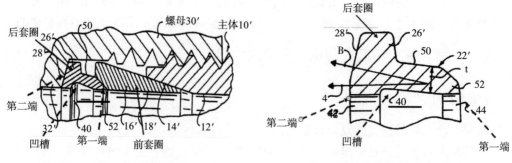

图2　涉案专利的管接头　　　　图3　涉案专利管接头的后套圈

证据情况：如图4所示，对比文件1为本申请的背景技术。权利要求1与对比文件1的区别为本申请的后套圈的内壁有位于第一和第二端之间的圆周形凹槽，凹槽与第一端轴向有距离，所述凹槽在连接件上紧时减小了在驱动部件驱动表面的力集中。如图5所示，对比文件2公开了在螺母内部和管件之间设置套圈7，在套圈7上设置凹陷12，通过设置凹陷减小横截面积，利于套圈向内弯曲并夹紧管子。

问题思考：对比文件2仅记载在套圈7上设置凹陷12，并未记载凹陷12具有"减少套圈对螺母的力集中"作用，是否能够给出相关的技术启示。

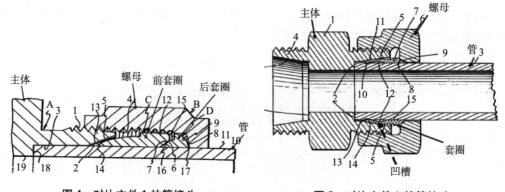

图4　对比文件1的管接头　　　　图5　对比文件2的管接头

该案为无效案件，无效决定中认为：对比文件2给出了在与驱动螺母相结合的套圈上设置凹陷以减少横截面积，从而有利于套圈向内弯曲并咬入管子以形成一个完全密封的明确技术启示。本领域技术人员根据其所掌握的知识和能力，能够意识到对比文件2中套圈相较于不设置凹陷的套圈，减少了与管子的接触面积，减小了内部摩擦力，当套圈发生形变抱紧管子时所需要的外力比不设置凹槽所需要的外力要小，相应地，也会使驱动螺母的扭矩变小。

对于技术手段的作用未明确记载的情形，结合的技术启示可能是隐含的，技术手段在对比文件中所起的作用并不局限于"明确记载"，该种情形与美国专利商标局的显而易见性判断原则中的第7条相类似[4]：不需要在任何对比文件中明确说明、教导、启示或动机可以隐含在市场力量、设计需求或整体现有技术中。

因此，对于对比文件并未明确记载区别特征作用的情况，不能保守和僵化地认为对比文件未记载其作用，则该种类型的对比文件无法使用，也不能在了解了发明内容后发现现有技术公开的手段与区别特征看上去相同或相似而机械地套用。更为准确灵活的处理方式是：在对比文件未明确记载技术手段的作用时，需要本领域技术人员依据其所掌握的知识和能力，基于对比文件公开的内容判断是否能够合理意识到对比文件中的技术手段具有相同的作用。此处需要强调的是，合理意识并非受到本专利技术信息影响后的事后判断，而确属本领域技术人员在对比文件公开信息的基础上，基于其掌握的该领域普通技术原理就能够合理意识到的技术信息，此时则认为对比文件给出了技术启示。

四、助力审查实践，提升审查三力

在实际审查过程中，对于一件案件来说，在准确确定区别特征及其实际解决的技术问题的基础上，寻找对比文件2时，优先采用技术手段＋与本申请相同的作用/问题/效果进行检索，未获得合适的对比文件时，可在申请文件权利要求限定主题的较窄的技术领域范围内，就技术手段＋公知/普遍性技术问题的角度或者在相同或相近的领域下，仅就技术手段本身的角度进行检索，以避免遗漏可用对比文件。在获得相关对比文件时，通过本领域技术人员的知识和能力，分析技术手段给出技术启示的合理相关性，此时合理相关性的判断可借鉴上述案例分析的处理方式。若存在合理相关性，在分析的过程中，尽可能详细地阐明剖析对比文件给出技术启示的原因，与申请人进行充分有效的沟通，以提升审查的质量和效率，下面以审查实践中的案例为例进行具体说明。

本案涉及一种空调，如图6所示，其将空调内部的换热器设置为环形，以达到均匀换热的目的。对比文件1和本申请相同，均为吊顶式空调，权利要求1与对比文件1的主要区别在于：换热器设置为环形。对比文件2公开了一种环形换热器，如图7所示，但并未明确记载该换热器的作用。在该案的审查过程中，审查员采用对比文件1、2评述了全部权利要求的创造性。

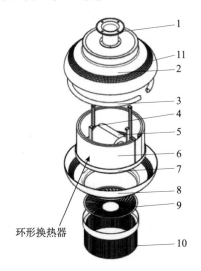

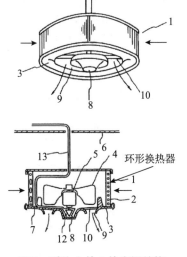

图6　涉案专利的空调结构　　　　图7　对比文件2的空调结构

对此，申请人在意见陈述中强调：对比文件 2 中设置环形热交换器的作用只是为了使冷凝水汇集到中心部位的蓄水池 8 中，与本申请的作用不同。

在具体说理过程中，对对比文件 2 未记载作用，但具有结合启示的原因进行深入分析，同时借鉴复审阶段的观点，针对申请人的意见陈述进行正面、全面的回应：对比文件 2 公开了一种圆筒形吊顶式空调室内机，空调组件包括固定在底板上的环形热交换器 2 和送风机 4，底板上设有送风口，环形热交换器 2 套设在送风机 4 外部。对比文件 2 设置上述吊顶式空调室内机的结构的作用是有效排除冷凝水，但除此之外，本领域技术人员依据其所掌握的知识和能力，能够意识到对比文件 2 的环形换热器相较于非环形的换热器，增大了进风与换热器的接触面积，使得吸入的空气能够从各个方向流经换热器，由此相应地使空气达到换热均匀的目的。虽然其未明确记载设置环形换热器，套设于风机的外围的作用在于使换热均匀，但是本领域技术人员基于对比文件 2 的空调室内机结构，能够合理意识到对比文件 2 中设置环形换热器，套设于风机的外围的作用能够使换热均匀。这种合理意识并非受到本专利技术信息影响后的事后判断，而确属本领域技术人员在对比文件 2 公开信息的基础上，基于其掌握的机械领域普通技术原理就能够合理意识到的技术信息，也即对比文件 2 给出了通过设置环形换热器，套设于风机的外围来实现换热均匀的技术启示。

五、结语

从以上分析可知，准确合理地确定对比文件中技术手段的作用对技术启示判断的影响是至关重要的。对比文件技术手段的作用与区别特征在本申请中的作用不完全一致时，需要本领域技术人员对区别特征进行客观的分析，合理预期或确认区别特征在发明中具有的客观作用和客观的技术效果，从而准确判断是否能够给出技术启示。

针对对比文件技术手段的作用未明确记载的情形，需要准确站位本领域技术人员，依据其所掌握的知识和能力，基于对比文件公开的内容判断是否能够合理意识到对比文件中的技术手段具有相同的作用。当然，在技术手段作用的确定过程中，需要在技术方案整体上进行判断，避免出现只关注技术特征本身而割裂技术特征的情况。

参考文献

[1] 国家知识产权局专利复审委员会. 以案说法：专利复审、无效典型案例指引 [M]. 北京：知识产权出版社，2018.

[2] 国家知识产权局. 专利审查指南 2010（2019 年修订）[M]. 北京：知识产权出版社，2020.

[3] 魏巧莲. 对"实际解决的技术问题"的思考 [J]. 审查业务通讯，2011，16（1）：39-43.

[4] 隋丹丹. 美国专利法对非显而易见性的审查标准演变以及相关案例 [EB/OL].［2024-09-30］. http：//www. unitalen. com. cn/html/report/21024675-1. htm.

第二部分

检索能力

显示控制领域利用 CPC 引得码检索策略浅析

杜 昕

摘 要 随着专利制度在社会经济发展中的重要性日益凸显，社会对审查质量与效率提出了更高要求，检索能力则是保障审查质量和审查效率的基石。CPC 分类号作为提高检索效率、提升检索质量的有力武器，其 2000 系列引得码在显示控制领域具有更加突出的检索优势。本文通过实际案例分析，列举了 2000 系列引得码在显示控制领域案件中准确体现发明构思、多角度表达、充分扩展技术主题的应用，并以英文关键词为主线在 CPC 数据库中快速筛选出与体现案件发明构思的关键技术手段紧密相关的 CPC 引得码。通过实际案例表明，在显示控制领域，CPC 引得码分类准确且利于检索，充分应用 CPC 引得码能够有效降噪，切实提升显示控制领域案件的检索质量与效率。

关键词 显示控制 CPC 引得码 CPC 数据库

一、引言

工欲善其事，必先利其器。在提质增效的大背景下，我们对检索的准确性与效率提出了更高要求。目前，常规检索策略主要为利用分类号与关键词的多种排列组合构建检索式。显示控制领域涉及显示面板驱动电路设计、显示装置亮度调节以及显示面板结构设计等方面，随着电子信息技术的发展，多种新材料、新工艺与新技术的研发与应用，使显示控制领域技术更新快，领域细化分支增多，各个领域交叉应用不断涌现。一方面，对于显示控制类权利要求而言，由于申请文件的关键技术手段着重于电路设计，由发明点提取关键词多为各个电路元件的连接关系与位置设置；另一方面，权利要求撰写中经常使用抽象、高度概括、多领域广泛通用的关键词，如像素、晶体管、电容、电压、亮度等，如果在检索式构建中，大量使用上述关键词，势必引入检索噪声，影响检索效率与质量。本文主要针对 CPC 引得码在显示控制领域检索中快速获取与应用方面，结合实际案例进行浅析。

二、显示控制领域的 IPC 与 CPC 分类体系对比

如图 1 所示，在显示控制领域 G09G 小类中，IPC 分类位置从显示面板驱动的物理原理或光源性质角度进行分类，IPC 分类号主要分为 3 个大组：G09G1/00、G09G3/00 和 G09G5/00。由于 G09G1/00 "仅考虑与阴极射线管指示器连接的控制装置或电路"，其主要涉及 20 世纪主流的 CRT（阴极射线管）显示器技术，随着 20 世纪后期平板显示技术的发展与应用，其文献量逐步被 G09G3/00 "仅考虑与除阴极射线管以外的目视指示器连接的控制装置和电路" 赶超。G09G3/00 领域涉及内容较多，但 IPC 分类组织方式划分较粗糙，G09G3/00 领域在 IPC 分类体系下的分类号包括 45 个细分位置，3 个一点组，4 个二点组。以一点组 G09G3/20 "用于显示许多字符的组合" 和四点组 G09G3/32 "LED 发光显示面板" 为例，在 SIPOABS 数据库中，其分类号下的文献量分别高达 192297 篇、45750 篇，单一细分位置下的文献量依然很大。因此，检索过程中，采用 IPC 分类号进行滤噪的效果不明显，非常不利于检索，且存在较大漏检的风险。

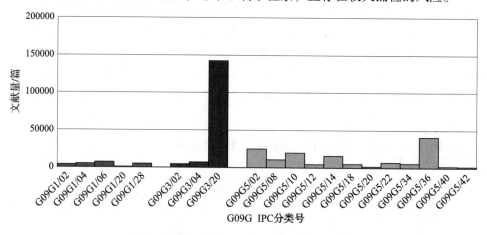

图 1　G09G 小类下一点组 IPC 分类数据量

联合专利分类体系（Cooperative Patent Classification，CPC）是由欧洲专利局（EPO）和美国专利商标局（USPTO）联合开发的全新分类体系，融入了 EPO 和 USPTO 两局的最佳分类实践。[1]双方共同开发的这一体系自首次上线以来经过多次修订，日臻完善，并将逐步取代 EPO 的 ECLA、ICO 以及美国的分类体系 UC，成为世界主要专利机构使用的分类体系。[2]CPC 分类体系包括主干分类号与引得码两大部分，对 IPC 分类体系下的 G09G 分类号进行细分，CPC 引得码分为三种：细分引得码、垂直引得码与源于 IPC 的引得码。其中，细分引得码的索引条目标号 <2200；垂直引得码的索引条目标号 ≥2200；与细分引得码不同，垂直引得码与待选小类的多个组有关，可提供多维度的分类信息。[3]G09G 小类中设置了 242 个 2000 系列引得码，均为垂直引得码。尽管在分类规则中 2000 系列用于标引附加信息，但是在实际的分类中，CPC 分类并不像 IPC 分类那样严格区分发明信息和附加信息，而是从便于检索的务实角度出发，用最恰当的分类号标引专利文献中对检索有意义的技术信息[4]，采用 CPC 引得码检索更加快速、准确。

　　如图 2 所示，G09G 小类下的 242 个 2000 系列引得码分别从平板显示驱动波形的细节、显示装置结构、显示装置的命令、显示操作条件的控制、电源与显示保护及缺陷管理、显示数据处理、显示系统中解决带宽问题、显示系统的体系结构、数据通信、柔性显示屏等新兴特定应用等 10 个类别对显示控制领域案件进行分类。其分类方式更贴近技术发展与迭代规律，不论从显示面板结构、驱动数据、控制指令、缺陷补偿以及交叉领域结合等方面分类，还是在数据量与技术特征的表达上都更加方便检索。

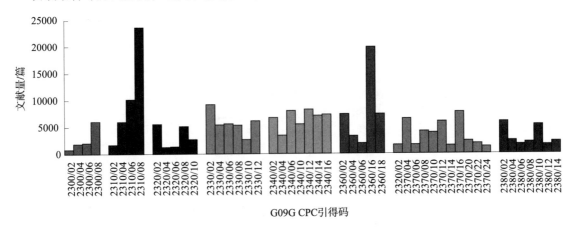

图 2　G09G 小类下 CPC 引得码分类数据量

三、CPC 引得码在显示控制领域检索实践中的应用

　　在显示控制领域中，无论是从显示面板结构或是显示电路设计方面，还是从像素驱动控制方法方面来说，美国、日本、韩国等国家的技术优势在专利文献数量与质量上都有显著体现。而外文检索的困难主要表现在关键词的表达与扩展上。CPC 引得码的使用避免了外文关键词表达不准确的问题，能够准确定位并筛选与技术方案的关键技术手段密切相关的专利文献。以下结合具体案例，进一步简述显示控制领域 CPC 引得码在检索实践中的应用。

（一）利用 CPC 引得码体现发明构思

　　显示控制领域的技术主题往往具有高度概括性，也就是说，显示控制所涉及电路设计通常可用如"显示装置""像素电路"等关键词表达，而其发明构思与关键技术手段往往体现在像素驱动电路各个电器元件位置设置及连接关系，即电路图布局的描述。

【案例1】

　　一种像素结构，包括：数据晶体管，根据扫描信号，将数据信号传送至一节点；开关晶体管，根据第一点亮信号，提供第一参考信号给该节点；驱动晶体管，具有栅极、源极以及漏极，该源极接收第一操作电压；补偿晶体管，耦接于该栅极与该漏极之间，并接收控制信号；点亮晶体管，接收第二点亮信号，并耦接该漏极；有机发光二极管，具有阳极以及阴极，该阳极耦接该点亮晶体管，该阴极接收第二操作电压；第一电容，耦接于该节点与该栅极之间，其中在重置期间，该栅极的电压电平等于第二参考信号；在补偿期间，该栅极的电压电平等于该第一操作电压与该驱动晶体管的临界电压的绝对值的总和；在点亮期间，该栅极的电压电平等于该第二参考信号与该数据信号之间的差值再加上该第一操作电压与该驱动晶体管的该临界电压的绝对值的总和。该像素结构的具体电路如图3所示。

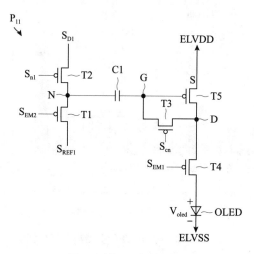

图3 案例1像素结构

1. 发明构思

显示面板具有多个像素，每一像素均包括驱动晶体管与发光元件。驱动晶体管根据图像信号产生驱动电流。发光元件根据驱动电流，呈现相对应的亮度。由于不同像素的驱动晶体管可能具有不同的临界电压，当不同的驱动晶体管接收到相同的图像信号时，便会产生不同的驱动电流，而使不同的发光元件呈现不同亮度。同时，当驱动晶体管的临界电压发生漂移时，也会造成不同的发光元件呈现不同的亮度，导致显示面板亮度不均匀。本申请通过在像素结构中设置临界电压补偿结构，在驱动时序中的补偿期间，利用补偿结构对驱动晶体管的临界电压进行补偿，排除驱动晶体管的临界电压的影响，从而改善由于像素结构中驱动晶体管临界电压不一致造成的显示面板亮度不均匀的问题。

2. 关键技术手段

通过在像素结构中设置补偿晶体管 T3，实现对驱动晶体管 T5 临界电压的补偿。

3. CPC 引得码筛选与检索

由于领域的特殊性，显示控制领域中相同电子元件在不同的位置所起作用不同，以电容为例，其作为电路储能元件，设计在驱动模块临近电源输入节点，可作为补偿电源电压线路压降（IR Drop）的元件，而设计在驱动晶体管的栅极，则解决驱动晶体管阈值电压漂移的问题。同时，在技术发展过程中，不同国家、地区针对相同电路元件或技术名词表达方式不同, 如驱动晶体管的"临界电压"可表达为"阈值电压""门限值"
"跳变电压"等; "驱动电压"可表达为"电源电压""第一电压""输入电压""源极
电压"等。这不仅给关键词的扩展增加了难度, 而且给 CPC 分类号筛选带来了诸多不
便。英文关键词能够很好地避免中文关键词表达中"一义多词"现象, 故本文采用英
文关键词为入口筛选 CPC 分类号。

利用英文关键词表达"compensation(补偿)"与"drift(漂移)", 在 CPC 数据库
中输入检索式"compensat + and drift +", 在获得的 10 条结果中可以快速定位出
G09G2320/045"调制元件的灯光特性的漂移补偿"这一分类号, 如图 4 所示。

```
9/10      CPC
CPC     - G09G2320/045
TIEN    - Compensation of drifts in the characteristics of light emitting or
          modulating elements
FA      - G09G2320/043

10/10     CPC
CPC     - H05K13/0818
TIEN    - Setup of monitoring devices prior to starting mounting operations; Teaching
          of monitoring devices for specific products; Compensation of drifts
          during operation, e.g. due to temperature shifts
FA      - H05K13/081
```

图 4　CPC 数据库中引得码 G09G2320/045 筛选

随后, 从解决的技术问题与技术效果出发, 利用关键词"luminance、brightness
(亮度)"与"uniformity(均匀性)", 在 CPC 数据库中输入检索式"(lumina + or
brightness) and uniform +", 在获得的 2 条结果中可以快速定位出 G09G2320/0233"在
整个屏幕上提高亮度或亮度均匀性"这一分类号, 如图 5 所示。

```
1/2       CPC
CPC     - G09G2320/0233
TIEN    - Improving the luminance or brightness uniformity across the screen
FA      - G09G2320/02

2/2       CPC
CPC     - G02F1/133611
TIEN    - including means for improving the brightness uniformity
FA      - G02F1/133602
```

图 5　CPC 数据库中引得码 G09G2320/0233 筛选

最终确定 G09G2320/045 和 G09G2320/0233 为同本申请发明构思与关键技术手段密
切相关的 CPC 引得码。

进一步理解本申请, 其临界电压补偿模块电路设计的关键在于第一电容耦接与驱动
晶体管的栅极节点, 利用电容作为储能元件充放电的过程, 实现驱动晶体管临界电压补
偿。因此, 笔者分别提取"电容""栅极""驱动"的英文关键词表达"capacit +"
"driv +""gate", 结合查询得到的 CPC 引得码, 构建检索式如下:

1	VEN	766	/CPC G09G2320/0233 AND G09G2320/045
2	VEN	2030528	capacit +
3	VEN	6697599	driv +
4	VEN	1036094	gate
5	VEN	8137	2 S 3 S 4
6	VEN	87	1 and 5

如表 1 所示，浏览检索式 6，获得对比文件 A 已公开本申请发明构思与关键技术手段，即对比文件 A 公开了通过在像素电路中设置第三晶体管 T3 与第一电容 C1，实现驱动晶体管临界电压补偿，克服了驱动晶体管的临界电压漂移而造成的整体图像显示不均匀的问题。

表 1　案例 1 利用 CPC 引得码检索结果

公开号	对比文件 A	本申请
技术方案	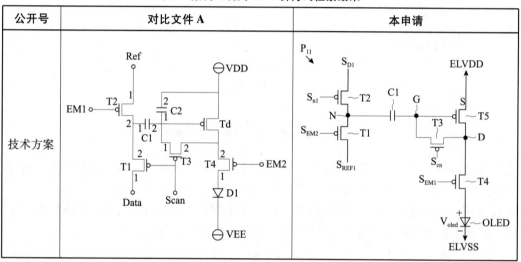	

由案例 1 检索结果可见，英文关键词能够避免显示控制领域中各技术手段中文表达变形多、表述不全面、引入噪声大的缺陷。通过英文关键词快速筛选出与技术方案紧密相关的 CPC 分类号及其引得码，利用 CPC 引得码针对显示操作条件控制进行分类的特性，其分类类目能够准确表达与案例直接相关的发明构思与关键技术手段，大幅度减少检索噪声。结合电路元件的英文关键词表达，获得检索结果文献量适中，可快速浏览得到利用补偿晶体管与存储电容实现像素结构中驱动晶体管临界电压补偿的最接近现有技术，显著提高检索效率。

（二）利用 CPC 引得码多角度表达关键技术手段

随着电子技术不断发展，显示控制领域案例多涉及前沿技术，在新技术发展初期，广泛存在将新材料、新技术结合本领域成熟技术手段所提出的解决新兴技术领域问题的技术方案，技术分支划分较为细致。一方面，存在新兴技术与新材料所带来的新研究主题；另一方面，在前沿技术应用中存在常用电子元件的新兴使用场景与应用方式。这反映在检索中，主要体现在各新兴研究方向技术手段的关键词表达的难度增大。例如，在柔性显示屏技术领域，原有显示面板驱动电路的常规设计手段均可应用于柔性显示屏，然而，由于柔性屏存在弯曲与折叠，因此柔性显示屏驱动电路设计引申出一系列技术创新。若单纯采用原有显示电路关键词与柔性显示屏分类号或关键词的组合进行检索，势必引入较大原有显示驱动电路噪声，同时难以准确体现现有电子元件在柔性显示屏这一新兴应用场景中的应用所带来的技术手段。而 G09G 小类中的 CPC2000 系列分类号均为垂直引得码，其本身与待选小类的多个组有关，且提供多维度分类信息的特征，因此在显示控制领域案件检索中，CPC 引得码多角度分类思想，可针对前沿技术方案，从不同技术侧面进行限定，使检索能够准确命中，同时高效过滤噪声。

【案例 2】

一种环形显示面板如图 6 所示。其特征在于，所述环形显示面板具有显示区和两个栅极驱动电路区，所述两个栅极驱动电路区位于所述显示区的两侧，所述两个栅极驱动电路区叠加构成结合区，所述结合区的宽度小于或等于所述栅极驱动电路区的宽度，所述结合区的厚度等于所述显示区的厚度，所述环形显示面板的厚度方向与所述环形显示面板的轴线垂直，所述环形显示面板的轴线与所述环形显示面板的数据线扫描方向平行。

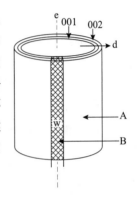

图 6　案例 2 环形
显示面板

1. 发明构思

当 OLED 显示面板为柔性显示面板时，将 OLED 显示面板相对的两侧面向其非显示面弯曲，使该两侧面相接形成环形显示面板，该环形显示面板的两个栅极驱动电路区为该环形显示面板的结合区。由于在环形显示面板中，结合区的宽度至少为两个栅极驱动电路区的宽度之和，因此结合区的宽度较大，难以实现窄边界显示。本申请通过将两个栅极驱动电路区叠加构成结合区，结合区的宽度小于或等于栅极驱动电路区的宽度，从而使结合区的宽度较小，有助于实现环形显示面板窄边界显示。

2. 关键技术手段

通过将栅极驱动电路分别设置于环形显示面板显示区的两侧，在两侧面相接形成环形显示面板时，使两个栅极驱动电路区叠加构成结合区，从而缩小结合区的宽度。

3. CPC 引得码筛选与检索

从显示面板细分技术领域"柔性显示屏"出发，利用英文关键词"flexible（柔性）"与"display（显示）"查询 CPC 分类号及其引得码，在 CPC 数据库中输入检索式"flexible and display?"，在获得的 2 条结果中可以快速定位出 G09G2380/02"用于柔性显示器"这一分类号；从关键技术手段"显示面板上驱动结构设置"与"驱动电极连接关系"出发，利用英文关键词"driver（驱动）"与"substrate（基板）"以及"electrode（电极）"与"connect（连接）"查询 CPC 分类号及其引得码，在 CPC 数据库中输入检索式"driv＋and substrate?"，在获得的 6 条结果中可以快速定位出 G09G2300/0408"显示基底上面集成的驱动结构"这一分类号；利用检索式"electrode? and connect＋"，在获得的 33 条结果中可以快速定位出 G09G2300/0426"电极和连接的布置"。

筛选所得的 CPC 引得码分别从显示面板细分技术领域（柔性显示屏）、关键技术手段（显示面板上驱动结构设置）以及由关键技术手段所涉及的具体技术特征（驱动电极连接与布置）三方面进行限定。因此，利用 CPC 引得码构建检索式如下：

7	VEN	1722	/CPC G09G2380/02
8	VEN	2564	/CPC G09G2300/0408
9	VEN	7722	/CPC G09G2300/0426
10	VEN	23	7 AND 8 AND 9

通过筛选利用 CPC 引得码构建检索式 10 所得检索结果，如表 2 所示，浏览获得对比文件 A（US）与对比文件 B（EP）。对比文件 A 公开了显示装置包括基板和连接器，基板包括显示区域、第一焊盘区域和第二焊盘区域，第一焊盘区域和第二焊盘区域邻近显示区域的相应的侧部并且连接至像素中不同的像素。当基板弯曲时，基板相对的端部第一焊盘区域和第二焊盘区域可彼此以在预定距离内的程度重叠。驱动集成电路连接在显示基板与 PCB 之间，并且通过导电黏附构件或材料连接至显示基板的外围区域 PA 中的连接焊盘单元或区域。驱动集成电路通过连接焊盘单元电连接至像素。对比文件 A 已公开本申请发明构思与关键技术手段。

表 2　案例 2 利用 CPC 引得码检索结果

公开号	对比文件 A	对比文件 B	本申请
技术方案			

本申请权利要求与对比文件 A 的区别在于：两个栅极驱动电路区位于显示区的两侧。基于上述区别技术特征，本发明实际解决的技术问题是如何具体设置柔性显示面板结合区栅极驱动电路连接关系。

针对区别技术特征，对比文件 B 公开了柔性显示面板具有显示区和两个栅极驱动电路区，两个栅极驱动电路区位于显示区的两侧，环形显示面板的轴线与所述环形显示面板的数据线扫描方向平行。即对比文件 B 给出了将柔性显示面板利用面板两侧非显示区域设置栅极驱动电路实现卷起方向相交连接与对比文件 A 结合以解决其技术问题的启示。在对比文件 A 的基础上结合对比文件 B 破坏了本申请权利要求的创造性。

由案例 2 检索结果可见，CPC 引得码对于新兴技术领域技术手段划分更为细致，同时，CPC 引得码能够从技术主题、关键技术手段、具体技术特征等多个侧面对技术方案进行表达，准确锁定与技术方案强相关的可浏览文献范围，显著提高检索的准确性。

（三）利用 CPC 引得码与 IPC 分类号结合确定基本检索要素

在显示面板亮度控制案件中，IPC 分类号 G09G5/10 给出较为准确的"亮度电路"技术主题分类，但并未给出具体调节手段的细分。利用 CPC 分类体系精细、准确的特点，将 CPC 引得码与 IPC 分类号结合，实现两种分类体系互补，从而大大提高该类案件的检索效率。

【案例 3】

一种基于动态电平的图像处理方法如图 7 所示。其特征包括：将待处理图像划分为若干亮度区域，其中，归属于同一亮度区域的像素点之间的亮度差值不超过设定门限；分别针对每一个所述亮度区域执行以下操作：计算一个亮度区域的亮度电平值，并确定所述一个亮度区域的所述亮度电平值所归属的一个亮度电平值区间；读取对应所述一个亮度电平值区间设置的至少一条亮度曲线，并采用所述至少一条亮度曲线对所述一个亮度区域进行亮度调整。

1. 发明构思

由于成像条件的限制，显示图像易出现亮度过暗或过亮至饱和的现象，导致图像亮度不均匀。本申请通过将待处理图像划分为若干亮度区域，根据每一个亮度区域的亮度值，选用相应的亮度曲线进行调整，分别将高亮度区域调整为低亮度区域，低亮度区域调整为高亮度区域，有针对性地调整待处理图像中过暗的部分和过亮的部分，提高图像的清晰度，改善图像亮度不均匀的显示状态。

2. 关键技术手段

将待处理图像划分为若干亮度区域，确定每一个亮度区域的亮度电平值所归属的一个亮度电平值区间，读取对应该亮度电平值区间设置的至少一条亮度曲线，并采用该亮度曲线对所划分亮度区域进行亮度调整。

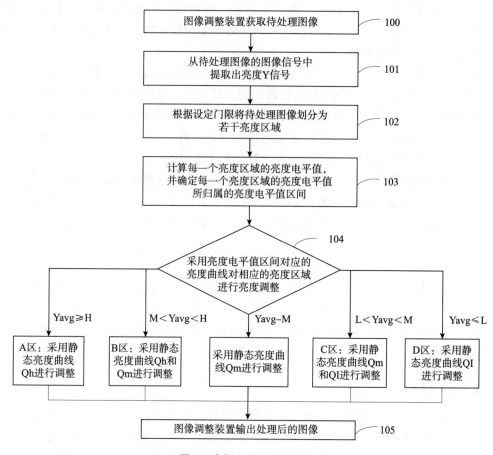

图 7　案例 3 图像处理方法

3. CPC 引得码筛选与检索

本申请所给出的 IPC 分类号为 G09G5/10"亮度电路"，较准确限定出本申请所属技术领域。然而，本申请关键技术手段：通过将待处理图像划分为若干亮度区域，并根据不同亮度区域获得亮度曲线，进行低亮度区域与高亮度区域的分类调节，IPC 分类号并未给出准确分类。笔者利用关键词"brightness、luminance（亮度）""image（图像）""level、degree（等级）"在 CPC 数据库中快速筛选出：

G09G2320/0646"照明光源亮度的调整和图像信号彼此相关"；

G09G2320/0633"通过照明光源亮度的幅度调制"；

G09G2320/0626"整体亮度控制"；

G09G2360/162"在显示数据中计算或使用与亮度等级相关的指数"。

其中，引得码 G09G2320/0646"照明光源亮度的调整和图像信号彼此相关"与 G09G2360/162"在显示数据中计算或使用与亮度等级相关的指数"准确表达出本申请技术方案中通过对图像亮度区间进行等级划分，进而利用与亮度区间对应的曲线进行显示亮度调节的关键技术手段。因此，利用 CPC 引得码构建检索式如下：

1	VEN	164	/CPC G09G2320/0646 AND G09G2320/0633
2	VEN	14408	/IC G09G5/10
3	VEN	49	1 AND 2
18	VEN	1123	/CPC G09G2320/0626 and G09G2360/162
19	VEN	967557	curve?
20	VEN	49	18 and 19

通过筛选利用 CPC 引得码、IPC 分类号与关键词构建检索式所得检索式 3 和 20，获得对比文件 A（WO）、对比文件 B（US）及其中文同族文件，如表 3 所示。

表 3　案例 3 利用 CPC 引得码检索结果

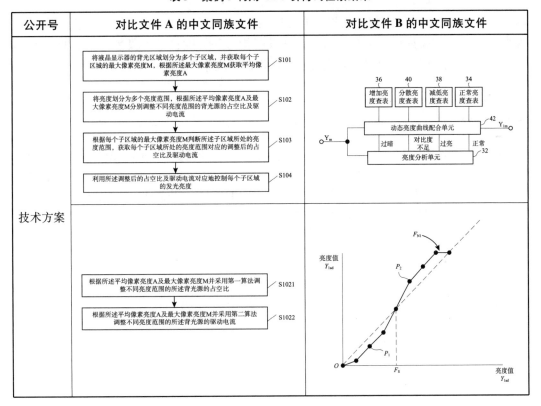

浏览获得对比文件 A 与对比文件 B。对比文件 A 公开了本申请发明构思与关键技术手段，即将显示器的背光区域划分为多个子区域，并将亮度划分为多个亮度范围，然后根据每个子区域动态调整背光源的占空比及驱动电流，以控制每个子区域的发光亮度。通过这种方式，能够根据当前的画面动态地调整背光源的占空比及驱动电流，从而扩大背光源的发光二极管的发光亮度范围，进一步提高对比度，增强显示效果。

本申请权利要求与对比文件 A 的区别在于：归属于同一亮度区域的像素点之间的亮度差值不超过设定门限；读取对应所述一个亮度电平值区间设置的至少一条亮度曲线，并采用所述至少一条亮度曲线对所述一个亮度区域进行亮度调整。基于上述区别技术特征，本发明实际解决的技术问题是如何利用亮度曲线实现亮度调节。

针对区别技术特征，对比文件 B 公开了动态亮度曲线配合单元包含目前亮度查询表，动态亮度曲线配合单元根据所选取的亮度查询表适应性地更新目前亮度查询表，以根据目前亮度查询表调整图像的亮度。即对比文件 B 给出了利用亮度曲线实现显示屏动态亮度调节，并将该技术手段与对比文件 A 结合以解决其技术问题的启示。在对比文件 A 的基础上，结合对比文件 B 破坏了本申请权利要求的创造性。

四、小结

CPC 分类号及其引得码因其细分程度高、文献总量大等特点，在检索实践中能够较好地提升检索的质量与效率。本文通过实际案例分析，列举 2000 系列引得码在显示控制领域案件中，准确体现发明构思、充分扩展且多角度表达技术主题，并以英文关键词为主线在 CPC 数据库中快速筛选出与案件发明构思和关键技术手段紧密相关的 CPC 引得码，充分应用 CPC 引得码有效提升了显示控制领域案件的检索质量与效率。

参考文献

［1］ 卢慧生，林小露. 联合专利分类体系发展与应用现状［J］. 中国发明与专利，2015（4）：47-53.

［2］ 刘畅，米春艳，杨静，等. CPC 分类体系的探索与研究［J］. 专利文献研究，2013（3）：14-19.

［3］ 高媛. CPC 分类体系在车辆传动领域中的检索应用［J］. 中国科技信息，2019（21）：17-19.

［4］ 李翔，李款. CPC 在反应器领域检索中的应用［J］. 专利文献研究，2015（6）：14-22.

FT 分类号助力提升 DC/DC 电能变换领域检索效率

郑　植　魏小凤[❶]

摘　要　DC/DC 电能变换领域的日本专利申请量占比很重，FT 分类号作为日本专利文献特有的细分分类号，能够充分体现 DC/DC 电能变换领域专利的技术特点，该领域使用 FT 分类号对于提升检索效率有着重要意义。本文根据 FT 分类号在 DC/DC 电能变换领域的分类详情，分析此领域中使用 FT 分类号的检索策略，并用实际案例予以支撑，归纳出建议使用 FT 分类号进行检索的案情，证实了使用 FT 分类号对于提高该领域检索效率的有效性，为该领域高质量专利申请和审查提供一定帮助。

关键词　FT 分类号　DC/DC 电能变换　检索效率

一、引言

电能变换领域专利主要涉及电能变换电路及其控制，可分为 AC/DC 电能变换（整流）、DC/DC 电能变换、DC/AC（逆变）电能变换和 AC/AC 电能变换四个技术分支。据 DWPI 数据库统计，近十年来所公开的专利申请中，涉及 DC/DC 电能变换的专利申请量约占整个电能变换领域专利申请量的 40%。可见，充分了解并熟知 DC/DC 电能变换领域的专利检索特点及技巧对于电能变换领域的审查有着重要意义。

日本是 DC/DC 电能变换领域的技术强国。据 DWPI 数据库的数据统计，截至 2021 年 5 月 20 日，DC/DC 电能变换领域中共有专利申请 99463 件，其中日本申请 39882 件，占比 40.1%。可见，日本专利是 DC/DC 电能变换领域不可小觑的技术力量，诸多知名日本企业如松下、日立、三菱等机电公司以及丰田、日产等车企在 DC/DC 电能变换领域都有着十分广泛的专利布局。

日本专利申请有着一套相对独立的分类系统，即 FT 分类体系。FT 分类体系是 1984 年日本特许厅为适应专利文献的计算机检索而建立的分类体系。[1]不同于 IPC 分类，FT 分类从不同的细节或技术角度出发构成对一个技术主题的"立体分类"。[2]由于 FT 分类

是日本特许厅专门针对日本专利文献给出的分类，因此其主要适用于技术发展在日本地区比较成熟、相关的专利文献多为日本文献的待检索技术主题。[3] 而 DC/DC 电能变换领域恰好符合上述条件，该领域的 FT 分类可谓是全方位、多层次，因而对于日本申请量较大的 DC/DC 电能变换领域的专利检索而言，FT 分类号的使用对于提升检索效率有着切实的意义。

本文将详细介绍 FT 分类在 DC/DC 电能变换领域的基本情况，说明在 DC/DC 电能变换领域使用 FT 分类对于提升检索效率具有的重要意义。同时，根据 FT 分类号在 DC/DC 电能变换领域的分类特点，分析在 DC/DC 电能变换领域中使用 FT 分类号的检索策略，归纳在 DC/DC 电能变换领域中建议使用 FT 分类号进行检索的几种具体情形。

二、FT 分类号在 DC/DC 电能变换领域的优势

下面将 DC/DC 电能变换领域的 FT 分类与其他主流分类体系的分类情况进行纵向对比，再将 DC/DC 电能变换领域与电能变换领域的其他技术分支在 FT 分类情况进行横向对比，以此凸显在 DC/DC 电能变换领域使用 FT 分类的优势。

（一）三大主流分类体系对比

众所周知，IPC 分类是全球使用最为广泛的专利分类体系，而脱胎于 IPC 分类体系，同时借鉴了欧洲专利局使用的 ECLA 分类体系基础的 CPC 分类也是经常使用的专利分类体系，FT 分类则是日本从 1984 年起沿用至今的只针对日本专利申请所使用的分类体系。为了对比这三大主流分类体系在 DC/DC 电能变换领域的分类翔实情况，笔者统计了三个分类体系在此领域的分类条目数量，并列于表 1。

表 1　DC/DC 电能变换领域三大分类体系分类条目数量对比

分类体系	IPC 分类（H02M3＋）	CPC 分类（H02M3＋）	FT 分类（5H730＋）
条目数量	40	81	403

从表 1 可以看到，在 DC/DC 电能变换领域中，CPC 分类条目数为 IPC 分类的 2 倍，而 FT 分类条目数又为 CPC 分类的 5 倍，由此足以看出 FT 分类体系就 DC/DC 电能变换领域而言的分类翔实程度。因此，在 DC/DC 电能变换领域使用 FT 分类相比于使用 IPC 分类、CPC 分类更具优势。

（二）电能变换领域的 FT 分类对比

如前所述，DC/DC 电能变换属于电能变换领域四个技术分支中的一个。在 FT 分类体系中，电能变换领域具体被划分到 5H730、5H006、5H007、5H740、5H750 和 5H790 六个单元中，且划分方式并非完全按照前述四个分支进行，而是将 DC/DC 电能变换归入 5H730，将 AC/DC 电能变换归入 5H006，将 DC/AC 电能变换归入 5H007，将一般功率变换归入 5H740，将 AC/AC 电能变换归入 5H750，将所有涉及浪涌电压和浪涌电流

产生的电能变换电路归入 5H790。为了比较，笔者对以上六个单元的 FT 分类条目数量进行了统计，并列于表 2。

表 2　电能变换领域 FT 不同单元分类条目数量对比

FT 分类号	5H730 （DC/DC）	5H006 （AC/DC）	5H007 （DC/AC）	5H740 （一般功率 变换）	5H750 （AC/AC）	5H790 （浪涌产生电路）
条目数量	403	83	131	141	119	65

由表 2 可知，DC/DC 电能变换这一分支的 FT 分类的分类条目数倍于其他分支，分类的翔实程度明显更高。这也说明，DC/DC 电能变换所涉及的电路变化相对而言更为丰富多样，使用 FT 分类号进行检索也更具优势。由此表明，FT 分类号在 DC/DC 电能变换领域的使用对于提升检索效率具有重要意义。

具体来说，FT 分类对 DC/DC 电能变换领域（5H730）进行了全面的解析与分类，共计有 14 个细分类，包括变换的目的（5H730/AA00）、用途（5H730/AS00）、主变换单元的类型（5H730/BB00）、输入单元（5H730/CC00）、主变换单元的开关单元（5H730/DD00）、输出单元（5H730/EE00）、信号检测（5H730/FD00）、比较单元、计算单元和信号传送单元（5H730/FF00）、控制方式（5H730/FG00）、手动设定变化（5H730/FV00）、辅助电源（5H730/VV00）、启动和停止（5H730/XC00）、保护和防止（5H730/XX00）、机械结构和材质（5H730/ZZ00）。

三、DC/DC 电能变换领域使用 FT 分类号的检索策略

在 DC/DC 电能变换领域的专利申请中，技术改进点主要基于两个方面：一是针对电路拓扑本身；二是针对电路拓扑的控制方法。为了提升检索效率，笔者基于这两个方面专利申请的特点，对检索策略进行梳理归纳。

（一）对于电路拓扑本身进行改进的检索

对于电路拓扑本身进行改进的专利申请，在使用 FT 分类体系检索时，可以首先对电路拓扑进行解析，其次根据解析的结果挖掘出相关的 FT 分类号，最后根据发明构思对分类号进行逻辑运算。

对电路拓扑的解析可以从两个角度进行：一是将电路拓扑按照输入侧、输出侧、主电路的结构类型拆分出若干个电路形式；二是分析电路拓扑的结构特点（如主变换单元的类型）以及该电路拓扑的改进所带来的技术效果或所能解决的技术问题。基于上述两个角度的分析，挖掘出相关的分类号进行检索。

对于上述第一个角度而言，在 DC/DC 电能变换领域中，针对电路拓扑的具体结构的改进常是将几种或多个同类电路相连而构成新的电路拓扑。此时，可考虑将电路进行拆解而得到靠近输入侧的电路或靠近输出侧的电路，然后利用输入单元（5H730/CC??）

或是输出单元（5H730/EE??）进行组合的方式进行检索，有时也可能需结合主变换单元的类型（5H730/BB??）进行降噪。

【案例1】

以涉及单相高频隔离型可变拓扑变换器的案例1（见图1）为例。其发明构思为：通过变压器将原边电路转换得到的电能隔离输送给副边侧的两个桥式变换器，分别进行整流转换而得到两个输出电压 V_{C1}、V_{C2}，再利用两个桥式变换器输出侧的开关 J1、J2 控制两个桥式变换器的输出侧进行串联或并联，从而根据实际电路所需而控制电路的输出电压。

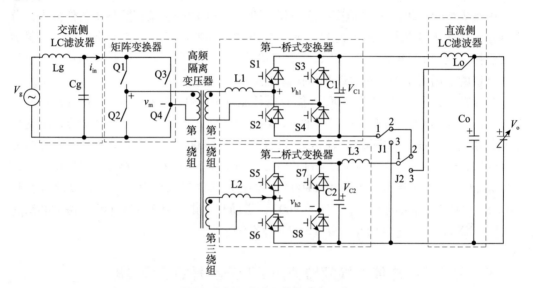

图1　案例1申请文件的电路示意

经过分析可知，申请实际上是对电路拓扑的改进，其主体结构是传统的隔离型变换器，改进点在于配置两路隔离输出后通过对两路输出的连接方式的调整实现两路输出的串联或并联。这时不妨从电路的输出单元入手查询相关的 FT 分类号，我们会发现，5H730/EE75、5H730/EE76 这两个分类号分别代表多绕组变压器的多个输出单元的并联连接、串联连接。而能体现案例1发明构思的对比文件，必然需要既有多路输出单元并联，又有多路输出单元串联，因而考虑将上述两个分类号进行"与"运算，结果很快得到了能评价申请创造性的对比文件。

对于上述第二个角度而言，DC/DC 电能变换领域另一类常见申请是改进特定的电路拓扑以解决特定的技术问题，达到特定的技术效果。对于此类申请，由于 FT 分类号对于各类 DC/DC 电路拓扑结构的分类十分全面细致，且日本申请在电路拓扑结构方向上的改进的技术积累相当成熟，使用能体现主电路拓扑的 FT 分类号（如 5H730/BB??）结合其所要解决的技术问题（5H730/AA??），以"电路拓扑（5H730/BB??）+ 目的（5H730/AA??）"的检索策略往往能取得不错的检索效果。对于电路拓扑的表达，有时也可考虑结合使用电路拓扑的输入侧或输出侧特点的 FT 分类号（5H730/CC??、

5H730/EE??）予以降噪。

【案例2】

以涉及一种高效率的多路电源嵌套与冗余供电电路的案例2（见图2）为例。其发明构思为：多路电源嵌套与冗余供电电路通过横向逐级串联的连接方式，实现电源应力集中的分散性功能，提高电源供电的效率，同时通过纵向冗余设计（即同一级的两路输出通过二极管互为彼此的冗余输出），实现供电的双保险，提高供电的可靠性。

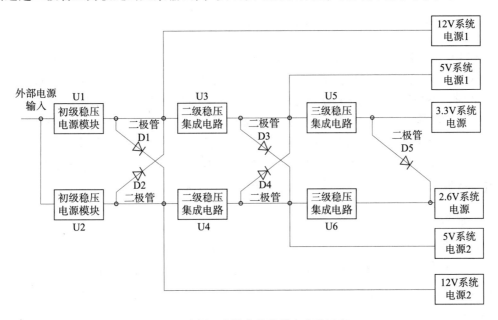

图2　案例2申请文件的供电电路示意

利用 IPC 分类结合关键词能够检索到公开本申请纵向冗余设计以实现双保险从而提高供电可靠性的对比文件1（见图3），其两路供电电路110、120通过二极管210、220的设计为彼此负载提供双保险供电。

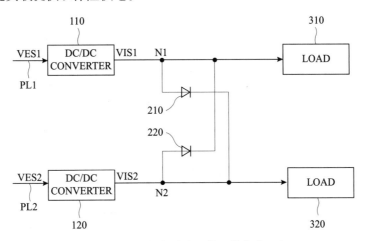

图3　案例2所用对比文件1的电路示意

此时，需再检索一篇公开本申请横向逐级串联以提升供电效率的多路输出供电电路作为 Y 类对比文件。利用 FT 分类号通过表达电路的拓扑特点结合其要解决的技术问题进行检索，查询到分别与本申请的横向逐级串联、横向逐级串联所能解决的技术问题以及多路输出供电的拓扑特点相对应的三个分类号 5H730/BB86（表示主变换单元具有多级变换单元的变换器）、5H730/AA14（表示发明目的为改善变换效率和降低损耗）、5H730/EE61（表示输出具有多个输出单元的变换器），将三者结合进行检索，得到所需的对比文件 2。

（二）对于电路拓扑控制进行改进的检索

在 DC/DC 电能变换领域，有些申请的发明点在于依托于某种电路的某种特定控制上的改进，如反激电路的副边侧开关的同步控制、推挽电路的基于输出电压的 PFM 控制。此时，不妨考虑使用 FT 分类号以"主拓扑（5H730/BB??）+ 控制方式（5H730/FG??）"的检索策略进行检索。同时，若检索结果过多，由于此类具有明确控制方法的申请在执行控制时必然会采取具体的技术手段，因而可尝试基于上述检索策略进一步辅助结合在控制中所必须使用的检测信号（5H730/FD??）、比较计算单元（5H730/FF??）等体现控制时所需的具体技术手段的其他分类号予以降噪。

【案例3】

以涉及全桥 DC/DC 变换器的原边电流控制方法的案例 3（见图 4）为例。其发明构思为：基于隔离型全桥 DC/DC 电路拓扑，全桥峰值电流控制器根据原边侧峰值输入电流的检测而对第一至第四开关器件（S1 ~ S4）的导通时间进行脉宽调制，实现对输出电压或电流的控制。

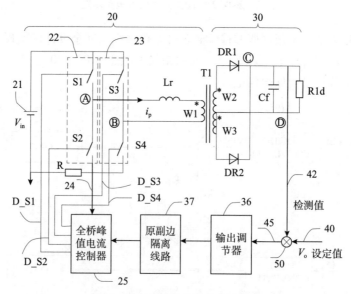

图 4　案例 3 申请文件的电路示意

案例 3 是基于特定的隔离型全桥电路的 DC/DC 变换器，对于此电路拓扑可以很容易地在主变换单元的类型 5H730/BB00 的下属条目中找到相对应的 FT 分类号 5H730/BB27。同时，申请文件中明确记载了基于该电路拓扑需进行脉宽调制，由此在控制方式 5H730/FG00 的下属条目中找到对应于脉宽调制的 FT 分类号 5H730/FG02。先尝试利用"拓扑＋控制方式"进行试探性检索，检索得到的结果稍微有些多。从发明构思可以发现，在脉宽调制的控制方式中需要对输入电流进行检测，因而使用表达了对输入电流信号进行检测的分类号 5H730/FD41 进行降噪，结果快速得到了能够评述申请新颖性和创造性的新对比文件。

另外，在 DC/DC 电能变换领域，还常有一些申请，其关于电路拓扑控制上的改进很难说是属于哪种具体的控制方式，但其在具体的控制过程中需要使用特定的技术手段来实现其控制过程。此时，可以在检索时重点挖掘能够表达在实现控制过程中所采用的技术手段的分类号，比如控制时需使用何种检测信号（5H730/FD??）、控制时使用了何种计算以及信号传送单元（5H730/FF??）等，并结合能够表达主电路拓扑结构的分类号（5H730/BB??）进行检索。如果检索结果较多，可再结合诸如发明目的（5H730/AA??）、发明领域或用途（5H730/AS??）等其他分类号予以降噪。

【案例 4】

以案例 4 为例，其涉及一种开关电源（见图 5），发明构思为：控制部 40 根据检测部 50 检测到的输入电源的类型控制切换电路 15，从而调整第一非绝缘斩波电路 25 以及第二非绝缘斩波电路 30 与输入电源的输入端子之间的连接方式，由此可根据输入电源类型的不同（直流电源或交流电源）来切换后续的斩波电路的结构以使电路整体上可适应多种类型的输入电源。

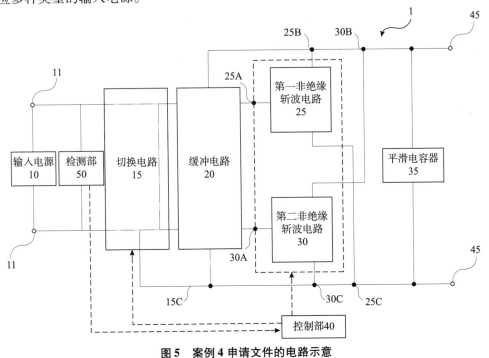

图 5　案例 4 申请文件的电路示意

案例 4 的日本同族申请给出了 5H730 之下的 AA11、AA14、AA18、AS01、AS04、AS05、BB13、BB14、BB15、BB57、BB98、CC04、DD03、DD04、FD11、XX31 共计 16 个 FT 分类号。通过查看上述分类号的具体含义，发现分类号 BB98（代表电路的主变换单元的除变换单元内的切换以外的端子和元件的切换）与申请中关键的切换电路部分的结构相契合，FD11（代表对输入电压进行检测）与申请的检测部 50 需对输入电源类型进行检测的结构及功能相匹配，AA11（代表发明的目的是多功能化）与申请的电路可适应多种类型的输入电源的发明目的相契合，而这三方面与申请的发明构思最为密切相关，因此利用这三个分类号进行相与运算的检索，结果快速得到了有效的对比文件。

四、总结

本文分析了 FT 分类号相对于 IPC 分类号以及 CPC 分类号在 DC/DC 电能变换领域中进行专利检索的优势。对于发明点在于对 DC/DC 电路的结构拓扑上的改进的申请，由于 FT 分类号对于电路拓扑结构的划分十分详细，可以利用电路拓扑的类型及特点，必要时再结合其所能解决的技术问题进行检索。对于发明点是基于特定 DC/DC 电路实施特定控制的申请，在利用电路拓扑结构对应的 FT 分类号的同时，可以从控制方式以及控制过程中所采取的具体技术手段入手，必要时再结合其所能解决的技术问题进行检索。而对于有日本同族的专利申请，不妨直接核实并借鉴其日本同族申请文件中所给出的 FT 分类号进行检索。

FT 分类号涵盖了诸多的技术细节，而有些细节用关键词难以表达或是由于表达太宽反而会引入很多的噪声，充分合理地使用 FT 分类号，对于提升 DC/DC 电能变换领域的检索效率有很大帮助。

参考文献

[1] 王斯朕. FT 分类号在图像领域专利检索中的应用 [J]. 山东工业技术，2017（16）：287.

[2] 王玥，万济和，贾扬，等. 日本专利分类及其在音频专利检索中的应用 [J]. 电声技术，2017，37（9）：42 - 44，47.

[3] 魏保志，周胜生. 专利检索之道 [M]. 北京：知识产权出版社，2019：119 - 120.

浅谈 CPC 分类体系在发光二极管专利申请中的检索应用

张佳良

摘 要 联合专利分类体系（CPC）是 EPO 和 USPTO 于 2013 年联合启用并负责后续管理维护的分类体系，其具有细分程度高、分类信息多、分类一致性好等特点。本文针对发光二极管（LED）领域 IPC 和 CPC 分类号进行了比较分析，梳理了 CPC 相对 IPC 新增的主要内容，并从发光二极管（LED）领域的检索实例出发，结合 CPC 分类体系特点，对 CPC 分类号的检索应用进行剖析，给出了提高检索效能的具体指引，具有较强的研究和实践价值。

关键词 CPC 发光二极管 LED 检索

一、引言

CPC 是 EPO 和 USPTO 于 2013 年联合启用并负责后续管理维护的分类体系，其合并了 EPO 原使用的 ECLA 分类体系和 USPTO 原使用的 UC 分类体系，采用与 IPC 相同的字母数字编排方式，分类条目数超过 25 万。[1-2] CPC 覆盖了 45 个国家和地区的专利文献，覆盖超过 99% 的 EPO、USPTO、WIPO 专利文献及其同族专利，全球范围内有超过 32000 名审查员使用 CPC 分类号进行检索。[3] CPC 以"标准统一、更加细化且兼容性更强的分类体系"为目标，相比于 IPC 分类体系而言，具有细分条目更多更细、修订更新频率更高更快、标准一致性好、易于学习等优势。

发光二极管（LED）领域涉及 H01L33/00 大组，具体为至少有一个电位跃变势垒或表面势垒的专门用于光发射的半导体器件、制造或处理相应器件或其部件的方法或设备，以及半导体器件的零部件。本文在对 LED 领域 IPC 和 CPC 分类进行比较的基础上，探讨 CPC 分类体系在发光二极管专利申请中的检索应用。

二、CPC 与 IPC 的比较

在 IPC 分类体系中，H01L33/00 大组下包含四个一点组，共 32 条分类号，最新版本为 2010 年 1 月版。在 VEN 数据库中，该 IPC 分类号大组下包括的专利超过了 18 万项。随着发光二极管领域技术的发展，专利数仍在不断增长，迟迟没有进行修订的 IPC 分类号对于提高检索的效率、准确性都造成了不小的障碍。

相比 IPC 分类，CPC 分类的调整（2020 年 8 月版）包括：新增了两个分类角度；对主要技术分支进行了细分；增加了垂直 2000 系列分类号；分类定义更为详尽。H01L33/00 大组下的 CPC 分类总条目数达到 82 条主干分类号 + 11 条 2000 系列分类号，新增及细分的分类号为专利文献提供了更细致的分类位置，使单个分类号下文献量减少，并且 2000 系列分类号从多个角度进行多重分类，与主干分类号构成混合系统，为提高检索的效率和准确性提供了有力的工具。

（一）新增两个分类角度

CPC 在 H01L33/00 大组下新增了两个一点组，从不同角度对 LED 相关技术进行分类。两个新增的一点组分别是：

（1）H01L33/0004，涉及以操作（operation）方式作为特征的器件，其各下位点组主要依据 LED 的发光原理进行分类，包括如具有 p-n 结、异质结、肖特基势垒、MIS 势垒、超辐射发光二极管。

（2）H01L33/005，涉及以制备工艺为特征，其各下位点组主要依据有源区的构成材料进行分类，包括如有源区只包含 IV 族元素，有源区只包含 III-V 族化合物，有源区只包含 II-VI 族化合物，有源区只包含 IV-VI 族化合物，同时也包括器件的后处理工艺。

而 IPC 分类体系中并未基于操作方式和制备工艺进行分类，涉及上述技术主题的专利文献只能以产品分类号进行分类，造成方法与产品混杂在同一分类号下，噪声较大。可以说，CPC 分类号厘清了产品和方法的界限，为检索提供了更多的选择。因此，对于操作方式和制备方法的检索，可以采用 CPC 分类号圈定范围。

（二）对主要技术分支进行细分

CPC 对于 IPC 分类号进行了细分，针对电极、波长转换元件、散热元件三个主要技术分支，CPC 分别在二点组 H01L33/38（以形状为特征的电极）、H01L33/50（以波长转换元件为特征）和 H01L33/64（以热传导或散热元件为特征）下新增了三个三点组、多个下位点组和六个三点组。表 1 ~ 表 3 分别对比了上述三个二点组下 IPC 和 CPC 的条目。

表 1　H01L33/38 小组 IPC 和 CPC 条目对比

分类号	IPC 类名	CPC 新增条目类名
H01L33/36	·以电极为特征的	
H01L33/38	··具有特定形状	
H01L33/382		···电极部分延伸入半导体或完全穿过半导体
H01L33/385		···电极至少部分在半导体的侧面上延伸
H01L33/387		···具有多个直接与半导体接触的电极区域，并且通过另一个电极层互连

表 2　H01L33/50 小组 IPC 和 CPC 条目对比

分类号	IPC 类名	CPC 新增条目类名
H01L33/50	·· 波长转换元件	
H01L33/501		··· 以材料为特征的，如黏合剂
H01L33/502		···· 以波长转换材料为特征的
H01L33/504		····· 具有两种或者更多波长转换材料的元件
H01L33/505		··· 以形状为特征的，如板状或者薄片
H01L33/507		··· 元件与部件而非半导体紧密接触或者集成
H01L33/508		··· 非均匀的空间布置或者浓度，如图形化波长转换层，具有波长转换材料浓度梯度的波长转换层

表 3　H01L33/64 小组 IPC 和 CPC 条目对比

分类号	IPC 类名	CPC 新增条目类名
H01L33/64	·· 热吸收或冷却元件	
H01L33/641		··· 以材料为特征的
H01L33/642		··· 以形状为特征的
H01L33/644		··· 与部件而非半导体紧密接触或者集成的
H01L33/645		··· 电控元件，如帕尔贴元件
H01L33/647		··· 向半导体导入或者从半导体导出电流的元件
H01L33/648		··· 包含流体的元件，如热管

（三）新增垂直 2000 系列分类号

CPC 新增了垂直 2000 系列大组分类号 H01L2933/00，其下设三个一点组，分别为 H01L2933/0008（·制备工艺相关）、H01L2933/0083（·半导体或封装体中的周期性光电场形状，如光子带隙结构）以及 H01L2933/0091（·半导体或封装体中或上的散射装置）。

2000 系列分类号从不同角度对主干分类号进行了有益补充，通过多重分类，为专利文献提供更多的分类信息，能为检索结果的快速聚焦及去噪提供帮助。

（四）提供更为详尽的分类定义

IPC 及 CPC 分类体系均提供分类定义，但其功能和重要程度差别较大。IPC 分类定义仅存在于网络版的电子层中，发挥术语解释、补充说明、信息性参见等功能，不影响分类位置。相反，CPC 分类定义对于分类位置影响重大，是用好 CPC 分类号的"使用说明"，对于提高分类一致性至关重要，因此，CPC 分类定义也更为详尽、全面。

H01L33/00 大组及其下位点组的分类定义中包含定义陈述、分类相关参见、信息性参见、分类特殊规则、术语表、同义词关键词六个部分。针对 LED 结构、形状的分类号，在定义陈述中均列举了能够体现该分类号含义的具有代表性的示意图，直观形象地阐明该分类号的分类范围。分类定义中记载了本大组下的分类特殊规则，分在 H01L33/18 或 H01L33/40 的专利文献，需要同时给出 H01L33/26 及其下位点组的分类号；涉及制造 LED 的专用设备，同时给出 H01L33/005 和 H01L2933/00 分类号下与设备执行工艺相对应的分类号。此外，分类定义中还包含大量对检索有益的信息，对于扩展检索思路、确定分类号能起到一定的辅助作用。

三、LED 领域 CPC 分类的检索实践

下面结合实际案例，通过 IPC 和 CPC 在检索效率上的对比，分析 CPC 在发光二极管领域的使用特点，探索如何提高检索效率。

（一）CPC 分类体系的优势

分类号作为检索要素的重要表达方式之一，在很大程度上能够弥补关键词表达的缺陷和不足，以准确表达形状结构特征，提高检索效率，在降低工作量方面作用明显。CPC 分类体系标准更加统一，分类位置更加细化，将上述作用进一步放大，利用好 CPC 分类体系的特点，能成为提高检索质量及效率的重要抓手。

1. 可准确表达结构特征，降低构建检索式的难度

在发光二极管领域，LED 的外延层、芯片封装等技术均涉及以结构特点、部件之间位置关系为发明构思的专利申请，如 "A 层设置在 B 层的上表面" "部件 A 由部件 B 的上表面延伸至侧面" 等。针对结构特征、部件之间位置关系这类技术特征，如果没有准确地细分位置，就需要通过关键词进行表达，在构建检索式上有不小的难度。特别是对于位置关系，关键词的选择局限性很大，能够表达位置关系的关键词 "上、下、左、右、前、后、内、外、顶、侧、底" 等的检索效果并不好，往往需要辅以技术效果的限定来减少文献阅读量，比较容易造成漏检。

相比 IPC 分类，CPC 主要特点之一便是新增了大量的细分条目，其在一定程度上代表了该领域中新技术的发展方向和重要分支，并且能更准确地表达发明的技术主题。尤其是细分条目中有涉及结构特点和位置关系的分类号，利用好这些分类号，可以克服上述类型申请的发明构思难以用检索式表达的不足，提高检索的效率和准确性。

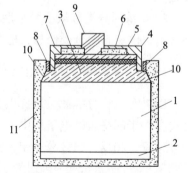

图 1　发光二极管外延结构

【案例 1】

例如案例 1，其涉及一种发光二极管外延结构（见图 1）。该外延结构包括 N 型层 3、发光层 4、P 型层 5，在外延层的侧面及底面设置导电包覆层 11，将

N 电极 8 由上表面引至基板 1 底面，封装时只需要对正面的 P 电极 9 进行单面打线。

案例 1 的发明点在于电极的结构特点及其与外延层的相对位置关系。如果采用 IPC 进行检索，需使用分类号 H01L33/38（以电极形状为特点），配合关键词 "side、flank、profile、below、bottom" 等，检索结果噪声较大，筛选文件需要大量时间。而 CPC 对 IPC 的 H01L33/38 组进行了细分，新增了 H01L33/385 条目，其所包含的技术主题为电极在半导体侧面延伸的发光二极管，准确地表达了案例 1 的结构特征。采用此分类号检索，只需增加电极在发光二极管底面延伸的关键词限定，就可以快速将检索结果聚焦。

2. 可减少关键词的使用，降低检索工作量

关键词检索是专利检索的主要手段，但是在使用关键词进行检索时，对于关键词的扩展需要考虑国内外不同表达方式及词性变化、数据库的特点等，对于小语种文献检索也存在一定的局限性。

分类号是弥补关键词检索局限性的重要手段，但是发光二极管领域 IPC 分类号最后一次修订距现在已近十年，绝大部分分类号下文献过多，细分位置不足，在检索实践中，对于减少关键词的使用、降低检索工作量作用不大。而 CPC 在 IPC 的基础上增加了大量细分位置，有效地控制了单个分类号下的文献量，配合少量关键词，甚至不使用关键词，即可进行有效的检索。

【案例2】

例如案例 2，其涉及一种 LED 封装结构（见图 2）。该封装结构包括金属支架，金属支架包括由金属片折叠形成的散热功能体和金属片延伸出的电极支脚 11，散热功能体一侧设有芯片安装座 12，另一侧为金属片折叠而成的散热片 13。

案例 2 的发明点在于将电极和散热器的功能集成在同一部件上，使金属支架同时起到传导电流及散热的作用。在以 IPC 为基础的检索中，需要使用涉及电极的分类号结合涉及散热器的关键词，或使用涉及散热器的分

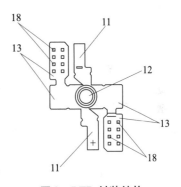

图 2 　LED 封装结构

类号结合涉及电极的关键词，并且这两种方式需要对电极和散热器分别进行关键词的表达及扩展，可见 IPC 分类号的使用并未减少对关键词的依赖，无法降低检索的工作量。而 CPC 对 IPC 中二点组 H01L33/64（热吸收或冷却元件）进行了细分，新增了条目 H01L33/647，其技术主题为同时起到导电作用的热吸收或冷却元件。使用此分类号检索，无须进行关键词表达，即可快速获得对比文件。

3. 可利用 2000 系列分类号快速去噪

CPC 分类体系基于 2000 系列分类号的引入及多重分类原则，从多个维度为专利文献提供了大量的分类信息，在外文语境检索中，可以考虑优先使用分类号进行去噪，避免因关键词使用不准确、扩展不充分造成的漏检。

【案例3】

例如案例3，其涉及具有空腔散射结构的发光二极管制作方法，如图3所示，在距离生长衬底上表面一定距离的内部形成规则排列的多个空腔，通过在衬底内部设置空腔散射结构形成的反射层，减少反射光路，避免全反射，提高发光二极管光提取率。

本案例涉及发光二极管的制备方法，发明构思是在衬底中形成空腔。在 CPC 中新增的涉及制作工艺的分类号中，H01L33/0093 包括至少部分去除生长衬底的技术主题，但其下包含超过 4000

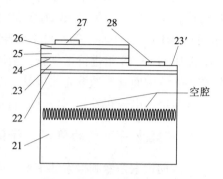

图3　具有空腔散射结构的发光二极管

项文献，且包含如衬底接合、转移、剥离等多个技术主题，噪声较大。为了获得可用的对比文件，使用该分类号检索时首先要剔除噪声，常规的除噪思路是使用关键词进一步缩小范围。而 CPC 中新增的垂直 2000 系列分类号是与制作工艺有关的技术主题，考虑到 CPC 鼓励多重分类的原则，为专利文献提供了更多的分类信息，所以优先尝试使用 2000 系列分类号以减小噪声。查阅后发现，2000 系列分类号中与案例3的发明构思相关的分类号有两个，H01L2933/0058 和 H01L2933/0091，其技术主题分别为与光场调整元件相关的工艺和光散射结构。使用上述两个 2000 系列分类号及主干分类号 H01L33/0093 进行检索，在 44 个检索结果中获得了可用的对比文件。

4. 可借助分类特殊规则，合理扩展分类号

由于分类号是对专利文献的人工标引，其分类一致性依赖分类员对于专利文献及分类原则的理解，在使用分类号检索的过程中，审查员根据自己的理解选择合适的分类号，在审查员与分类员对分类位置存在分歧时，便难以获得理想的检索结果。因此，在检索实践中，审查员常常需要对分类号进行适度的扩展。而 CPC 下分类特殊规则，是获得扩展方向的重要途径之一。

在 2020 年 8 月版本修订前，发光二极管领域 CPC 分类号 H01L33/00 大组适用最先位置规则和部分分类号的强制补充分类；在修订后，分类定义中删除了最先位置规则。由于 2020 年 8 月前的文献均以最先位置规则进行分类，因此需要进行分类号扩展时，最先位置规则仍然是扩展方向之一。

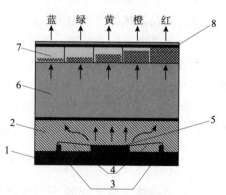

图4　量子点浓度调控的发光二极管

【案例4】

案例4以一涉及量子点浓度调控的发光二极管的申请为例，如图4所示，量子点发光层7

通过黏合剂固定在紫外光源层上方，其特征在于量子点发光层由至少两种量子点与基材混合而成，且量子点浓度在水平方向上逐渐增加。

CPC 分类号 H01L33/508 的技术主题为包含具有波长转换材料浓度梯度的波长转换层，与案例 4 的发明构思的差异在于案例 4 限定了浓度梯度变化的方向。以 H01L33/508 与体现方向的关键词组合检索，并未发现有效的对比文件。由于在 2020 年 8 月前，H01L33/00 大组适用最先位置规则，因此需要对分类号进行扩展，可选择尝试与 H01L33/508 同等级且位置在先的分类号作为扩展的主要方向。结果，采用 H01L33/501 与体现浓度梯度变化的关键词组合，获得了可用的对比文件。

回溯发现，检索到的对比文件的发明点之一为采用二氧化硅作为波长转换层的基材，虽然其也包含波长转换材料浓度梯度变化的技术特征，但分类员依照最先位置规则，将其分在 H01L33/501 位置，并未给出 H01L33/508 分类号。可见，在实际检索中，对于适用最先或最后位置规则的分类号，如果不进行适当分类号扩展，极易造成漏检。此外，由于分类定义中记载的特殊规则对于文献分类位置影响巨大，在使用 CPC 分类号进行检索时，要特别关注分类定义记载的内容。

（二）CPC 分类体系的缺陷或不足

CPC 作为重要的检索工具，在提高检索效率方面效果显著，但是其同样存在一定的不足，如中日韩专利文献覆盖率低，再分类工作仍未完成，存在隐含的特殊规则等，这些"通病"大多是由于 CPC 分类仍处于发展期造成的，相信会在不断的修订中逐渐消失。此外，在发光二极管特定领域下，CPC 分类还存在以下三方面的缺陷或不足。

1. 部分分类号实际使用意义不大

在 CPC 分类中，新增加的一点组 H01L33/005 涉及发光二极管的制作方法。然而其下位点组 H01L33/0054 – H01L33/0091 是以材料种类为技术主题进行的细分，如二点组 H01L33/0054 为活性区仅包括Ⅳ族元素器件的制作方法，二点组 H01L33/0062 为活性区仅包括Ⅲ-Ⅴ族元素器件的制作方法。实际上，在发光二极管领域中，技术的主要发展已经集中在Ⅲ-Ⅴ族元素器件上，因此专利文献在 33/0054 – 33/0091 小组中的分布并不均匀，如 H01L33/0062 等涉及Ⅲ-Ⅴ族元素器件的分类号下文献过多，仍需结合其他分类号或关键词。相反，在需要检索特定工艺方法时，为了避免漏检，需要将 H01L33/0054 – H01L33/0091 一并检索，对于提高检索效率帮助不大。

2. 部分特殊规则易造成分类混乱

在 2020 年 8 月修订的 CPC 分类定义中，分类特殊规则包括"分在 H01L33/18 或 H01L33/40 的专利文献，需要同时给出 H01L33/26 及其下位点组的分类号"，其中，二点组 H01L33/40 的技术主题为以电极材料为特征，H01L33/26 及其下位点组以发光二极管发光区材料为特征。如果某一篇专利对于现有技术进行的改进在于电极材料，而对于发光区材料没有进行特别的记载，在分类时将被分入 H01L33/40，但是根据强制补充分类规则，还需要给出 H01L33/26 及其下位点组的分类号。H01L33/26 及其下位点组的分类号对于检索以电极材料为技术主题的专利帮助不大，同时还会在 H01L33/26 及其下位点组中引入大量与发光区材料无关的专利，形成噪声。因此，该特殊规则对于分类或检索均造成不便。

3. 学习及使用的成本仍然较高

CPC 分类在每年一月、二月、五月、八月进行修订，这与 CPC 分类仍处于完善过程有关，同时也能够有效提高分类号与技术发展方向的契合度。但是，高的修订频率使学习使用成本也随之提高，使用者需要随时关注 CPC 分类表的修订内容。如案例 4 中，分类定义中删除了部分特殊规则，但是并未保留相关修改的标识，如果不清楚在修订前分类适用最先位置规则，没有进行适当的分类号扩展，则极易造成漏检。

由此可见，在发光二极管这一特定领域下，CPC 分类号在编排、特殊规则编写、修订标识等方面还存在改进的空间，熟悉 CPC 的缺陷和不足可以帮助审查员正确、高效地使用分类号进行检索。

四、总结

本文结合实际案例，对发光二极管领域下 CPC 分类的特点进行了剖析，分析了 CPC 分类体系在检索上的优势及存在的不足。CPC 具有更为详细的分类条目，并基于主干分类号和 2000 系列分类号进行了多重分类。在检索过程中，利用好 CPC 的特点可以有效提高检索的效率，尤其是面对发明构思难以通过检索式表达、外文语境下关键词扩展困难的专利申请，使用 CPC 分类号检索更能起到事半功倍的效果。此外，CPC 分类体系提供了与分类号配合使用的分类定义，基于提高分类一致性的目的，分类定义中记载了分类的特殊规则及大量有用的检索信息。在使用 CPC 分类号检索时，一定要关注该分类号的特殊规则，在根据规则的不同及时调整和扩展检索思路、提高检索效率的同时，避免产生漏检的问题。

总而言之，与 IPC 分类体系相比，CPC 具有细分条目多、分类信息多、一致性好、修订更新快、兼容 IPC 等优势。对于 CPC 分类体系的学习和使用，是审查实践中的重要内容，更好地利用 CPC 分类，将成为提高检索能力的可靠抓手。

参考文献

[1] 魏保志，周胜生. 专利检索之道 [M]. 北京：知识产权出版社，2019.
[2] 郭青. 浅析 CPC 分类体系 [J]. 中国发明与专利，2016（1）：90-94.
[3] United States Patent and Trademark Office. Cooperative Patent Classification annual report 2017/2018 [EB/OL]. [2024-09-30]. https：//link. epo. org/cpc/CPCAnnualReport_published. pdf.

不同分类体系联合检索策略在半导体领域的应用

赵　萌

摘　要　分类号是专利检索不可或缺的重要工具之一。IPC、CPC 和 F-Term 是目前使用最为广泛的三个专利分类体系。这三个分类体系各自具备独有的特点和优势，在专利检索过程中发挥的作用也不能互相替代。本文以印刷电路板领域为例，通过对该领域的 IPC、CPC 和 F-Term 分类号进行对比，并结合该领域相关案例，围绕上述三个分类体系开展融合检索策略分析，发现不同分类体系进行融合检索能够有效降低检索过程中对于关键词的依赖程度，为准确高效地表达技术效果、技术问题、关键技术手段等提供了一种切实可行的方式，对于提高检索质量和检索效率具有重要意义。

关键词　不同分类体系　结合检索　IPC　CPC　F-Term

一、引言

分类号和关键词是专利检索必不可少的两个重要因素。与关键词检索相比，分类号具有分类一致、检索准确的优势，可以降低对关键词的依赖，减少检索噪声，提高检索效率。为便于对专利文献的技术信息和法律信息进行编排归类，以便高效检索查找专利文献，许多国家和地区相继制定了多个专利分类体系，包括 IPC（国际专利分类）、CPC（联合专利分类）、F-Term 等，这为准确高效地进行专利检索提供了坚实的保障。

印刷电路板有"电子产品之母"之称，是电子工业重要的组成部件。为实现电子设备中不同电子元器件之间的电气连接，印刷电路板是必不可少的载体。近年来，随着5G 通信、物联网、半导体、新能源汽车等行业的发展，作为其中不可或缺的构件，印刷电路板随之不断更新换代，专利申请量也逐年攀升。从印刷电路板领域专利申请来源国分布来看，如图 1 所示，日本占据全球专利申请量的大半江山，中国约占 1/4，然后是美国、韩国和德国。由此可见，国外专利申请总量约占据全球专利申请量的 3/4，而且国外技术发展较早，很多现有技术源于国外。因此，在针对印刷电路板领域进行专利检索时，国外专利文献数据属于必检之列。由于国内外语言习惯和表达方式的差异，采用关键词进行检索难免存在扩展不全、表达不准的状况，而采用分类号进行检索则相对来说会更加准确有效。但是，IPC、CPC 和 F-Term 等专利分类体系的细分程度、分类角度、适用范围等均有所差别，因此在使用分类号进行检索时，需要针对不同专利的特点选取适合的分类体系。

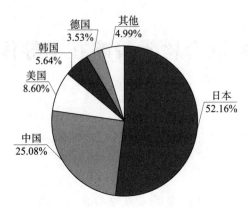

图1　印刷电路板领域专利申请来源国分布

本文以印刷电路板领域为例，通过对该领域的 IPC、CPC 和 F-Term 分类号进行对比，并结合该领域相关案例进行检索策略分析，发现结合不同分类体系进行检索对于提高检索效率具有重要意义。

二、印刷电路板领域 IPC、CPC 和 F-Term 分类特点对比

印刷电路板领域主要涉及 IPC 分类体系中 H05K1/00（印刷电路）和 H05K3/00（用于制造印刷电路的设备或方法）两个大组。下面分别从细分程度、技术主题和文献覆盖量三个方面针对 IPC、CPC 和 F-Term 分类特点进行对比。

（一）细分程度对比

如表1所示，以印刷电路板领域 IPC 分类体系中的两个小组 H05K1/18（在结构上与非印制电气元件相连接的印刷电路）和 H05K3/46（多层电路的制造）为例，在细分程度上，CPC 分类体系在 IPC 分类体系的基础上增加了很多分类位置，为专利文献信息的准确归类和检索提供了更多便利。与 CPC 分类体系相比，F-Term 分类体系的分类位置数量又提高了一个数量级。日本在印刷电路板领域占据着举足轻重的地位，F-Term 分类体系又为日本专利文献提供了丰富的检索入口，因此 F-Term 分类号的使用对于印刷电路板领域的专利检索具有重要的作用。

表1　IPC、CPC、F-Term 分类号细分程度对比（以 H05K1/18 和 H05K3/46 为例）

分类号	IPC 分类位置	CPC 分类位置	F-Term 分类位置
H05K1/18	1	10	163
H05K3/46	1	34	266

（二）技术主题对比

CPC 分类体系基于 IPC 分类体系进行完善和扩充，因而 CPC 分类体系在技术主题方面包括并进一步扩大了 IPC 分类体系涉及的技术主题范围。多角度分类是 F-Term 分类体系的最大特点。F-Term 分类体系可以提供包括结构、方法、用途、目的、效果等多个方面的分类位置。以 H05K1/18 和 H05K3/46 两个小组为例，如表 2 所示，CPC 分类体系在结构和方法方面对 IPC 分类体系进行了细化，而 F-Term 分类体系则从结构、方法、材料、目的、问题、效果等多个方面提供了更为丰富的分类位置。多角度的分类方式使 F-Term 分类体系尤其适合用来去除检索噪声，提高检索精度和检索效率。

表2　IPC、CPC、F-Term 分类号技术主题对比（以 H05K1/18 和 H05K3/46 为例）

分类号	IPC 技术主题	CPC 技术主题	F-Term 技术主题
H05K1/18	在结构上与非印制电件相连接的印刷电路	与表面安装元件连接的	电子元件的安装结构
			印刷电路板的类型
		与安装在印刷电路板上的元件连接的	印刷电路板的部分结构
			电子元件的结构
			安装电子元件的附件
		以弹性或折叠印刷电路的使用为特征的	电子元件或附件的安装
			目的或效果
H05K3/46	多层电路的制造	以特殊电路板为特征	多层的形状或结构
		通过层叠两个或多个电路板	线路图形的形状或结构
		通过一层一层来形成多层的	多层的材料
			形成各层的方法
		制造交叉导体	形成多层的方法
			导电层的连接方法
		复合多层电路	制造、加工或处理方式
		有空腔	目的、问题或效果

（三）文献覆盖量对比

由于专利文献分类号标引规则的差异，不同分类体系在文献覆盖量方面也有所差别。以 H05K1/18 和 H05K3/46 两个小组为例，选取 VEN 数据库，如表 3 所示，整体来看，IPC 分类体系的文献覆盖量大于 CPC 和 F-Term 分类体系的文献覆盖量。因此，为使专利检索更加全面，在优先使用 CPC 与 F-Term 分类号进行准确检索无果时，需要及时将检索策略转移至 IPC 分类体系以获取更加全面的检索结果，防止漏检。

表 3　IPC、CPC、F-Term 分类号文献覆盖量对比

（以 H05K1/18 和 H05K3/46 为例）

单位：项

分类号	IPC	CPC	F-Term
H05K1/18	69451	37255	14744
H05K3/46	58945	27609	29376

三、印刷电路板领域不同分类体系结合检索案例分析

通过对印刷电路板领域的 IPC、CPC 和 F-Term 专利分类体系进行对比发现，不同的分类体系不仅分类细分程度不同，涉及技术主题的角度也有所区别。因此，在专利检索过程中如果能够充分结合各个分类体系的优势，跨越分类体系进行联用，则可能产生事半功倍的效果。下面针对三个采用不同分类体系进行结合检索的案例进行分析。

【案例1】

（一）案例分析

发明名称：利用技术主题互补的 CPC 与 F-Term 分类号快速定位对比文件

权利要求 1：一种复合基板如图 2 所示。其特征在于，包括：刚性基板，其层叠有芯层、绝缘层和配线层，具有第一厚度，在至少一边设置空缺部，第一连接端子从所述空缺部露出；柔性基板，其被接合于所述空缺部，包括与所述第一连接端子电连接的第二连接端子，具有比所述第一厚度小且比所述空缺部的深度小的第二厚度。

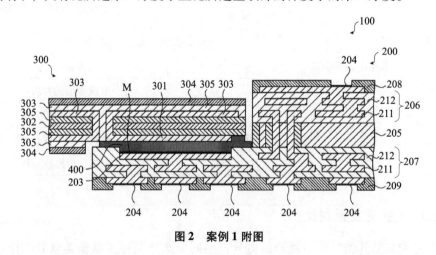

图 2　案例 1 附图

本案针对现有技术中柔性基板和刚性基板被层叠时存在复合基板难以薄型化的技术问题，提出如下技术方案：在刚性基板一边设置空缺部，将柔性基板接合于上述空缺部，并使其上的连接端子与刚性基板空缺部的连接端子电连接，同时柔性基板的厚度小于刚性基板和空缺部的厚度。上述技术方案可以实现复合基板的厚度小于刚性基板的厚

度，防止柔性基板的接合导致复合基板的厚度增加，从而实现复合基板的薄型化。

（二）检索策略

基于本案的发明点，确定权利要求 1 的基本检索要素为：刚柔结合板、柔性基板接合于刚性基板空缺部，柔性基板厚度小于空缺部厚度。由此确定检索采用的关键词为"rigid""flex＋""soft""composite""board""hole?""vacanc???""opening?""thick＋"等。初步检索过程如下：

1	VEN	2300	（（Rigid 1D（flex＋ or soft））2W board?）or （（composite 2W board?）and rigid and（flex＋ or soft））
2	VEN	733	（hole? or vacanc??? or opening?）S（rigid 2W board?）
3	VEN	257	（hole? or vacanc??? or opening?）S（（flex＋ or soft）2W board?）S thick＋
4	VEN	4	1 and 2 and 3

初步检索结果数量非常少，并且均为中文文献，未获得有效对比文件，究其原因主要在于英文关键词扩展不够全面。因此尝试转换检索思路，寻找可以更好规避关键词扩展限制的分类号进行检索。通过查找分类表，获得如下两个分类号：

CPC：H05K3/4691：包括刚性和柔性层的刚柔结合多层电路

F-Term：5E344/AA02：具有部分覆盖特征的平行布置的组装电路板结构

上述两个分类号比较准确地表达出本案的两个基本检索要素。利用上述两个分类号，结合关键词"thick＋"，继续进行检索如下：

5	VEN	3897	/ft 5E344/AA02
6	VEN	1557	H05K3/4691/cpc
7	VEN	2488925	thick＋
8	VEN	5	5 and 6 and 7

通过上述检索过程，在检索结果中获得一篇可以用来评述权利要求 1 创造性的 X 类对比文件 A（JP），如图 3 所示，其同样公开了一种柔性基板厚度小于刚性基板空缺部厚度的刚柔结合板，并且同样可以实现复合基板的薄型化。

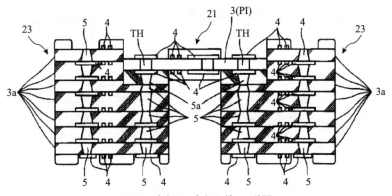

图 3　案例 1 对比文件 A 附图

（三）检索启示

由于语言习惯和文化的差异，部分人员在进行外文检索时不能全面准确地针对英文关键词进行扩展，这不仅降低了外文数据库的检索效率，还存在扩展不全导致漏检的风险，此时可以转换检索思路，寻找与发明点相关的分类号进行检索以规避上述劣势。在查找分类号时，不能拘泥于 IPC、CPC 或 FI/F-Term 等某一分类体系。如本案所示，虽然上述 CPC 分类号对应的技术主题在 F-Term 分类号中并不存在对应的分类位置，上述 F-Term 分类号的技术主题在 CPC 分类号中也不存在对应的分类位置，但是通过不同分类体系的结合检索就可以克服上述缺陷，并快速定位到与本案发明点最相关的专利技术，甚至可以评述本案新颖性和/或创造性的 X/Y 类对比文件。

【案例2】

（一）案例分析

发明名称：利用 F-Term 分类号的多角度分类特点为 IPC 分类号检索快速去噪。

权利要求 1：一种柔性双面超细线条互连线路板的制备方法如图 4 所示。其特征在于，所述制备方法包括以下步骤：①提供一个基底，于所述基底的第一面形成第一柔性材料层，于所述第一柔性材料层表面形成多个第一凹槽结构及若干个第一孔位结构；②于所述基底的第二面形成第二柔性材料层，于所述第二柔性材料层表面形成多个第二凹槽结构及若干个第二孔位结构，其中，所述第一孔位结构与第二孔位结构得按预设精度对准；③于所述第一孔位结构与第二孔位结构之间形成通孔；④于各第一凹槽结构及第一孔位结构内形成第一导电线路，于各第二凹槽结构、第二孔位结构内形成第二导电线

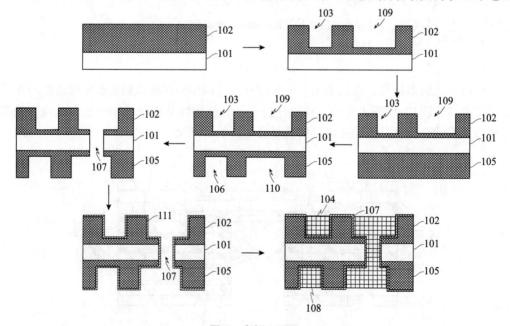

图4　案例2附图

路，所述第一导电线路及第二导电线路借由所述通孔电性连接，以形成两面互联线路。

本案针对柔性线路板采用传统技术难以实现小型化线宽、高布线密度的技术问题，提出采用模具压印的方法，在柔性基底的两面上分别形成凹槽结构和孔位结构，并形成通孔将两面连通，然后通过电镀或化学镀的方式形成导电层实现层间互连。上述技术方案可以实现减小线路线宽、提高布线密度的技术效果。

（二）检索策略

基于本案的发明点，确定权利要求 1 的基本检索要素为：柔性线路板、槽、压印、孔。由此确定检索的关键词为"soft""flex +""board?""plate?""groove?""cavit???""slot?""recess??""stamp +""NIL""imprint +"" + press +""via?""hole?"等。初步检索过程如下：

1	VEN	1042099	PCB or FPC or PWB or （（flex + or soft or Wir + or print + or circuit +）2W（board? Or plate?））
2	VEN	12562080	NIL or imprint + or stamp + or + press +
3	VEN	2243493	（groove? or cavit??? or slot? or recess??）and（via? or hole?）
4	VEN	16106	1 and 2 and 3

上述初步检索结果数量太多，究其原因主要在于关键词相对比较通用，噪声较大，因此尝试寻找相关的 IPC 分类号进一步进行限缩以减小噪声。通过查找 IPC 分类表，获得如下分类号：

H05K3/10：将导电材料按照形成所要求的导电图案的方式敷至绝缘支承物上的制造印刷电路的方法

采用上述 IPC 分类号再次进行检索：

5	VEN	275	4 and H05K3/10/low/ic

通过引入 IPC 分类号，上述初步检索的结果得到了限缩，但是由于本案涉及印刷电路板的制造方法，不能直接通过附图浏览筛选对比文件，因此其结果数量对于对比文件的筛选仍然存在难度。考虑到 F-Term 分类体系细分程度更高、分类角度更全，因此尝试寻找相关的 F-Term 分类号进行去噪。通过查找 F-Term 分类表，获得如下分类号：

5E346/HH25：多层印刷电路板的制造方法以提高线路密度

5E346/HH26：多层印刷电路板的制造方法以提供更精细的线路

利用上述两个 F-Term 分类号再次进行检索：

6	VEN	618	/ft 5E346/HH25 and 5E346/HH26
7	VEN	4	5 and 6

通过上述检索过程，成功将检索结果限缩到很小的范围，并且在 4 个检索结果中获得一篇可以用来评述权利要求 1 创造性的 X 类对比文件 A（JP），如图 5 所示，其发明构思与本案相同，并且公开了权利要求 1 的大部分技术特征。

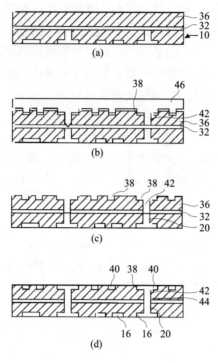

图 5　案例 2 对比文件 A 附图

（三）检索启示

对于很多发明点在于针对常规技术进行简单改进的技术方案，尤其是涉及方法的技术方案，如案例 2，用来表达其基本检索要素的关键词通常为非常通用的技术术语，这会导致在采用这些关键词进行检索时出现非常多的噪声。基于"分类号＋关键词"的检索策略，通常会引入 IPC 分类号进行限缩以去除部分噪声，缩小对比文件的筛选范围。然而，由于 IPC 分类号的细分程度有限，采用 IPC 分类号进行限缩有时并不能满足快速筛选对比文件的要求，而对于 F‑Term 分类号来说，其细分程度较高，并且分类的角度更加全面，尤其是其包括有关目的、效果、问题或应用的分类角度，这一角度的恰当使用对于检索结果的限缩有时可以产生事半功倍的效果，大大提高对比文件筛选的效率。

【案例3】

（一）案例分析

发明名称：CPC 与 F‑Term 分类号分组结合检索以避免遗漏有效对比文件。

权利要求 1：一种基于大容量叠层电容的印刷电路板（PCB）结构如图 6 所示。其特征在于，包括：至少一个第一大容量叠层电容、PCB 板以及与所述第一大容量叠层电容相同个数的第二大容量叠层电容；所述第一大容量叠层电容设置在所述 PCB 板平面的第一位置；所述第二大容量叠层电容设置在所述 PCB 板平面的第二位置；所述第一大容量叠层电容在所述第一位置产生的压电效应带来的第一震动作用在所述 PCB 板的第一震动方向与所述第二大容量叠层电容在所述第二位置产生的压电效应带来的第二震动作用在所述 PCB 板的第二震动方向相反，且所述第一震动作用在所述 PCB 板的第一震动强度与所述第二震动作用在所述 PCB 板的第二震动强度之差小于预设阈值；所述预设阈值小于所述第一震动强度和所述第二震动强度中的最小值。

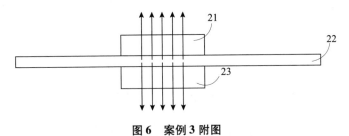

图 6 案例 3 附图

本案针对现有移动终端中大容量叠层电容由于压电效应产生的震动传递到 PCB 板上引起 PCB 板产生震动噪声的技术问题，提出将大容量叠层电容分别设置于 PCB 板两侧，其由于压电效应带来的震动作用在 PCB 板的震动方向相反，使得最终作用在 PCB 板的震动强度为两个大容量叠层电容产生的压电效应带来的震动作用在 PCB 板震动强度之差，从而减小作用在 PCB 板的震动强度，减少震动噪声。

（二）检索策略

基于本案的发明点，确定权利要求 1 的基本检索要素为：PCB 板、电容、两侧、震动。与案例 2 类似，用来表达上述基本检索要素的关键词大多比较通用，可以预计采用关键词进行检索会出现大量噪声。同时，与本案关键技术手段相关的技术主题比较常见，可以预期能够找到与技术主题比较相关的分类号。通过查找 CPC 和 F－Term 分类表，在两种分类体系中均找到了相关技术主题的分类位置。列出如下：

CPC：

H05K2201/10545：相关元件安装在 PCB 的两侧

H01G2/065：用于表面安装于 PCB 上的（片式）电容器

F－Term：

5E336/AA14：印刷电路板上多个电子元件安装在印刷电路板两侧

5E336/CC53：印刷电路板上电子元件为电容

上述两组分类号的技术主题含义非常接近。分别采用上述两组分类号进行检索：

1	VEN	895	/ft 5E336/AA14
2	VEN	2010	/ft 5E336/CC53
3	VEN	740	/cpc H05K2201/10545
4	VEN	955	/cpc H01G2/065
5	VEN	191	1 and 2
6	VEN	9	3 and 4

通过上述检索过程，在检索式 5 和检索式 6 的检索结果中各获得一篇可以用来评述权利要求 1 创造性的 X 类对比文件 A（JP）、对比文件 B（CN），如图 7 所示。

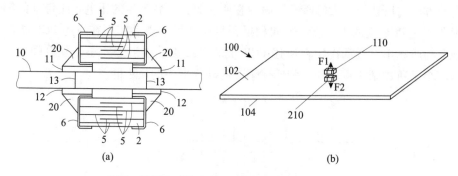

(a)   (b)

图 7   案例 3 对比文件 A 附图和对比文件 B 附图

以上检索过程通过将同一分类体系的分类号进行相与获得了有效对比文件，如果将代表同一技术主题含义的分类号换为不同分类体系进行相与，是否会出现新的检索结果，甚至新的有效对比文件呢？下面继续进行检索：

7	VEN	2	1 and 4
8	VEN	16	2 and 3
9	VEN	4	(7 or 8) not (5 or 6)

通过进一步检索发现，采用不同分类体系的分类号进行相与，的确获得了新的检索结果。通过详细浏览发现，在这些新的检索结果中，也包含一篇可以用来评述权利要求 1 创造性的 X 类对比文件 C（JP），如图 8 所示。

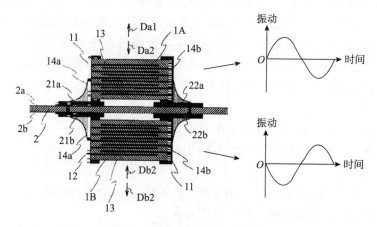

图 8   案例 3 对比文件 C 附图

（三）检索启示

随着 CPC、F-Term 等分类体系日益更新和完善，各分类体系涉及的技术主题范围也不断扩大和融合，出现如案例 3 所示的同一技术主题对应多个分类体系的分类号的状况也会越来越多，此时不应拘泥于同一分类体系的分类号之间的检索操作，应针对不同分类体系的分类号进行分组结合检索，以便更加全面地获取与技术方案相关的现有技术，避免遗漏有效对比文件。

四、结论

本文以印刷电路板领域为例，结合该领域相关案例进行检索策略分析，发现不同分类体系进行结合检索有助于提高专利检索的有效性和效率。例如，利用技术主题互补的不同分类体系的分类号进行结合检索可以规避同一分类体系技术主题不全面的缺陷，多角度分类的 F-Term 分类号可以有针对性地大幅限缩检索结果以实现对比文件的快速筛选，将多个分类体系同一技术主题对应的分类号进行分组结合检索能够更加全面地获取相关现有技术。因此，不同分类体系的恰当结合使用对于提高检索效率具有重要意义，也将有助于专利审查效能的快速提升。

参考文献

［1］严辉，蔡志龙. CPC 分类号减少检索对关键词依赖［J］. 科学技术创新，2019（33）：86－87.
［2］蔡智勇. 基于 CPC 分类号在信息检索的有效检索策略［J］. 科技创新导报，2018（23）：136－137.

区块链领域专利申请检索策略初探

摘　要　新领域新业态专利申请的高质量审查，是激励创新发展的基础保障。本文从区块链技术发展的趋势和特性出发，结合区块链领域专利申请的特点，归纳总结了涉及区块链的专利申请的基础检索策略和特色检索策略，有助于提高区块链领域的文献检索能力，作好审查保障。

关键词　区块链　检索策略　效率

一、引言

区块链技术作为新兴技术，出现以来的十年间发展迅速。最近几年，其相关专利申请的数量也呈爆发式增长，目前在中国的申请量已经超过了 10 万件，新兴领域的技术创新迫切需要得到知识产权的保护。专利审查是专利保护的源头和专利工作的基础，而检索又是专利审查质量和审查效率双提升的关键步骤，从这个意义上来说，检索能力是优质高效的发明专利实质审查的重要一环。面对区块链这一新兴热点技术，一方面由于所学专业背景的差异以及专业领域的局限性，另一方面由于区块链技术更新和发展非常迅速，检索人员难以保证自身知识储备与技术更新和发展的实时同步，这给检索策略的制定、关键词的扩展带来不少困难。

鉴于此，笔者结合区块链领域专利申请以及区块链技术的特点，归纳总结了涉及区块链的专利申请的几种典型检索策略，并利用多个案例进行介绍说明，希望能够为该领域的专利审查工作提供具有实用性的参考。

二、基础检索策略

（一）确定技术发展阶段，充分利用互联网资源检索

从技术层面来讲，区块链是一种按照时间顺序将数据区块以顺序相连的方式组合成

的链式数据结构，并且以密码学的方式保证的不可篡改和不可伪造的分布式账本。如表1所示，自诞生以来的短短十年间，其架构从最初的电子货币区块链1.0时代快速演进为以实现价值互联网为方向的区块链3.0时代。

表1 区块链技术发展演进[1]

区块链发展阶段	典型事件
2009—2014年（区块链1.0）	区块链技术起源：比特币系统公布
2014—2017年（区块链2.0）	区块链开源项目发布：以太坊，超级账本等出现，区块链协议层和框架层优化，智能合约支持，公有链和联盟链方向出现
2017年至今（区块链3.0）	商业应用项目爆发：去中心化互联网、价值互联网、去中心化社会治理，区块链在不同行业的应用探索，向3.0进化

因此，若技术方案实质上是区块链系统或区块链项目，则可通过对权利要求撰写、说明书内容以及说明书附图的分析，发现其技术方案所涉及的完备、清晰的区块链技术架构以及技术参数等细节设定。首先，可以根据专利申请的申请日（结合表1）确定技术方案涉及的区块链技术所处的发展阶段；其次，这种区块链系统或区块链项目通常是大型开发的，应充分考虑其系统开发、架构设置和参数设置的特点，结合互联网记载广泛、传播迅速的优势，将申请文件中记载的与上述特点相关的内容加以提炼，优先在互联网资源检索，往往能取得事半功倍的效果；最后，由于区块链技术的蓬勃发展，近年来，互联网资源关于区块链技术内容记载的数据量非常大，在海量数据中可以结合预先确定的技术方案涉及的区块链技术所处的发展阶段来进行时间限定，进一步提高检索效率。

【案例1】

某案涉及开发去中心化的威胁情报交换共享应用，提出一种基于区块链的威胁情报交换共享方法。威胁情报生产者可在威胁情报区块链系统发布威胁情报需求，威胁情报消费者可选择是否订阅威胁情报。双方通过智能合约有机结合在一起，威胁情报的订阅使用情况自动记录在区块链上，威胁情报信誉具有不可篡改性，提升了威胁情报评估的自动化和客观性，也促进了威胁情报的有效利用和自动化交易。相关权利要求的内容如下。

1. 一种基于区块链的威胁情报交换共享方法，其步骤包括：

（1）设置一个威胁情报区块链系统，其包括威胁情报区块链、同步节点和若干维护节点；用户在该威胁情报区块链注册成为威胁情报区块链用户，获得对应的公钥和私钥；其中，威胁情报用户为威胁情报生产者、威胁情报消费者，或者既是威胁情报生产者又是威胁情报消费者。

（2）威胁情报生产者在威胁情报区块链系统上设定好智能合约内容，用私钥对该智能合约内容签名后发布到威胁情报区块链上。

（3）威胁情报消费者通过同步节点从威胁情报区块链上同步签发的智能合约内容，并用自己的私钥对该智能合约签名后通过威胁情报区块链系统进行广播。

（4）维护节点将该智能合约中的内容解析出来并打包到新威胁情报区块 A 中。

（5）将该新威胁情报区块 A 广播到威胁情报区块链系统中，如果设定比例的维护节点对该新威胁情报区块 A 达成共识后，将其添加到威胁情报区块链中。

（6）维护节点在确认智能合约的有效性后，达成共识并创造新的威胁情报区块 B 并通过威胁情报区块链系统进行广播；该威胁情报区块 B 记录交易信息、智能合约和威胁情报订阅数据。

......

5. 如权利要求 3 所述的方法，其特征在于，在同一记账周期内，各维护节点分别根据从该智能合约中解析出的威胁情报传播贡献值和随机数，判断是否由自己来获取威胁情报区块链系统用户节点数据统计权，并将威胁情报区块 A 链接到前一威胁情报区块；其中，威胁情报区块链系统用户节点包括威胁情报生产者、威胁情报消费者。

......

10. 如权利要求 1 所述的方法，其特征在于，所述威胁情报区块链中威胁情报区块的区块头封装了父块 Hash、版本号、维护节点地址、区块序号、Bloom 过滤器、当前通证总量、通证使用量、难度级别、附加数据、混合摘要、随机数、交易根、贡献根、智能合约根、密钥根、状态根以及收据根。其中，交易根、贡献根、智能合约根、密钥根分别是交易树、有效贡献树、智能合约树的根节点 Hash 值，交易树、有效贡献度树和密钥树是由 Merkle Patricia 树构造而成的。

第一，理解发明，从发明解决的技术问题入手，结合区块链技术领域以及技术方案中所涉及的威胁情报区块链系统中的架构设置和参数设置等具体内容（例如，说明书附图 1、2 中设置的智能合约情报共享平台、矿工节点、共识器、情报数据同步节点，权利要求 5 中"各维护节点分别根据从该智能合约中解析出的威胁情报传播贡献值和随机数，判断是否由自己来获取威胁情报区块链系统用户节点数据统计权"，权利要求 10 中"区块头封装了父块 Hash、版本号、维护节点地址、区块序号、Bloom 过滤器、当前通证总量、通证使用量"），分析权利要求保护的技术方案实际上是完备、清晰的一整套区块链系统，并不是在系统中仅应用区块链的某一特性（比如不可篡改、可追溯、去中心化等）来优化性能，而是系统自身建立了区块链数据层（区块头封装、打包）、网络层（自动广播全网）、共识层（工作量证明、记账、统计权）、合约层（威胁情报智能合约），这种系统通常是大型系统开发的。结合申请日可知，该技术很可能处于区块链 3.0 阶段。

第二，在充分理解发明的基础上，提取数据层中定义较特殊、较准确的区块头封装（父块 Hash、版本号、维护节点地址、区块序号、Bloom 过滤器）作为关键词进行检索，并考虑新兴区块链技术在互联网上记载更多、传播更快，优先在互联网资源中检索，并在电子发烧友网站发现一篇题为"区块链技术的数字广告平台，如何重新定义浏览器"的文章，可用于评述本申请的创造性。若利用上述关键词进行互联网检索得到的结果数据量过大，则可结合区块链 3.0 阶段的年份作进一步限定，以提高检索效率。

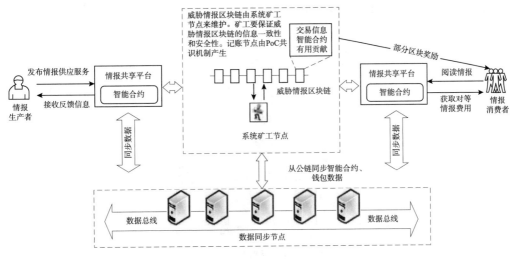

图 1　案例 1 发明整体框架

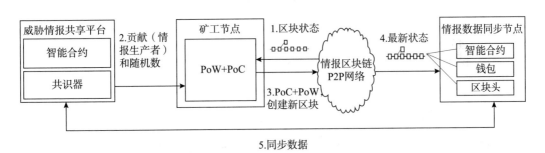

图 2　案例 1 发明平台架构

（二）合理使用分类号，排除噪声文献

区块链作为近十年才出现并快速发展的新兴技术，与其他领域的交叉性较强，如与大数据、物联网、SDN 等传统技术的结合，这些领域交叉以及领域内部分支之间的交叉，在分类信息中体现为一个申请同时具有隶属于不同部、不同大类或者不同小类的分类号，这往往会对分类员造成干扰，造成原分类号不准确或不全面。相应地，检索人员在检索时就不太容易确定最准确的分类号。虽然 IPC 分类号每年更新，但是其更新的速度、频率远不及技术的更新快。很多领域都没有细分，这种情况在新兴技术领域尤为突出。这样采用 IPC 分类进行准确的检索几乎是不可能实现的。

转而尝试利用关键词对涉及区块链的专利申请进行划界，首选关键词往往有"区块链、跨链、上链"，这时会产生大量噪声，比如区块链接、密文区块链、密码区块链以及机械领域的跨链、上链，如果文献量较大又没有合适关键词进一步限定，为了减少噪声，可以使用 IPC 分类号进行去噪。

使用 incoPat 语义检索区块链相关专利申请（检索日期为 2022 年 12 月），经过统计得出涉及 IPC 分类号大组的情况如图 3 所示，可使用图 3 中统计出的分类号大组对专利申请的技术领域关键词表达进行去噪。

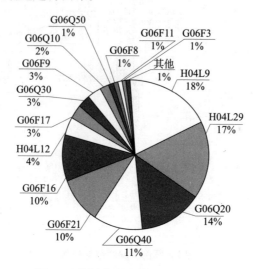

图 3　区块链专利申请 IPC 分布情况

三、特色检索策略

（一）区块链技术分支检索

　　针对区块链系统所涉及的重要支撑技术进行分析，按照"技术—技术构成"的方式，遵循"符合行业标准、认知、习惯"与"便于专利数据检索、标引"二者统一的原则，将区块链支撑技术分为数据层、网络层、共识层、激励层和合约层，具体分解情况如表 2 所示。数据层包括区块数据、加解密、时间戳、哈希技术、链式结构、数据管理技术、数据验证机制 7 项技术；网络层包括 P2P 网络和分布式组网 2 项技术；共识层包括共识算法和共识流程预处理 2 项技术；激励层包括发行机制和分配机制 2 项技术；合约层包括智能合约和脚本代码 2 项技术。[2]基于时间戳的链式区块结构、分布式节点的共识机制和灵活可编程的智能合约是区块链技术最具代表性的创新点。[3]

表 2　区块链支撑技术分解表

	区块数据
	加解密
	时间戳
数据层	哈希技术
	链式结构
	数据管理技术
	数据验证机制

网络层	P2P 网络
	分布式组网
共识层	共识算法
	共识流程预处理
激励层	发行机制
	分配机制
合约层	智能合约
	脚本代码

专利申请的技术方案很可能涉及区块链技术某一分支（数据层、网络层、共识层、激励层、合约层中的某一分支）的技术改进。以共识层为例，在 20 世纪 80 年代出现的分布式系统共识算法，是区块链共识算法的基础，区块链技术正是运用一套基于共识的数学算法，在节点之间建立"信任"网络，从而通过技术背书而非中心化信用机构来达成一致性。由于涉及具体的某一分支，往往会存在较为准确的关键词，如共识、工作量证明、权益证明、随机数、推举、选举等，对于新兴领域来说，使用准确的关键词进行检索可以将检索结果限定在该特定方向，从而提高检索结果的相关性，并大大减少浏览量，提高效能。下面以具体案例来进行说明。

【案例 2】

某案涉及联盟链中随机推举记账者，基本原理是联盟的每一个成员（联盟各成员的节点服务器或终端，也称节点）随机产出一个随机数，每个成员将收到的其他所有成员的随机数和自己的随机数以函数 f1 计算，获得基准值，再以随机数和基准值通过函数 f2 计算，并基于预设特征进行最终的数值选择过程，最终将持有对应随机数的节点确定为候选记账者节点。如果有多个节点被确定为候选记账者节点，则它们之间按此方式再进行一次推举。通过递归，最终推举一位记账者。该方法效率高，随机、公正、公平，能够实现去中心化的联盟链节点推举记账者。权利要求 1 的内容如下。

一种区块链随机数共识推举方法，其特征在于包括：

联盟内所有特定节点分别产生随机数 xi；

所有特定节点之间互相同步随机数 xi；

每个特定节点首先通过预设函数 f1 获得全部随机数的基准值 M，其次通过预设函数 f2 获得随机数 xi 与基准值 M 之间的记账者函数值 J，选取该记账者函数值 J 与随机数 xi 满足预设特征所对应的节点 Pi 作为候选记账者；

所有特定节点之间相互同步候选记账者及参与平均值计算的节点数量值，并推举出记账者。

可见，本申请涉及区块链支撑技术中的共识层—共识算法，该技术分支存在较为准确的关键词。基于本申请的发明构思：通过随机数产生、同步随机数、函数运算、对比预设特征的过程来随机推举记账者。结合其改进所涉及的具体方向为共识层，可以快速确定关键词为共识/记账、推举/选举、随机数、函数/运算，中文库检索过程如下（基于同样的检索策略，外文库检索过程略）：

1	CNTXT	54297	共识 or 记账
2	CNTXT	19812	推举 or 选举
3	CNTXT	100763	随机数
4	CNTXT	1790968	函数 or 运算
5	CNTXT	178	1 and 2 and 3 and 4
6	CNTXT	16128296	PD < 20170830
7	CNTXT	14	5 and 6

经过检索得到的文献量较少，浏览现有技术文献发现，现有技术中并没有通过上述方式来进行公示记账者推举的，因此申请的技术方案具有创造性。

（二）区块链应用场景类申请检索

区块链作为一项新兴前沿技术，热度不减，在专利申请中，是否利用了包含区块链的技术手段解决其声称的技术问题，还是仅利用了区块链这一概念"蹭"热度，是我们在检索中应该加以区分的。如果是利用包含区块链的技术手段解决了声称的技术问题，那么基本检索要素中就必然要包括区块链；如果仅是利用了区块链这一概念，进行应用场景或功能扩展，并未利用区块链技术本身作出创造性贡献，则在构建或调整检索策略时，应考虑不将区块链作为基本检索要素，以避免漏检。下面以具体案例进行说明。

【案例3】

某案涉及一种基于区块链技术的安全发布订阅系统。权利要求1的内容如下。

一种基于区块链技术的安全发布订阅系统，其特征在于，所述系统包括密钥服务器、消息订阅客户端、消息发布服务器以及区块链。所述区块链包括多个区块链节点，其中：

所述密钥服务器用于基于所述消息发布服务器的授权发布时间，向该消息发布服务器分配密钥，以及基于所述消息订阅客户端的属性值和授权访问时间，向该消息订阅客户端分配密钥。所述密钥包括主私钥、系统公钥、第一私钥、第二私钥。其中，所述第一私钥用于消息发布服务器，所述第二私钥用于消息订阅客户端。

所述消息订阅客户端用于基于订阅关键字生成与该订阅关键字对应的陷门值，基于自身的属性值生成预解密密钥，并将所述陷门值和所述预解密密钥发送至所述区块链节点；以及基于所述第二私钥生成解密密钥。

所述消息发布服务器用于基于所述第一私钥对消息以及该消息对应的关键字集合进行加密处理，分别生成与所述消息对应的密文以及与所述关键字集合对应的加密标签，并将所述密文上所述加密标签发送至所述区块链节点；其中，所述密文中携带有与该密文相关联的访问控制策略。

所述区块链节点用于验证所述消息订阅客户端的属性值是否满足所述消息发布服务器的访问控制策略，以及验证所述加密标签是否与所述陷门值匹配，并在验证通过后将预解密密文发送至所述消息订阅客户端；所述预解密密文通过对所述密文进行预解密处理后得到。

通过对技术方案进行整体分析，初步确定以下检索要素：①安全发布订阅系统（实质为包括订阅者、发布者、可信密钥分发机构、验证机构的系统）；②验证规则（消息订阅客户端的属性值是否满足消息发布服务器的访问控制策略；加密标签是否与陷门值匹配）；③区块链节点验证。

申请的技术方案比较复杂，但技术领域较为明确，涉及网络通信中的发布/订阅系统，关键词扩展后经检索未能检索到覆盖全部检索要素的对比文件。此时再次理解发明，站位本领域技术人员针对技术方案中较为独特的"区块链节点验证"进行分析，发现区块链节点所完成的验证功能普通服务器即可实现，权利要求 1 中并未限定如何利用区块链技术来实现或改进验证过程，即权利要求 1 中仅是利用了区块链这一概念，进行了发布/订阅系统应用场景的扩展，并未利用区块链技术本身作出创造性贡献，因此考虑调整检索策略，不再将区块链节点验证作为基本检索要素重新构造检索式，由此检索到 X 类对比文件，公开了发布/订阅环境中的用户属性访问控制。

四、结语

区块链领域具有其独特的发展历程和模式特点，因此其检索策略也具有一定的针对性。由于该领域与加密、哈希计算、merkel 树等领域存在技术交叉，且已发展为一种常态，因此增加了该领域的检索难度。本文基于区块链领域技术特点，梳理了涉及区块链领域典型专利申请，并结合实际案例总结出相应检索策略，以期为相关领域的检索提供一定借鉴和启发。

参考文献

［1］2018《华为区块链白皮书》［EB/OL］.（2018 – 04 – 20）［2018 – 12 – 14］. http：//www. sohu. com/a/228948608_654086.

［2］国家知识产权局学术委员会. 产业专利分析报告：区块链：第 66 册［M］. 北京：知识产权出版社，2019.

［3］梁力军. 互联网金融审计：新科技—新金融—新审计［M］. 北京：北京理工大学出版社，2017.

浅谈准确理解发明在专利检索中的作用

王 青

摘 要 检索由理解发明开始，准确理解发明可以促使相关人员站位本领域技术人员角度充分高效检索，而检索的过程也是全面了解现有技术、加深对发明理解的过程，准确理解发明和充分高效检索相辅相成。本文基于理解发明在整个审查工作中的重要性，分析理解发明与检索之间的相互作用关系，阐明对理解发明程度的把控原则，并结合审查实践中的不同案例阐述了简化和抽象理解发明原则的适用情形及具体实施过程，对提升检索效率，进而提升审查工作效率，具有重要参考意义。

关键词 理解发明 检索 效率

一、理解发明与检索的作用关系

习近平总书记在十九届中央政治局第二十五次集体学习时指出："创新是发展的第一动力，保护知识产权就是保护创新。"全面建设社会主义现代化国家，必须更好推进知识产权保护工作。作为知识产权保护类型之一专利权的保护，做到公平、公正、准确、及时始终是我们秉持的审查原则，而准确地理解发明必然是整个实质审查工作的奠基石。

我国《专利审查指南 2010（2019 年修订）》第二部分第八章第 4.2 节中指出："审查员在开始实质审查后，首先要仔细阅读申请文件，并充分了解背景技术整体状况，力求准确地理解发明。"理解发明的本质就是"审查员应根据申请公开的内容，认定申请事实，把握发明的实质"，即在检索之前，完成所审查申请的事实认定工作。理解发明是"围绕发明所要解决的技术问题、解决所述技术问题的技术方案和该技术方案所能带来的技术效果，确定发明能够解决的技术问题和所采用的技术手段"。

在实际审查过程中，存在漏检、多通、补充检索等问题。不能准确理解发明，是漏检的主要原因；不能全面理解发明是导致首次检索不充分，进而导致多通、补充检索的主要原因。因此，准确全面理解发明有助于站位本领域技术人员的角度，对案件进行充分的首次检索。

"准确理解发明足以使得审查员站位本领域技术人员，进而进行充分的首次检索，明确审查的走向，提高通知书效能，提高结案的正确性、准确性，缩短结案周期。准确理解发明保证了检索的方向和质量，是提质增效的有力抓手。"[1]

针对不同的具体案例，技术方案的复杂程度具有较大差异。根据长期的工作实践，笔者认为：对于较为复杂的专利申请，一方面需要检索者深入理解技术方案的实质才能确定检索的主题，理解技术方案的实质是准确确定申请主题的关键技术手段，而申请主题的关键技术手段最终影响到检索过程的顺利与否和结果的准确性；另一方面还需要根据已有的检索过程和结果对后续检索范围进行动态的扩展、选择和调整。检索的过程同时也是学习领域现有技术（公知常识）的过程，检索者还需要根据自己的检索结果，不断审视对发明的理解是否深入、准确，并不断调整检索策略，完善检索过程。

"在审查实践中，检索与理解发明之间并不存在机械的先后关系，而是一种动态关系，通过检索不断获得现有技术，将现有技术与发明进行对比，在这种对比过程中不断加深对发明的理解，进而调整检索策略，获得更为准确的现有技术，再与发明进行对比，如此不断反复。这种检索和理解发明的过程，也有助于更加合理站位本领域技术人员，作出正确的审查结论。"[2]

二、发明理解程度的把控原则

检索是发明专利申请实质审查程序中的一个关键步骤，其目的之一是找出与申请的主题密切相关的现有技术。准确理解发明有助于高效、准确地进行检索以及事实认定和法律适用，是保证审查质量、提高审查效率的基础。然而，在审查实践中，由于现有技术知识储备的有限性，以及专利申请所涉及技术方案的日益复杂性，审查员有时并不会在一开始就对发明技术方案有准确把握，也就难以在开始审查时合理站位本领域技术人员来准确理解发明，进而难以有效地开展检索。如何准确地理解发明，在审查实践中有不少行之有效的方法。理解发明的过程通常更多是关注发明本身，从各个层面和维度进行理解。

但随着科学技术的不断发展，各学科领域技术手段不断增强，不同学科领域也会不断交叉渗透，致使专利申请的技术方案复杂多样。此时，对每一件专利申请案件的各个技术细节都进行全面、准确、透彻的理解就变得不切实际了，势必是无法实现的。同时，现有技术的文献数量也随着时间持续增长。因此，每一件专利申请的检索工作都是一项面临挑战的工作。此时，理论上对每一件案件的各个技术细节都进行全面理解和检索在实际的审查工作中是不能完全实现的，同时也不符合提质增效的时代要求。

在《专利审查指南2010（2019年修订）》第二部分第七章中阐释了中止检索的原则："从理论上说，任何完善的检索都应当是既全面又彻底的检索。但是从成本的合理性角度考虑，检索要有一定的限度。审查员要随时根据已经检索出的对比文件的数量和质量决定是否应当中止检索。考虑的原则是用于检索的时间、精力和成本与预期可能获得的结果要相称。"而理解发明同样存在理论与实际的平衡取舍，理论上，对于申请案件的理解通过补充学习相关知识均能够实现全面深度的理解，但是实际上，随着科学技术进步，各学科领域技术手段不断改进以及相互交叉渗透，专利申请的技术方案越来越错综复杂、变化多样。因此考虑时间成本因素，理解发明也要有一定程度的限定。

理解发明从理解发明的本质要求出发，可以进行全面准确的理解，通过阅读申请文件，结合说明书的内容，快速准确地获取检索所需的关键词；如有必要检索现有技术，全面了解现有技术的状况，以达到系统透彻的全面理解；从解决技术问题出发，对申请涉及的发明内容进行合理的简化、抽象和综合理解。其中，简化、抽象理解发明的原则为：一方面，申请文件中的部分内容未涉及发明方案的实质内容，并且不会有碍后续检索工作的开展，则该内容可以进行简化抽象的理解；另一方面，申请文件中的部分内容涉及发明的实质，但对其进行进一步的理解对检索工作并不会带来更多有益的效果，此时，该内容可以进行简化抽象的理解。

接下来，结合案例对如何对理解发明程度作把控进行说明，结合几个案例分析说明在何种情形下，理解发明可以作简化抽象的理解。

【案例1】

案例1涉及一种确定社交网络中社区结构的方法，解决如何基于社交网络中用户的地理位置发现社区结构的技术问题。为了解决上述问题采用的技术手段为，将社交网络中的用户映射到其所在的地理区域，基于用户交互数据创建地理区域交互网络，并通过边可交换模型对地理区域交互网络中的连边和地理节点进行聚类，基于连边和地理节点的聚类结果确定社区结构。

对上述案例进行分析，不难发现，本申请确定社交网络中社区结构的关键点在于"边可交换模型"，通过对申请文件的全面理解，发现本申请采用的边可交换模型具体为"MDND模型"，基于此，通过社交网络，在外文非专利库检索MDND关键词的英文表述social network、MDND，得到能够评述本申请新创性的对比文件。

本案例说明，经过全面理解发明能够帮助我们快速准确地获取对比文件，尤其是说明书中涉及的而权利要求中未体现的发明内容关键点，通过全面理解发明能够快速准确地确定检索关键词。

【案例2】

案例2涉及一种风力发电系统大工况范围控制方法，其特征在于，包括如下步骤。

步骤1：根据风力发电系统各部件的物理特性构建风力发电系统微分方程模型，得到其机制模型。利用机制方程，选择转子转速 ω_r、发电机转速 ω_g、传动轴前后位移偏差 δ 和桨距角 β 为状态变量，分别记为 x_1，x_2，x_3，x_4，$x = [\omega_r, \omega_g, \delta, \beta]'$，并建立风力发电系统的非线性模型，将非线性模型写成仿射的状态空间的形式，记其中非线性状态矩阵为 $f(x)$，线性的输入矩阵为 G，非线性模型写为：$\dot{x} = f(x) + Gu$。其中

$$f(x) = \begin{bmatrix} \dfrac{T_m}{J_r} - \dfrac{B_{DT}}{J_r}x_1 + \dfrac{B_{DT}}{J_r N_g}x_2 - \dfrac{K_{DT}}{J_r}x_3 \\[3mm] \dfrac{B_{DT}}{J_g N_g}x_1 - \left(\dfrac{B_{DT}}{J_g N_g^2} + \dfrac{B_g}{J_g}\right)x_2 + \dfrac{K_{DT}}{J_g N_g}x_3 \\[3mm] x_1 - \dfrac{1}{N_g}x_2 \\[3mm] -\dfrac{1}{\tau_\beta}x_4 \end{bmatrix}, \quad G = \begin{bmatrix} 0 & 0 \\[2mm] 0 & \dfrac{B_g}{J_g} \\[2mm] 0 & 0 \\[2mm] \dfrac{1}{\tau_\beta} & 0 \end{bmatrix}$$

式中：T_m 为风力发电系统的叶轮转矩；B_{DT} 为风电机组的传动轴弹性系数；K_{DT} 为风电机组的传动轴扭转系数；J_r 为叶轮转动惯量；N_g 为齿轮箱传动比；B_g 为发电机转矩 – 转速曲线斜率；J_g 为发电机转动惯量；τ_β 为变桨执行机构惯性时间常数；$u = [\beta_d,$ $\omega_z]'$，为控制参数中的桨距角设定值和发电机转速设定值，$u = [\beta_d, \omega_z]'$ 用于表明 u 由两部分参数构成。

步骤 2：设输出参数 $y = h(x) = [\omega_r, \delta]'$，判断 $L_G L_f h$ 的值，$L_G L_f$ 表示 h 的李导数，验证判断 $L_G L_f h$ 的非零行，当 $L_G L_f h$ 不等于 0 时，进行几何线性化。

步骤 3：选择状态参数中的 x_1 和 x_3，计算其一阶和二阶李导数。

步骤 4：构建微分同胚结构 φ，映射得到几何线性化后的风电机组额定风速以上工况大范围线性模型，记为 $\dot{z} = Az + Bv$。其中，z 为新的状态空间变量；A 和 B 分别为微分同胚后的线性系统状态和输入矩阵；v 为线性模型的输入参数且 $v = f_z + G_z u$。

微分同胚结构 φ 为 $\varphi(x) = [x_1, L_f x_1, x_3, L_f x_3]'$，经过微分同胚，得到的新状态空间模型为 $\dot{z} = Az + B(f_z + G_z u)$。其中，各变量分别为

$$z = \begin{bmatrix} \omega_r \\ \dot{\omega}_r \\ \delta \\ \dot{\delta} \end{bmatrix}, \quad A = \begin{bmatrix} 0 & 1 & 0 & 0 \\ 0 & 0 & 0 & 0 \\ 0 & 0 & 0 & 1 \\ 0 & 0 & 0 & 0 \end{bmatrix}, \quad B = \begin{bmatrix} 0 & 0 \\ 1 & 0 \\ 0 & 0 \\ 0 & 1 \end{bmatrix}$$

$$f_z = \begin{bmatrix} L_f^2 h_1 \\ L_f^2 h_2 \end{bmatrix}, \quad G_z = \begin{bmatrix} L_{G_1} L_f h_1 & L_{G_2} L_f h_1 \\ L_{G_1} L_f h_2 & L_{G_2} L_f h_2 \end{bmatrix}$$

步骤 5：对几何线性化后的风电机组大工况范围模型的极点分布，构建包括最右边界线、最大扩张角、最大分布半径的目标极点区域，并利用区域极点配置的方法，计算得到反馈控制率 $v' = Kz$；反馈增益矩阵 K 通过区域极点配置的方法计算得到。

步骤 6：结合以上几何线性化和微分同胚，计算真实系统控制率 $u = -G_z^{-1} f_z + G_z^{-1} K\varphi$；利用得到的微分同胚结构 φ 计算真实系统控制率对所建模机组进行测试，分析其动态性能，包括系统是否超调、超调量大小、调节时间长短和是否存在稳态误差。

步骤 7：利用鲁棒控制中区域极点配置的方法来构造目标极点区域，这一区域的边界由以下各部分构成。

最右边界线，即虚轴左侧某一与虚轴平行的直线，限制目标极点调节区域的最右

边界。

最大扩张角，限制目标极点区域中，复极点与原点的最大夹角，来实现对动态特性的调节。

最大分布半径，即目标极点区域的最后边界。

在对这三个边界进行设置以后，分别调整目标极点区域的最右边界线、最大扩张角、最大分布半径，返回步骤5，重复步骤5、6、7进行系统动态性能调节，直到变桨动作速率在速率限制以下，在扰动工况下，机组功率输出稳定，转速、转矩参数波动平缓，变桨动作平缓。

步骤8：结束计算，并保存当前真实系统控制率 u'，作为所设计机组的大工况范围控制器。

以上是权利要求1的全部内容，并且其说明书也是将权利要求中的步骤1~8进行了重复描述。面对此案，是否需要将步骤1~8的各步骤内容进行全面透彻的理解？对此，我们结合简化抽象理解发明的原则进行分析。首先，通过阅读本申请有益效果部分内容得到本申请属于风力发电技术领域，提出一种风力发电系统大工况范围控制方法，利用几何线性化构造风电机组的大范围工况线性化模型，并基于区域极点配置实现机组大工况范围的性能调节，实现机组控制，可应用于不同类型风电机组的额定风速以上至切出风速以下的大工况范围。其次，根据上述内容并结合权利要求的内容，我们可以概括得出，其发明的关键技术手段主要在于步骤1中，即根据风力发电系统各部件的物理特性构建风力发电系统微分方程模型，得到其机理模型，利用机理方程，并建立风力发电系统的非线性模型。并且，进一步结合本申请的案件特点是高校申请，此时可以初步确定本申请的关键词，即风力系统、非线性模型以及发明人。经过检索，在非专利的外文数据库中，利用 wind、non-linear、发明人，快速检索到能够评述本申请新颖性的对比文件。

由上述案例，不难发现权利要求1中步骤2~8的具体内容不涉及发明实质性的内容，并且其对检索不会造成阻碍和困难，此时通过简化抽象概括地理解发明便能实现检索到合适对比文件的目的。对此，笔者要强调的是，对于简化抽象的理解并不是对于其他内容完全不考虑，如步骤2~8的内容，对这些内容仍然要考虑，只是在理解的程度上可以适当放宽，并且笔者认为这些内容是对步骤1中模型参数以及具体细节内容的阐述，因此可以适当放宽理解程度。此外，在时间允许的情况下，可以对其作进一步深入理解，补充相关领域的知识。

【案例3】

案例3涉及图像识别领域，一种亲属识别网络模型，主要通过指定三重损失函数根据第一特征距离与第二特征距离之间的差异值，对人脸识别网络模型中的参数进行调整，将参数调整完成后的人脸识别网络模型确定为亲属识别网络模型。如此得到的亲属识别网络模型可更加深入地挖掘出人脸图像的遗传特征，使模型识别准确度较高。

并且，具体限定了所述指定三重损失函数为

$$l = Ex_i \psi_\beta (\phi_i^+ \cdot \phi_i^- \cdot e^c)$$

其中
$$\phi_i^+ = \frac{1}{N_i^+} \sum_{x_j \sim x_i} e^{d_{ij}}, \phi_j^- = \frac{1}{N_i^-} \sum_{x_k \wedge x_i} e^{-d_{ik}}$$

式中：所述 l 为所述指定三重损失函数；所述 x_i、所述 x_j、所述 x_k 均为人脸图像；所述 $x_j \sim x_i$ 代表所述 x_j 与所述 x_i 之间具有亲属关系；所述 $x_k \wedge x_i$ 为所述 x_k 与所述 x_i 之间具有非亲属关系；所述 E 为期望；所述 e 为自然常数；所述 c 为预设参数；所述 d 为人脸图像特征之间的距离；所述 N_i^+ 为与所述 x_i 具有亲属关系的所述 x_j 的数量；N_i^- 为与所述 x_i 具有非亲属关系的所述 x_k 的数量；所述 $\psi_\beta()$ 为单调递增的凸函数且函数值在预设区间内。

由上述案例可知，三重损失函数是构建亲属识别网络模型的关键所在。首先，不考虑三重损失函数的具体形式，仅将其抽象理解为三重损失函数，在通过三重损失函数结合亲属关系识别两个方面进行初步检索后，发现相关文献很多，但是经过阅读现有技术发现，本申请的三重损失函数的具体限定形式并不是常见的三重损失函数的形式。此时，能够确定本申请三重损失函数的具体形式是本申请的发明实质内容，进一步需要考虑对该内容进行透彻的理解是否对检索有益，不难发现：本申请涉及的三重损失函数的具体形式及其对公式中各个参数的具体描述信息并不会对检索带来更多行之有效的作用，此时，我们对三重损失函数仍作抽象理解。根据经验分析可知，对于数学模型或函数的具体改进或变形常常是具有一定技术脉络的，相关算法函数改进是有一定基础的。也就是说，申请人或发明人大部分会有相关的技术文献作支撑，基于此，将三重损失函数结合发明人进行检索，即 triplet loss 结合发明人在外文非专利库进行检索，可得到能够评述本申请新颖性的对比文件。

根据以上案例，我们在实际审查工作中，根据申请案件的特点，可以初步判断理解发明所需达到的理解程度，并结合初步检索后得到的中间检索结果，对是否需要对简化抽象的内容进一步加深理解进行判断，此时需要考虑进一步加深理解是否会对检索产生有益效果，若对检索没有实质性的影响作用，我们仍将发明进行简化抽象的理解，但对此发明的后续检索需要更多地结合案件本身的特点着手突破。例如，案件为高校案件，重点检索申请人和发明人；案件的发明内容过于复杂和抽象，并涉及较复杂的数据算法模型类案件，即使申请人是企业，也要重点关注发明人，以关键技术点结合发明人进行检索。

三、总结

本文基于理解发明与检索之间的相互作用关系，表明理解发明对检索的重要作用，同时结合检索中止原则，表明理解发明也同样存在一定理解程度的限定，理解程度分为全面透彻的理解，以及简化抽象的综合理解，并给出了简化抽象理解发明的原则，结合案例进一步说明简化抽象理解发明的原则的具体实施过程。同时表明，对发明理解程度的把控能够助力检索工作的开展，提升审查工作的效率，顺应提质增效大背景的要求。理解发明为专利审查工作准确高效地开展保驾护航，做到严保护、快保护，以专利权保护为基础，为创新提供持续动力。

参考文献

［1］ 徐盛辉. 理解发明在检索中的作用［J］. 专利文献研究，2020（4）：33－38.

［2］ 王旭涛. 基于理解发明与准确检索之辩证关系的检索策略［J］. 分类学术研究，2020（26）：
55－62.

生物序列检索的拓展和延伸

程静之　李　阳　张英朔

摘　要　与生物序列相关的专利申请逐年增多，对审查的要求不再满足于常规序列数据库的检索。本文对生物序列检索的拓展和延伸进行了介绍和分析，并结合三个涉及多肽序列的具体案例，重点讨论了在检索过程中如何站位本领域技术人员，去发现涉及的多肽的技术领域特点，并深入挖掘多肽之间的特殊性和关联性，从而丰富检索方式和途径，全面有效地开展检索。在此基础上，本文为生物序列的检索提供了新思路和新工具，有利于提高证据查全率以避免漏检问题，同时也对专利申请具有推广借鉴意义，为专利申请提供新的考量方向和创新维度，从而更有利于推进高质量专利的创造、保护和运用。

关键词　生物　序列　多肽　检索

一、引言

生物领域涉及序列相关的主题范围十分广泛，包括抗体、多肽、引物、载体、药物等，涉及全长序列、截短序列、CDR 区域等，生物序列信息检索及分析是生物序列专利审查工作中非常重要的环节。对于一般的序列检索，本领域的检索资源包括发明专利实质审查中使用的中国专利生物序列检索系统、序列检索数据库（Genbank、欧洲基因序列数据库 EMBL、日本基因序列数据库 DDBJ）、S 系统以及 STN 检索平台。

美国国立生物技术信息中心（NCBI）检索系统收录了许多基因序列和蛋白序列数据库。其中，GenBank 数据库是由 NCBI 维护的一级核酸序列数据库，是 NCBI 检索系统中主要的基因序列数据库。该数据库收录了 1981 年至今的各国科学家直接提交注册的基因序列、各种科技期刊论文中报道的基因序列和各种专利中公开的序列，包含了目前所有已知的核苷酸序列和蛋白质序列以及与它们相关的文献和生物学注释。[1]另外，NCBI 还收录了 DDBJ、EMBL 等核酸数据库以及 SWISS－PROT、PIR、PDB 等蛋白序列数据库。NCBI 对系统收录的众多数据库进行了整合，提供了集成程度非常高的检索工具，可以方便地实现多个数据库集成化大规模检索。[2]

对于生物领域专利申请中核酸或多肽序列的检索，通常会首选涵盖 Genbank 等三大核酸数据库的 BLAST 程序，审查过程中还可以利用专利局内部的中国专利生物序列检索系统；对于短肽或核苷酸引物，会使用 STN 检索平台，并把百度学术数据库等作为补充检索的手段。[3]

二、案例分析

（一）基于多肽的特殊性和关联性有效开展检索

多肽是蛋白质水解的中间产物，通常由 10～100 个氨基酸分子脱水缩合而成。多肽种类繁多，涉及活性肽、信号肽、成熟肽、前体肽等。前体肽大多是由信号肽、成熟肽与前体相关肽组成。成熟肽在大多数脊椎动物的先天性免疫系统中发挥着重要作用，作为抵抗病原菌入侵和抵御其他外界伤害的第一道防线，几乎在所有脊椎动物，包括人、哺乳类、鸟类、爬行类和鱼类中均有发现。许多具有一定功能的蛋白质，如酶蛋白、激素蛋白等，在生物体内常常以无活性的前体肽形式产生和储存，在一定条件下，这些前体肽经蛋白酶水解，切去部分肽段后，才变成具有生物活性的蛋白质。在检索时需要站位本领域技术人员，去发现多肽之间千差万别的特殊性，并挖掘它们之间千丝万缕的关联性。

【案例1】东方铃蟾生物活性肽、基因及其在制药中的应用

案例 1 的主要技术方案为：一种东方铃蟾生物活性肽的编码 DNA，其特征在于，其核苷酸序列如 SEQ ID No：2 所示。

该基因序列通过在 GenBank 数据库检索，检索到对比文件 1。对比文件 1 公开了一种东方铃蟾活性肽的编码基因，并具体公开了其核苷酸序列。经比对，其核苷酸序列与本申请 SEQ ID No：2 所示的核苷酸序列完全相同，具有 100% 序列同一性。可见，对比文件 1 公开了一种与本申请完全一样的核苷酸，可以评述该技术方案的新颖性。

然而，案例 1 的另一主要技术方案为：一种通过上述编码 DNA 得到的东方铃蟾生物活性肽，其特征在于，其氨基酸序列如 SEQ ID No：1 所示，该氨基酸序列的末端氨基酸的羧基酰胺化。

该蛋白序列通过在 GenBank 数据库检索，未检索到可以评述新颖性的对比文件。一般来说，每三个碱基编码得到一个特定的氨基酸，通过确定的核苷酸序列能够编码得到与其一一对应的特定氨基酸序列，既然蛋白的编码基因已经公开，该基因编码的蛋白也应该相应公开。继续通过其他生物序列数据库进行检索，仍然无法检索到直接公开的蛋白序列。

上述对比文件 1 虽然公开了一种东方铃蟾活性肽的编码基因，其核苷酸序列与本申请完全一样，但还公开了一种东方铃蟾活性肽的前体肽，并具体公开了其完整的氨基酸序列。通过氨基酸序列比对发现，本申请为对比文件 1 公开的前体肽的截短序列。

基于此，需要进一步检索发现截短动机，即是否有动机将长序列的东方铃蟾活性肽的前体肽截短为本申请的东方铃蟾活性肽，这种通过特定方式的截短是否具备显而易见

性，这种截短后的多肽功能活性的技术效果又是否可以合理预期。审查过程中站位本领域技术人员，能知晓许多具有一定功能的蛋白质，如酶蛋白、激素蛋白等，在生物体内常常以无活性的前体肽形式产生和储存。在一定条件下，这些前体肽经蛋白酶水解，切去部分肽段后，才变成具有生物活性的蛋白质。因此，基于前述生物领域的共性，后续检索可以不再局限于特定物种特定序列的检索，而上升到由前体肽到活性肽的一个更宽泛、更上位的拓展和延伸检索，通过深入了解前体肽和活性肽之间的关系，检索由前体肽到活性肽的截短是否存在某种必然的关联。

基于此，检索发现对比文件 2 公开了 BLP-1 和 BLP-3 的前体肽及其肽域组成，其中包括信号肽区、酸性肽区以及具有功能活性的成熟肽区；此外，对比文件 2 的图中公开了 BLP 家族肽成熟肽的 C 末端存在酰胺化，而根据图中的序列可知，BLP 家族成熟肽两端酶切位点为 R 与 KR，表 4 公开了 BLP 家族成熟肽具有抑菌活性，可见，对比文件 2 给出了截短 BLP 家族肽前体肽获得具有功能活性的成熟肽的教导，同时，对比文件 3 公开了一种通过同类肽序列比对与成熟肽两端酶切位点来推断前体肽中成熟肽序列的方法。因此，在对比文件 1 公开了一种具有抗癌与抑菌功能的东方铃蟾活性肽的前体肽序列的基础上，为了获得具有功能活性的成熟肽，根据对比文件 2 公开的 BLP 家族前体肽的肽域组成，本领域技术人员有动机地将对比文件 3 公开的能通过同类肽序列比对与成熟肽两端酶切位点来推断前体肽中成熟肽序列的方法应用于对比文件 1。

具体来说，结合对比文件 3 公开的方法，将对比文件 2 图中公开的 BLP-1 和 BLP-3 的前体肽序列与对比文件 1 公开的前体肽序列进行比对，其中，根据与对比文件 2 图中标记的 BLP-1 的成熟肽序列部分 GIGASILSAGKSALKGLAKGLAEHFANG 与 BLP-3 的成熟肽序列部分 GIGASILSAGKSALKGLAKGLAEHFG 比对，找到对比文件 1 中相似性高的部分即 GIGSAILSAGKSIIKGLAKGLAEHFG，而其两端的酶切位点也恰好为 R 与 KR，而对比文件 2 的图中也公开了 BLP 家族肽成熟肽的 C 末端存在酰胺化；GIGSAILSAGKSI-IKGLAKGLAEHFG 的 C 末端甘氨酸酰胺化后为权利要求 1 请求保护的活性肽。

可见，虽然通过常规序列检索，均未检索到公开本申请关键技术手段的对比文件，但站位本领域技术人员，基于多肽的特殊性和关联性有效开展检索，结合前体肽和成熟肽的特点对截短动机进行分析，从而检索到能有效质疑案例 1 创造性的对比文件。

（二）通过在线检索工具 IMGT 预测抗体 CDR 区序列进行间接检索

抗体由特定氨基酸序列的重链和轻链共同组成，进而折叠、环绕形成稳定的空间结构。抗体通过结合到抗原表面的抗原决定簇上，发挥其生物学活性。而接触性抗原结合位点的形成通常需要给定抗体的完整轻重链可变区的序列，每一条轻重链上的 3 个 CDR 区域的氨基酸序列和构象对于维持亲本免疫球蛋白的抗原结合特异性和亲和力都至关重要。因此，完整的轻重链的 6 个 CDR 对于具有特定抗原结合功能的抗体是必需的。

在单克隆抗体创造性判断中，单克隆抗体的结构特征是首要考虑的因素，相对于现有技术，一般采用"三步法"来判断是否显而易见。如果通过"三步法"可以判断出单克隆抗体的结构对本领域技术人员来说是非显而易见的，则该抗体具有创造性，不应再强调该单克隆抗体是否具有预料不到的技术效果。例如，如果发明提供了一种决定功能和用途的关键结构 CDR 序列与现有技术单克隆抗体的 CDR 序列明显不同，且现有技术对得到这种新结构的 CDR 没有明确教导，通常可以认可该单克隆抗体的创造性。

近年来，生物信息学在急速发展，其相关数据库也在急剧增长，与生物序列相关的专利申请在逐年增多，尤其是涉及给定序列的抗体案件比较多，存在看似新筛选得到的抗体通过 CDR 预测与现有抗体相同的情况。审查过程中应当基于审查领域出现的新特点、新变化及时更新、丰富检索工具，拓展和延伸检索方向和检索途径，挖掘新的检索思路，提高证据查全率以避免漏检问题。例如，先对抗体全长序列进行 CDR 区预测，再针对 CDR 区序列进行检索，与 CDR 预测相关的在线工具除了 IMGT（http：//www.imgt.org/3Dstructure – DB/cgi/DomainGapAlign.cgi），还有 NCBI 上的 igblast、sabpred 在线工具（http：//opig.stats.ox.ac.uk/webapps/newsabdab/sabpred/abodybuilder/）等。

【案例2】抗 BCMA 人源化单链抗体及应用

案例2涉及一种抗 BCMA 的人源化单链抗体，关键技术手段在于对该抗体的轻重链 6 个 CDR 区序列进行了限定。

在生物序列相关数据库、专利库、期刊、图书数据库以及百度中进行检索，均未检索到公开上述关键技术手段的对比文件。虽然现有技术中能检索到针对相同靶标或结合相同抗原的抗体，但由于本申请的关键技术手段在于公开了抗体的轻重链 6 个 CDR 区序列，而现有技术中涉及抗体结构和组成的序列不同或不具有可比性，在一般情况下，可能会终止检索且认可本申请的创造性。

但进一步拓展了序列检索的检索途径和数据库，并对数据进行了深入分析。具体如下：

首先在中国专利生物序列检索系统中检索本申请抗体的氨基酸全长序列 SEQ ID No：19，得到对比文件 1 中的序列 SEQ ID No：16，通过对对比文件 1 进行进一步分析，发现其公开了一种人源化嵌合抗原受体 BCMA–11–CAR，其具有如 SEQ ID No：16 所示的全长氨基酸序列。本领域技术人员知晓，嵌合抗原受体由胞外抗原结合区（由来源于单克隆抗体的重链和轻链组成，中间由铰链区连接形成单链抗体）、跨膜区和胞内信号转导区组成，因此，人源化嵌合抗原受体 BCMA–11–CAR 包含了能结合 BCMA 多肽的人源化的 BCMA 单链抗体。此外，对比文件 1 中嵌合抗原受体 BCMA–11–CAR 的细胞杀伤效果与本申请中包含 ScFv 的 CAR 细胞杀伤效果相近。

进一步地，对对比文件 1 中的抗体全长序列 SEQ ID No：16 进行 CDR 预测。

进入可以对 CDR 进行预测的网页：imgt（http：//www.imgt.org/3Dstructure – DB/cgi/DomainGapAlign.cgi）

输入序列是 FASTA 格式，在氨基酸序列缩写前加 > a

> a_16

MALPVTALLLPLALLLHAARPDIVLTQSPASLAVSLGERATINCRASESVSVIGAHLIH
WYQQKPGQPPKLLIYLASNLETGVPARFSGSGSGTDFTLTISSLQAEDAAIYYCLQSRIFPR

TFGQGTKLEIKGSTSGSGKPGSGEGSTKGQVQLVQSGSELKKPGESVKVSCKASGYTFTD
YSINWVRQAPGQGLEWMGWINTETREPAYAYDFRGRFVFSLDTSVSTAYLQISSLKAEDTA
VYYCALDYSYAMDYWGQGTLVTVSSAAATTTPAPRPPTPAPTIASQPLSLRPEACRPAAGG
AVHTRGLDFACDIYIWAPLAGTCGVLLLSLVITLYCKRGRKKLLYIFKQPFMRPVQTTQEE
DGCSCRFPEEEGGCELRVKFSRSADAPAYQQGQNQLYNELNLGRREEYDVLDKRRGRD
PEMGGKPRRKNPQEGLYNELQKDKMAEAYSEIGMKGERRRGKGHDGLYQGLSTATKDT
YDALHMQALPPR

页面会出现预测的抗体 CDR 区结果，重链可变区 CDR 如图 1 所示，轻链可变区 CDR 如图 2 所示。

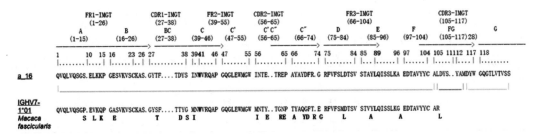

图 1　重链可变区 CDR

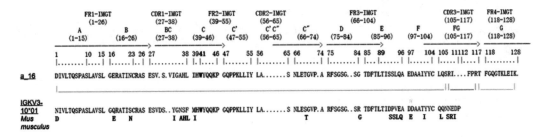

图 2　轻链可变区 CDR

经比对发现，其通过全长序列预测得到的 6 个 CDR 序列与本申请中请求保护的 6 个 CDR 序列，即序列 3～8 完全相同。

可见，案例 2 属于对具有特定抗原结合功能的抗体限定了轻重链可变区的 6 个完整 CDR 序列的情况，虽然通过常规序列检索，均未检索到公开本申请关键技术手段的对比文件，但审查过程中站位本领域技术人员，基于对生物领域抗体特点进行分析，实现了对序列检索数据库的拓展和延伸，从而通过在线检索工具 IMGT 预测疑似对比文件中抗体轻重链全长序列的 CDR 区，发现预测得到的轻重链 6 个 CDR 区分别与本申请中 SEQ ID No：3～8 所示的轻重链 6 个 CDR 区的氨基酸序列相同，进而锁定有效证据，避免漏检问题。

（三）　基于序列检索结果追踪序列上人的相关信息

在中国专利生物序列检索系统、NCBI、EMBL–EMI、DDBJ、STN 等常用的序列检索数据库中，蛋白质的氨基酸序列通常是通过单字母或三字母的形式收录的。然而，在一些非专利文献中，蛋白质的序列可能会以图片的形式公开，导致其并未被常用的序列检索数据库收录。如果采用常规的序列检索方式，可能会遗漏这些对比文件。因此，通过对申请人、发明人或检索过程中出现的相关研究者进行追踪，有可能会在其申请的专利、发表的期刊文献或学位论文等文件中检索到可用的对比文件。

【案例3】白额高脚蛛的杀虫多肽

案例3涉及一种白额高脚蛛的杀虫多肽，并限定了具体的氨基酸序列，属于杀虫多肽技术领域。该多肽能够抑制昆虫离子通道活性，起到杀虫的作用。

权利要求1请求保护一种限定了具体氨基酸序列的多肽，说明书实施例验证了该多肽的杀虫活性，属于蛋白领域比较典型的需要重点检索序列的案件。在大多数情况下，当检索不到新颖性文件时，通常也较难检索到有明确教导或启示的对比文件来评述创造性。

在对序列进行检索时，最常用的数据库是NCBI的GenBank数据库。在GenBank检索多肽序列发现，检索结果中没有与该序列完全相同且长度一致的多肽，即未检索到能够评述权利要求新颖性的多肽，具体检索结果如图3所示。

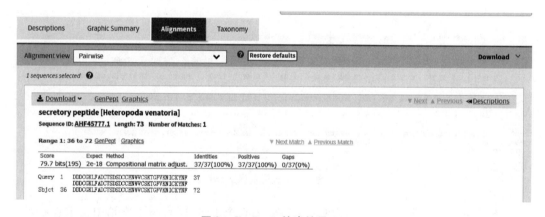

图3　GenBank检索结果1

从图3检索结果可以看出，检索到的最接近的多肽长达73个氨基酸，仅第36~72位氨基酸与本申请的多肽序列相同，其长度远大于权利要求1的37个氨基酸，显然不能评述权利要求1的新颖性。

此时根据一般的检索习惯，在此数据库中可以终止检索。然而本申请说明书中提及，多肽能够抑制钠离子通道，而检索结果中最接近的多肽的注释中第38~70位氨基酸为离子通道抑制毒素，与说明书中提及的多肽的功能极其相似。这提示其可能是与权利要求1密切相关的多肽。

随后在中国知网追踪检索上传该序列的湖南农业大学研究人员的相关非专利文献，获得对比文件1（见图4），经阅读发现，在文章的图2.10（见图5）中，直接公开了与权利要求1完全相同的多肽，其为U15-sparatoxin-Hvla的具有功能活性的成熟肽部分。

secretory peptide [Heteropoda venatoria]

GenBank: AHF45777.1

Identical Proteins   FASTA   Graphics

Go to: ⊡

```
LOCUS       AHF45777                73 aa            linear   INV 23-SEP-2014
DEFINITION  secretory peptide [Heteropoda venatoria].
ACCESSION   AHF45777
VERSION     AHF45777.1
DBSOURCE    accession KC145628.1
KEYWORDS    .
SOURCE      Heteropoda venatoria (giant crab spider)
  ORGANISM  Heteropoda venatoria
            Eukaryota; Metazoa; Ecdysozoa; Arthropoda; Chelicerata; Arachnida;
            Araneae; Araneomorphae; Entelegynae; Dionycha; Sparassidae;
            Heteropoda.
REFERENCE   1  (residues 1 to 73)
  AUTHORS   Chen,J., Li,Q., He,Y. and Liang,H.
  TITLE     Direct Submission
  JOURNAL   Submitted (08-NOV-2012) College of Bioscience and Biotechnology,
            Hunan Agricultural University, Yuanda Road, Changsha, Hunan 410128,
            P.R. China
COMMENT     ##Assembly-Data-START##
            Sequencing Technology :: Sanger dideoxy sequencing
            ##Assembly-Data-END##
            Method: conceptual translation supplied by author.
FEATURES            Location/Qualifiers
     source         1..73
                    /organism="Heteropoda venatoria"
                    /db_xref="taxon:152925"
                    /clone="U15-sparatoxin-Hv1a_1"
     Protein        1..73
                    /product="secretory peptide"
     Region         38..70
                    /region_name="Toxin_12"
                    /note="Ion channel inhibitory toxin; pfam07740"
                    /db_xref="CDD:203752"
     CDS            1..73
                    /coded_by="KC145628.1:55..276"
ORIGIN
        1 mkfaivitll lvafsavala dksieravmd litarddcg klfadct sds dccenwvcsk
       61 tgfvkricky nfg
```

图 4　GenBank 检索结果 2

　　白额高脚蛛的毒液对哺乳动物毒性很低，但是却又可以迅速地杀死昆虫，由此可以推断该蜘蛛毒液中的毒素应该是一种专一性作用于昆虫的离子通道或者受体的毒素。从对该蜘蛛的一些分析也可以看出这一特点，如本文研究的那些只含 6 个半胱氨酸的家族，首先通过构建进化树将其分成 8 个家族，分别命名为 Family A、B、C、D、E、F、G 和 H。从这 8 个家族中各选取有代表性的一条序列在 NCBI 的公共数据库中进行比对，从比对结果中同源性最高的序列的功能描述来预测这 8 个家族的基本功能，结果发现在这 8 个家族中，Family A、B、C、D 和 G 经预测可以作用于各类不同的离子通道。

　　上述杀虫多肽与权利要求 1 的多肽氨基酸序列完全一致，可以用于评述权利要求 1 的新颖性。

　　案例 3 涉及多肽氨基酸序列的检索，在 GenBank 中检索该多肽序列时发现，检索结果中没有与该序列完全相同且长度一致的多肽，即未检索到能够评价权利要求新颖性的多肽。然而，本申请说明书中提及，多肽能够抑制钠离子通道，而检索结果中最接近的

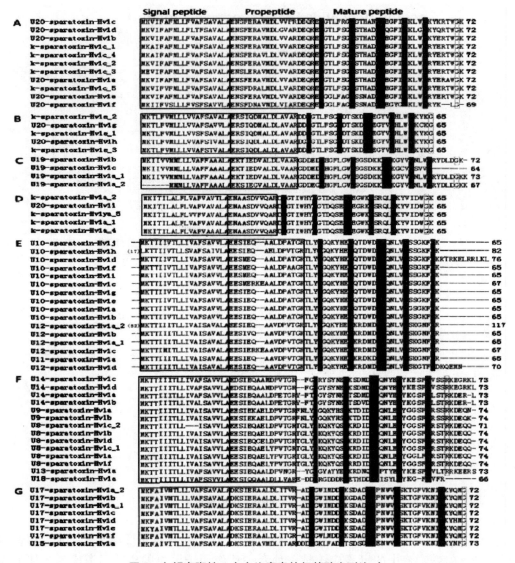

图 5　白额高脚蛛八个家族毒素的氨基酸序列比对

多肽的注释中第 38～70 位氨基酸为离子通道抑制毒素，与说明书中提及的多肽的功能极其相似，这提示其可能是与权利要求 1 密切相关的多肽，随后在中国知网追踪检索上传该序列的湖南农业大学研究人员的相关非专利文献，获得对比文件 1。该案例说明要充分理解本发明的技术方案，进而针对具有关联性的序列的检索结果追踪相关非专利文献及序列上的人的相关信息。

三、小结

检索是专利审查工作的核心，有效的证据对于提高通知书质量和效能至关重要。生物领域涉及序列相关的主题范围十分广泛，包括抗体、多肽、引物、载体、药物等，涉及全长序列、截短序列、CDR 区域等。近年来，生物信息学在急速发展，其相关数据库也在急剧增长，与生物序列相关的专利申请在逐年增多，提高其检索途径和数据分析的全面性和深入性对于生物医药领域的有效证据检索至关重要，对审查的要求也不仅仅满足于常规序列数据库的检索，既需要挖掘新的检索思路和检索工具，也需要更好地站位本领域技术人员去对文献合理分析，以提高证据查全率。例如，基于多肽的特殊性和关联性有效开展检索，结合前体肽和成熟肽的特点对截短动机进行分析，从而检索到能有效质疑案例 1 创造性的对比文件；案例 2 基于对生物领域抗体特点的分析，针对审查领域出现的新特点、新变化及时更新、丰富检索工具，实现了对序列检索数据库的拓展和延伸，从而通过在线检索工具 IMGT 预测疑似对比文件中抗体轻重链全长序列的 CDR 区，再与本申请进行序列比对，通过间接检索锁定有效证据；案例 3 通过对检索过程中相关研究者的追踪，查找其发表文章中公开的内容，提高证据查全率以避免漏检问题。

同样地，本文对专利申请也具有推广借鉴意义，专利审查与专利申请的创新主体之间相辅相成、相互影响、相互促进。新的检索思路和策略能为专利申请提供新的考量方向和创新维度，具有一定的参考意义。专利检索的全面深入也能为技术创新提供法治保障，从而更有利于高质量专利的创造、保护和运用。

参考文献

[1] 李轶. GenBank 数据库和 PubMed 数据库中序列数据信息检索比较 [J]. 中华医学图书情报杂志，2009，18（3）：44 – 46.

[2] 张见影，伦志军，李正红. NCBI 基因序列数据库使用和检索方法 [J]. 现代情报，2013（12）：224 – 225.

[3] 于仁涛，廖文勇. Google 序列检索技巧 [J]. 专利文献研究，2013（6）：294 – 300.

浅谈 UC 分类号在检索实践中的应用

邓敏鑫

摘 要 UC 分类号的标引量占 VEN 数据库总文献量的 1/6 左右，其作为美国专利文献特有的细分分类号，对美国专利文献的标引率高于 IPC 分类号，且 UC 分类号所采用的功能性分类原则，能够在同一类目下获得不同应用领域的专利文献，对于跨领域检索有较大帮助。本文结合实际检索案例，提出 UC 分类号的三种具体应用方式，并分析了 UC 分类号在应用上存在的优缺点，以帮助正确使用 UC 分类号，从而提高检索效率，为高质量专利申请和审查提供一定帮助。

关键词 检索 分类号 UC

一、前言

分类号和关键词是进行专利检索时的两种基本表达方式。[1]分类号检索由于不受语言、专业术语和同义词等多种形式表达的限制，能够弥补关键词表达有时难以区分技术领域、表达图形、表达技术手段以及专利文献数据库摘要、全文的缺失的缺陷，在检索实践中被广泛应用。[2]

目前，S 系统和智能检索系统中收录的官方分类号包括 IPC、CPC、FI/FT、EC 和 UC 分类号。其中，IPC、CPC、FI/FT 分类号是目前主流的三大分类体系，也是检索实践中经常使用的分类号，而 EC、UC 分类号作为 CPC 分类号的前身，很少被大家所了解和应用。

EC 分类号作为 CPC 分类号的基础，其全部内容和结构都被 CPC 分类号容纳在内，而 UC 分类号仅有小部分分类附加到 CPC 分类中，其分类体系也与 CPC 分类体系大不相同。在 S 系统中对标引量进行检索，结果显示 UC 分类号的标引量高达 282 万，与 FI/FT 分类号相当，占 VEN 数据库总文献量的 1/6 左右。在具有如此大标引量的前提下，如果能够掌握 UC 分类号的使用，相信对检索的速度和准确度会有一定的提升。

本文将简单介绍 UC 分类号的分类体系和使用方式，并结合实际检索案例，提出

UC 分类号在检索实践中的应用，以提供一种新的检索思路。

二、UC 分类号的简介

UC 分类号，全称美国专利分类体系，是美国专利商标局用来对自己的专利文献进行编排整理的分类体系。如图 1 所示，大部分的美国专利文献都会在其公开的申请文件的扉页 INID 代码 52 处给出 UC 分类号，其包括至少一个强制分类，所涉及的为该专利文献的发明信息。此外，还可以包括附加分类，涉及的为其他对检索有用的非关键信息。

图 1　UC 分类号在专利文献中的位置

UC 分类号由"大类"和"小类"构成，书写方式是"大类/小类"，如图 1 所示的 62/149。其中，62 是大类，表示"冷却"；149 是小类，是对大类的进一步细分，表示"回收或者添加制冷剂至普通的闭式循环中"。

但是，其整个分类号的含义并不仅仅是两者的叠加，和其他分类体系相同，其同样需要考虑上下位点组的关系。在 UC 分类表中，149 虽然是以一点组的形式呈现，但是其并不是一级小类，其属于一级小类"自动控制"下位的一个二级小类，在"自动控制"这一类目下，还包括其他如二级小类 150、三级小类 151、四级小类 152 等各种级别的分类号。因此，整个 62/149 分类号的含义就是：回收或者添加制冷剂至普通的闭式冷却循环中的自动控制。其在分类表中的表现方式如下：

062　Refrigeration

AUTOMATIC CONTROL

......

149　· Withdrawing or adding refrigerant from or to normally closed system

150　· Preventing, removing or handling atmospheric condensate

151　·· Defrosting

152　··· Limited area, e. g. , preferred zone

......

三、UC 分类号与其他分类体系的区别

不同的分类体系有不同的分类原则，最常见的 IPC 和 CPC 分类比较倾向于应用性分类，其根据发明的应用领域进行分类。例如，在制冷领域，F25C 为制冰机，F25D 为冰箱，F24F 为空调器，不同的应用场景使用了不同的类目。

而 UC 分类则更趋向于功能性分类，其采用"最接近的功能"分类原则，将作用于类似的物质或物体，可以获得类似效果的工艺方法、产品装置等集中在同一类目中，其并不考虑被分类对象的应用如何。[3] 同样以制冷领域为例，62 所涉及大类为制冷，其细分为电制冷、磁制冷、化学反应制冷、固体溶解制冷等，不管是冰箱、空调器还是制冰机，只要是用电进行制冷，都被分到电制冷中。

在检索实践中，一个分类号是否能够快速定位到想要的对比文件取决于其细分的程度。在制冷领域，存在一个各大分类体系均涉及的分类号 F25B39/02（蒸发器），表 1 是通过查表的方式对 CPC、EC 和 UC 分类号的细分情况进行比较。从表 1 中可以看到，对于表示蒸发器的 IPC 分类号 F25B39/02，EC 和 CPC 的细分数完全相同，其各细分分类号的定义也完全一样，而 UC 分类号的细分数则远高于 EC 和 CPC，并且其细分的方式与 EC 和 CPC 完全不同。EC 和 CPC 是从带有薄板元件、特殊应用场景和是否有分配方法进行细分；而 UC 则是从蒸发器附件、分离部件、流动控制及加强蒸发的角度进行细分。

表 1　各分类体系中涉及蒸发器的分类号

IC	CPC	EC	UC
F25B39/02	· F25B39/02	· F25B39/02	· 62/515
	·· F25B39/022	·· F25B39/02B	·· 62/516
	··· F25B39/0224	··· F25B39/02B2	··· 62/517
	·· F25B39/026	·· F25B39/02C	··· 62/518
	·· F25B39/028	·· F25B39/02D	··· 62/519
			···· 62/520
			···· 62/521
			···· 62/522
			··· 62/523
			·· 62/524
			··· 62/525
			··· 62/526
			·· 62/527
			··· 62/528

此外，如果借助 S 系统的分类号关联查询工具，对 IPC 分类号 F25B39/02 进行关联

查询，还可以发现 UC 分类号除了一点组 62/515，还涉及另外一个一点组 62/504，其所涉及的为压缩式制冷循环的蒸发器制冷剂分配方法，也属于蒸发器的一个改进方向。

通过上述分析可知，UC 分类号的部分细分数量比 CPC 分类号还多，而且 UC 分类号和 CPC 分类号是以两种不同的细分方式进行细分的，其能够提供不同的检索资讯，这也是在有 CPC 分类号的情况下，UC 分类号依然能够作为一个可检索项的原因。

四、UC 分类号的应用方式

对于 CPC、FI/FT、EC 和 UC 这种细分分类体系，一个准确的细分分类号能够让检索事半功倍，如何有效获取准确的细分分类号是上述分类体系使用时的难点所在。和 FT 分类号类似，UC 分类号的获取方式包括三种：①直接查找；②检索追踪；③关联查询。以下将对笔者的三个实际检索案例进行简要说明。

（一）直接查找

直接查找是 UC 分类号最简单的使用方式，其需要对 UC 分类号有一定的了解，在美国专利商标局和国家知识产权局专利局专利文献部网站上均可以获取到详细的 UC 分类表，S 系统的分类号基本查询工具中也集成了全部的 UC 分类表，而且可以通过高级检索的方式进行快速查找。

【案例1】

该案例是笔者在了解 UC 分类号之前采用追踪得到其他领域 CPC 分类号进行检索的一个案例，其请求保护一种用于空调的多段式蒸发器，其要解决的技术问题是现有蒸发器的三通结构都是如图 2（a）所示的将冷媒总路设置在连接管上，采用这种设置容易使冷媒受重力影响，上下支路分配不均，影响换热效率。本申请通过将三通入口设置在如图 2（b）所示的水平设置的支管上，使冷媒通过三通入口后水平地输送到两个支管中，从而避免了重力的影响，使上下支路分配均匀。

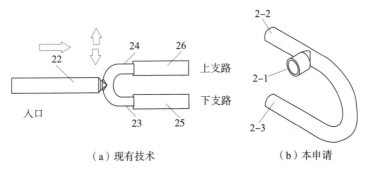

（a）现有技术　　　　　　　（b）本申请

图 2　案例 1 用于空调的多段式蒸发器的三通结构

对于该案例，其改进点在于蒸发器的分配器，关键技术手段在于将连通孔开设在第一支管上，其存在"连通孔"和"第一支管"等难以表述的问题，采用常规的结构和效果进行扩展，噪声都比较大。笔者调整思路采用深加工字段"/effect"后才获得和本申请原理相似但结构不同的中间文件，对该中间文件进行分类号追踪，获得其他领域的CPC分类号 F28F9/0275（热交换器的零部件：具有多个支管的分配管）后，才获得能够评述创造性的 X 文件。其节选检索式如下：

1	CNABS	1921	（（分液 or 分配）5d 均匀）/effect
2	CNABS	25362	f25b39/02/ic
3	CNABS	114	2 and 3

//获得如图 3（a）所示的中间文件，追踪得到 CPC 分类号：f28f9/0275

| 1 | VEN | 68 | f28f9/0275/cpc and （equal + or uniformit +） |

//获得如图 3（b）所示的 X 文件

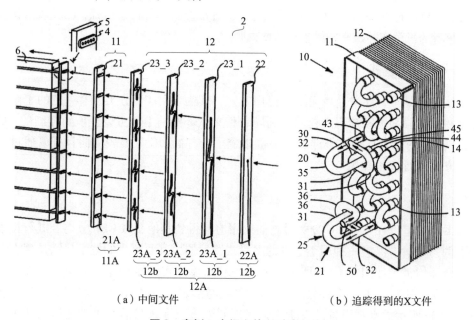

（a）中间文件　　　　　　　　　　　　（b）追踪得到的X文件

图 3　案例 1 中间文件和对比文件

而如果笔者当时对 UC 分类号有一定的了解，可以通过查找 UC 分类表或者借助于 S 系统的分类号查询工具构建"蒸发器"和/或"分配器"的检索式进行高级检索，能够快速得到表 1 中所列的 UC 分类号 62/525，其分类定义为：具有特殊分配器的蒸发器。借助于本领域 UC 分类号构建检索式，能够更加快速地获得合适的对比文件。其具体检索式如下：

| 1 | VEN | 290 | 62/525/uc |
| 2 | VEN | 30 | 62/525/uc and （equal + or uniformit +） |

//以上检索均可快速获得前述 X 文件

S 系统内 UC 分类号高级检索示意如图 4 所示。

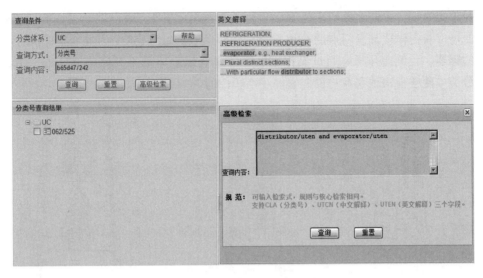

图4　S 系统内 UC 分类号高级检索示意

在该案例中，UC 分类号相比 CPC 分类号能够更高效地获得对比文件的原因包括两点：①UC 分类号在蒸发器的细分数量上远高于 CPC 分类号，其比 CPC 分类号更加贴合本申请的发明构思，而且其分类号下涉及的文献量远低于 CPC 分类号，在可阅读范围内，能够避免采用关键词进行缩限时造成的漏检；②得益于 UC 分类号所特有的功能性分类，其能够直接在一个大组内寻找到合适的对比文件，而不需要和 CPC 分类号一样，去其他可能的应用领域寻找细分分类号。

（二）检索追踪

在对分类号不够熟悉的情况下，检索追踪是快速获得合适的 UC 分类号的有效途径，检索追踪的方式包括两种：一种是专门构建和发明构思相关的检索式，对 UC 分类号进行统计；另一种是在检索到合适的对比文件后，参考对比文件所给出的 UC 分类号，进行再检索。

【案例2】

如图 5 所示，案例 2 请求保护一种涂抹瓶，所要解决的技术问题是现有涂抹瓶在使用时需要倒转并挤压瓶子，以使瓶子内的流体通过内塞上的圆孔流到涂抹装置上，由于内塞上的圆孔无法封闭，倒转时瓶子内的流体不受控制地流出，容易造成浪费。其关键技术手段是设置螺纹连接的外盖 2 和内盖 11，外盖 2 上设置出液孔 3，内盖 11 上设置可以封闭出液孔 3 的堵塞 13，通过旋转外盖 2 实现出液孔 3 的开闭。

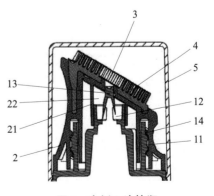

图5　案例2 涂抹瓶

对于该案例，申请文件给出的 IPC 分类号为 B65D47/42，通过浏览该分类号的上下组，便可以获得体现其发明点的 CPC 分类号 B65D47/242，其定义为具有提升阀作为封闭件的容器，且该提升阀是通过操作帽状元件进行螺旋运动来开闭提升阀的。借助该 CPC 分类号能够很快地获取一篇能够评述新颖性的 X 文件一，如图 6 所示。

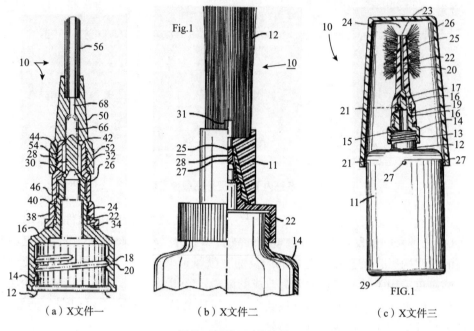

（a）X文件一　　　　　　（b）X文件二　　　　　　（c）X文件三

图 6　案例 2 对比文件

在检索到 X 文件一时，如果关注到该文献给出的 UC 分类号，能够很快获得一个 UC 分类号 401/277，其定义为借助操作螺纹进行流量调节的刷，能够很好地表示该案例的发明构思。通过追踪检索得到的 UC 分类号，能够快速获得另外两篇能够评述新颖性的 X 文件二和 X 文件三。其节选检索式如下：

1	VEN	1229	b65d47/242/cpc
2	VEN	497670	brush or bristles
3	VEN	6	29 and 30

//得到 US5857796（X），追踪 UC 分类号，得到 401/277

4	VEN	102	401/277/uc

//得到 X 文件二和 X 文件三

在该案例中，UC 分类号能够快速获得合适的对比文件的原因还是在于 UC 分类号所特有的功能性分类上，不管是本申请的涂抹瓶还是三篇对比文件所涉及的涂药的、刷地板的或者刷餐具的，在 UC 分类时，都会被分到 401 刷上，而不会像 IPC 和 CPC 一样，分散到理发设备 A45D、刷类 A46、容器 B65D、家庭洗涤 A47L 和表面涂覆 B05C 等多个类目内。

（三）关联查询

关联查询是获得 FT 分类号比较常用的使用方式，其因为与 FI 分类号关联性比较好，可以通过 FI 分类号关联查询到 FT 分类号。对于 UC 分类号而言，其分类号与其他分类号的关联性则没有那么密切，但是在不熟悉 UC 分类号，或者没有精力进行追踪检索时，也可以尝试性地使用关联查询进行快速检索。

【案例3】

该案例是针对现有技术中空调器多余的冷媒只能储存在冷凝器中，容易导致高压保护的技术问题，提出的一种冷媒存储罐，其包括如图 7 所示的储液罐本体 1 以及对储液罐本体 1 内的冷媒进行加热和冷却以实现加注或排出冷媒功能的冷媒换热管 3，而且它还采用了一种特殊的控制方式，借助于阀将制冷循环内不同的冷媒通入冷媒换热管 3 内，直接借助制冷循环中的制冷剂对储液罐本体 1 进行加热或冷却。

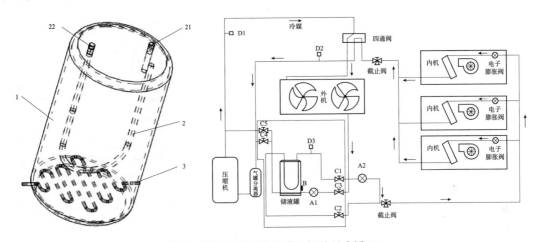

图 7　案例 3 冷媒存储罐及相关制冷循环

在对该案例进行检索时，能很快地定位到 IPC 分类号 F25B45/00，其定义为加注或排出冷媒的装置，即使拥有比较准确的分类号，该案例的检索也比较难以进行。一是文献量比较大，很多文献涉及的并不是给整个循环进行加注或排出的，而是在循环组装前给室外机或者系统内置冷媒存储罐进行加注或排出冷媒的，要通过构建检索式的方式区分开比较困难；二是本申请更核心的发明点在于对加注或排出冷媒的控制，其是借助制冷循环内的循环冷媒进行的，可以通过"冷媒""加热""冷却"进行检索式构建，但是本申请中换热和被换热的都是冷媒，通过其他手段进行加热和冷却的，也都将出现在该检索式下，其将导致上述检索式无效。

而且，该 IPC 分类号并无细分的 CPC 分类号，FI/FT 分类号有细分，但是也没有检索到合适的对比文件。此时，借助 S 系统的分类号关联查询工具进行 UC 分类号的尝试性查找（见图 8），能够发现其关联的 UC 分类号中包括 62/149，其含义为"回收或者添加制冷剂至普通的闭式冷却循环中的自动控制"，其能够很好地表达本申请的发明构思，借助该关联的 UC 分类号能够快速地获得如图 9 所示的对比文件。

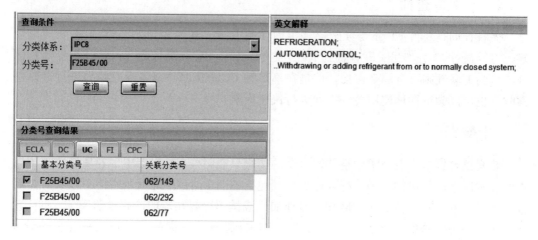

图 8　S 系统内 UC 分类号关联查询示意

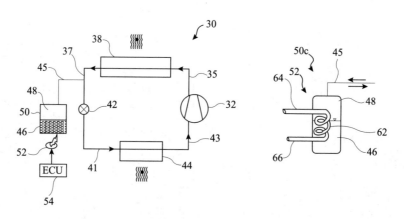

图 9　案例 3 对比文件

　　当然，如果非常熟悉本领域的 UC 分类号，也能很快地通过层级查找分类表的方式获取到该 UC 分类号，但是由于其采用的 withdrawing 和 adding 与本领域常用的科技术语 charging 和 discharging 相差比较大，想通过直接检索的方式获取该 UC 分类号会比较难。而借助检索追踪的方式虽然也能获得该 UC 分类号，但是其耗时明显长于关联查询。因此，关联查询作为尝试性手段也未尝不是一个获得 UC 分类号的快捷方法。

五、UC 分类号在检索实践中的优缺点

　　上述对 UC 分类号的简介和具体应用分析显示，UC 分类号在检索实践中至少具有以下优点：①其特有的功能性分类，能够直接在一个大组内寻找到涉及相同功能的专利技术，不需要扩展不同技术领域的分类号，对于跨领域检索有较大帮助；②其所提供的分类号为比 IPC 更详细的细分分类号，可以弥补关键词难以表达的缺陷，部分领域的分类细分数量甚至高于 CPC 分类号，能够实现快速检索；③其分类号的细分方式与 CPC

分类号不同，能够提供不同的检索资讯，每个 UC 分类号下的专利文献量都不是很多，可以快速了解现有技术状况，甚至检索到合适的对比文件；④作为长久以来美国专利商标局官方使用的分类体系，美国专利文献的 UC 分类号分类也比较准确，对于美国专利文献的检索比较有帮助。

虽然采用 UC 分类号能够实现快速检索，但是其在应用过程中也存在以下缺陷：①UC 分类号仅对美国专利文献进行分类，导致其检索得到的对比文件只会是在美国申请的专利文献。然而，即使无法定位到不包括美国同族的专利文献，以 UC 分类号得到的检索结果深度挖掘 IPC、CPC、FI/FT、关键词等其他有用检索信息进行进一步检索，也不失为一种有效的检索手段。②自 2013 年欧洲专利局和美国专利商标局联合推出 CPC 分类号后，美国专利商标局从 2016 年起逐渐停止 UC 分类号的使用，在 2016 年以前，UC 分类号的标注率是最高的，达到 92.4%，远高于 IPC 分类号的 80%，2016 年至今，UC 分类号的标注率骤减至 41.9%，这也是在使用 UC 分类号时需要注意的地方。

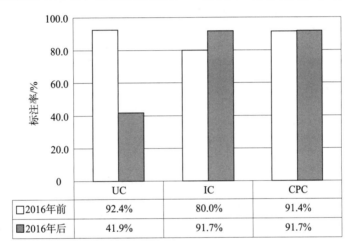

	UC	IC	CPC
□2016年前	92.4%	80.0%	91.4%
■2016年后	41.9%	91.7%	91.7%

图 10　美国专利文献分类号标注情况

六、总结

UC 分类号作为 CPC 分类号的前身，与 CPC 分类号的分类原则大不相同，其所特有的功能性分类原则，能够在同一类目下获得不同应用领域的专利文献，对于跨领域检索比较有帮助。本文简单介绍了 UC 分类号的分类结构以及特有的功能性分类原则，并结合三个实际案例提出了 UC 分类号的三种具体应用方式，包括在熟悉分类号情形下采用的"直接查找"、不熟悉分类号情形下的"检索追踪"以及不熟悉分类号且没有精力追踪时的尝试性手段"关联查询"，以帮助正确有效使用 UC 分类号，从而提高检索效率，为高质量专利申请和审查提供一定帮助。

参考文献

［1］国家知识产权局. 专利审查指南 2010（2019 年修订）［M］. 北京：知识产权出版社，2020.

［2］魏保志. 专利检索之道［M］. 北京：知识产权出版社，2019.

［3］杨铁军. 专利信息利用导引［M］. 北京：知识产权出版社，2011.

玩具领域检索初探——互联网检索

李鑫慧　　任蕴佳❶

摘　要　玩具领域案件种类丰富、贴近生活，专利库资源往往不能满足检索需求。本文从申请人、分类号和技术方案三个方面对玩具领域专利申请的特点进行了分析，并给出了玩具领域案件在实际检索过程中对专利库和互联网两大检索平台的选择方法。最后，以实际案例为载体，对互联网平台检索策略进行介绍，不仅为审查员在面对如何选择合适平台、如何在检索陷入僵局时寻找突破点等检索问题时提出一些新思路，也为专利申请人在如何避免技术方案被现有技术公开的问题上提供了一定借鉴。

关键词　玩具领域　检索　互联网

一、引言

玩具领域（A63H）是一个小众的审查领域，虽然这个领域的案件申请量不大，但是它包括的案件类型可谓包罗万象，人们能想到的生活中的玩具都在它的范围内：乐高、陀螺、竹蜻蜓、泡泡枪、玩偶、积木、遥控汽车、模型铁路、玩具船、玩具飞机，还有种类更为丰富的其他玩具。虽然都是生活中随处可见的玩具，但是申请人的奇思妙想永远超乎想象，每件申请文件都能开启一个新的世界，专利库往往无法满足"破解"这些新世界的需求，为了更好、更快地完成玩具领域的高效检索，亟须找到新的有效检索途径。

中国互联网信息中心（CNNIC）发布的第47次《中国互联网络发展状况统计报告》显示，截至2020年12月，我国网民规模达9.89亿，较2020年3月增长8540万，互联网普及率达70.4%。[1] 随着互联网的高速发展，网络支付、短视频平台、网上教育、网络购物等新生活方式迅速崛起，这些平台不仅方便了大家的生活、工作，同时也蕴含着大量的信息，这些影视、文字资料中必然包含着出版物公开、使用公开等方式，这些信息不仅将成为审查员新的检索资源，也将提醒专利申请人在构思技术方案时要充

---

❶ 等同于第一作者。

分对比互联网平台上的内容。本文根据玩具领域专利申请的特点，结合在该领域案件审查中的实际经验及具体案例，分析和总结玩具领域案件在互联网平台的检索策略，希望给玩具领域的审查及申请提供一些参考。

二、玩具领域特点

（一）申请人特点

玩具领域的申请人类型较多，既包括国内外企业、科研单位、大专院校，又包括较多的个人申请，图 1 示出了截至 2022 年 12 月 31 日玩具领域中国申请人类型分布。其中，企业和个人申请分别占比 47.92% 和 43.68%，这两种类型的申请人是国内玩具领域的主要申请人。

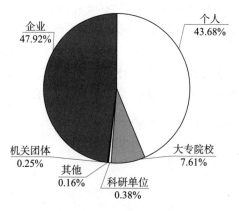

图 1　玩具领域中国申请人类型分布

个人申请的案件数量较多是玩具领域的一大特点，而这类案件的特点是发明构思通常来自生活中的奇思妙想，互联网同样蕴含着大量的生活信息，这为玩具领域的检索提供了丰富的资源。

（二）分类号特点

玩具领域（A63H）包括所有玩具类型案件，其案件种类多，其中，大部分案件能够分入 A63H 1/00（陀螺）、A63H 3/00（玩偶）、A63H 11/00（自动式玩具人、物形态）、A63H 17/00（玩具车）、A63H 18/00（供玩具用的公路或轨道）、A63H 19/00（模型铁路）、A63H 23/00（玩具船；漂浮玩具；其他水上玩具装置）、A63H 27/00（玩具飞机；其他飞行玩具）、A63H 29/00（一般玩具用的驱动机构）、A63H 30/00（玩具专用的遥控装置，如供玩具车用的）、A63H 37/00（滑稽物；五彩纸屑、长饰带或其他跳舞用饰物）等申请量较大的主要分类号，上述大组分类号也有比较细分、详尽的下位分类点组。但是，由于玩具案件类型众多，现有分类体系并不能为所有玩具类型提供具体的分类号，即玩具领域还包括一部分不能分入更准确分类号的案件，这类案件均分入 A63H 33/00 其他玩具。

（三）技术方案特点

玩具领域的案件往往贴近实际生活，其涉及的改进方向比较丰富，解决的技术问题主要包括如何降低成本、降低复杂性、提高趣味性、提高安全稳定性、提高美观性等。图2示出了玩具领域案件待解决技术问题的分布，其要解决的技术问题均符合使用者的游戏需求，因此，申请文件的技术方案通常比较容易理解，技术手段本身也比较简单，且发明构思比较容易表达。正是由于上述方案简单易懂、技术手段简单的特点，所以更容易从互联网证据中认定其是否公开本申请发明构思的相关内容，这为玩具领域案件的互联网检索提供了基本条件。

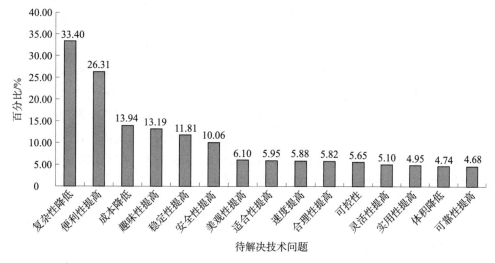

图2 玩具领域案件待解决技术问题分布

三、检索平台选择——专利库 VS 互联网

不同案件技术方案内容各异，不同的检索平台也各有所长，如果能够针对案件特点选择最适合的检索平台进行检索，无疑能够达到事半功倍的效果。[2] 根据上述对玩具领域特点的分析及笔者的审查经验，将玩具领域的检索平台分为专利库和互联网，下面分别介绍两种平台适合检索的玩具领域案件类型。

（一）专利库

专利库包括国内外丰富的专利资源，是玩具案件专利审查中重要的检索平台。

在检索前需要确定体现案件发明构思的基本检索要素，在确定了基本检索要素之后，应结合检索的技术领域的特点，确定基本检索要素的表达形式，其表达形式包括关键词、分类号、化学结构式等。[3] 分类号作为一种基本检索要素的表达形式，同时作为专利库检索的一个重要入口，其在检索过程中尤为重要，获得一个准确的分类号能够极大提高检索效率，因此，分类表中是否具有与案件基本检索要素相对应的比较详细的分类号是判断其是否适合采用专利库作为主要检索平台的重要依据。

如果一件申请在分类表中具有与其比较契合的分类号，说明现有技术在该领域已经作了大量的研究并且申请了专利，这类案件在专利库中进行检索通常能够取得比较好的效果。例如一件申请请求保护一种玩具车，其发明点在于玩具车的车轮结构，通过查找分类表，首先找到玩具车的分类号 A63H17/00（玩具车，例如能自己驱动的车；其辅助设备），进一步发现其下位点组包括 A63H 17/26（·零部件；附件）以及 A63H 17/267（··安装在底盘上的轮子），该二点组分类号 A63H 17/267 与本申请的发明点相契合，因此，该案件优先在专利库中进行检索。另外，如果一件申请没有比较细分且契合的分类号，但是通过简单检索就发现有很多相关文献，也可以继续在专利库中进行检索。

（二）互联网

玩具领域案件种类众多且构思新颖，从申请人的角度出发，如果一件申请是个人申请，且发明构思比较新颖，可以优先在互联网中进行检索。从分类号的角度出发，如果申请案件没有比较细分且契合的分类号，则可以将重点放在互联网中进行检索。从技术方案的角度出发，如果申请文件技术方案容易理解且从附图中就能体现技术方案的关键技术手段，则可以优先在互联网中进行检索。另外，在专利库中没有检索到对比文件的申请文件都可以在互联网中进行检索，玩具领域案件通过互联网检索均能得到相关文献或者一些新的检索思路。

四、互联网检索

根据笔者审查经验，读秀，优酷、腾讯等视频平台，百度等搜索引擎，京东、淘宝等电商平台是玩具领域比较有效的互联网平台。如何在上述诸多平台中选择合适的平台进行检索以提高检索效率？如果选择了合适的平台，但是未检索到有效证据导致检索陷入僵局该如何处理？下面笔者将以几种常见玩具类型实际案例为载体解决上述问题，希望为玩具领域的互联网检索提供一定参考。

1. 科普教学启发类案件

发明名称：一种空气动力玩具飞机（见图3）及其使用方法。

权利要求1：一种空气动力玩具飞机，其特征在于，包括飞机本体，所述飞机本体上设置喷气管，所述喷气管位于所述飞机本体的左机翼和右机翼的对称中心面内，且所述喷气管的一端朝向所述飞机本体的机头方向，所述喷气管的另一端朝向所述飞机本体的机尾方向；所述喷气管朝向机头方向的一端连接有气囊。

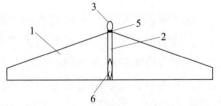

图3 一种空气动力玩具飞机

案情分析：本案属于启发类教学玩具，通

过理解本申请技术方案，可以清楚地发现其发明点在于气囊释放气流通过反作用力为飞机提供动力。

检索策略：通过分析其发明原理，笔者认为教育科普类书籍很有可能会有相关教具记载，同时，相比百度等搜索引擎，读秀在书籍类目的检索会更有针对性。于是，笔者以反作用、气球、玩具、飞机等关键词在读秀进行检索，获得书籍证据《趣味科学游戏——幼儿科技思维训练》，其公开了一种利用气球、塑料管组装的喷气小车，并明确喷气管可以设置于飞机上形成喷气飞机，笔者以此作为对比文件1评述了全部权利要求的创造性。

案情小结：本案技术方案简单，但构思新颖，属于教学启发类玩具，对于此类案件优先选择读秀作为互联网平台进行检索。笔者紧紧把握教学启发类玩具这一特点，选择读秀平台作为检索重点，顺利获得对比文件。

2. 复杂结构商业玩具类案件

发明名称：旋转玩具。

权利要求1：一种旋转玩具，其中，该旋转玩具包括：主体部；旋转部，其以能够旋转的方式设于所述主体部；载置部，其能够相对于所述旋转部装卸；抵接部，其能够与安装于所述旋转部的所述载置部抵接。该旋转玩具构成为，安装于所述旋转部的所述载置部能够在与所述抵接部抵接的条件下自所述旋转部脱离，如图4所示。

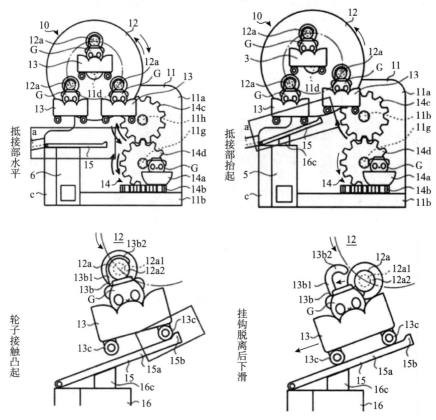

图4 旋转玩具

案情分析：本案属于类似于摩天轮的旋转玩具，通过设置抵接部，当玩家需要载置部脱离时，能够实现旋转部上的载置部在与抵接部接触时自行脱离。从权利要求1可以看出其技术方案的概括较为上位，而且其技术特征对应的技术术语难以扩展，笔者基于已有经验从关键词——摩天轮入手。

检索策略：在准确把握发明构思后，笔者在专利库进行检索，虽然发现准确的FI分类号 A63H33/00&303A——有旋转元件的玩具，但未获得有效对比文件，基于此，笔者考虑进行互联网平台检索。在进行互联网平台检索时，笔者首先从网页平台和电商购物平台入手，以摩天轮、旋转、玩具、模型、积木、包厢、脱离、更换等关键词进行搜索，发现命中的相关玩具从领域到整体的形状设计均非常接近本申请，但都没有公开本申请"安装于所述旋转部的载置部能够在与抵接部抵接的条件下自所述旋转部脱离"这一发明点，如图5所示。

图5　淘宝检索结果截图

考虑到目前视频短片的上传量巨大，酷乐潮玩类视频众多，且动态视频过程能更好地展示玩具零部件的配合，同时公开日期方便确定。笔者决定从视频平台里关于玩具开箱和制作的类目入手，在腾讯视频、优酷视频以及抖音进行摩天轮、旋转、玩具、模型、积木、包厢、脱离、更换等关键词检索，依然无果。笔者想到国内视频平台对于部分引进上传的视频有可能未进行翻译，基于此，笔者在国内视频平台以 ferris wheel toy 为关键词进行试探性检索，在腾讯视频发现一个名为"Sushi Big Ferris Wheel Cooking

Toy"的玩具开箱视频公开了本申请的核心发明点，同时可以评述本申请绝大多数权利要求的新颖性，如图6所示。

图6　视频证据截图

案情小结：本案权利要求技术名词比较上位、抽象，关键词难以扩展且分类号杂音较大。笔者基于对开箱类视频的了解，再结合本案玩具的特性，不断调整检索策略，选择视频平台作为重点，最终在腾讯视频获得有效的视频对比文件。值得注意的是，国内视频平台对于部分引进上传的视频有可能未进行翻译，在互联网平台检索时不仅要进行中文关键词检索与扩展，也要尝试英文关键词的使用。如果笔者忽略了英文关键词ferris wheel toy，仅通过中文关键词是无法在视频平台获取该对比文件的。

3. 简易结构商业玩具类案件

发明名称：玩具结构及这样的玩具结构套件的用途。

权利要求1：一种玩具结构套件，包括若干玩具构建块，每个玩具构建块具有上表面和下表面，上表面设置一个或多个以均匀的优选呈正方形图案等距布置的连接旋钮，下表面设置一个或多个适于与玩具结构套件中另一个构建块上的连接旋钮的可释放摩擦接合的连接插座，并且其中玩具结构套件还包括构建元件，该构建元件包括双稳定带。该带具有第一稳定形状和第二稳定形状，在第一稳定形状下，该双稳定带围绕平行于该带的纵向方向并与该带的第一侧距离一定距离地延伸的第一曲率轴线弯曲，以及在第二稳定形状下，所述双稳定带围绕基本垂直于第一曲率轴线延伸的第二曲率轴线弯曲，以及其中该双稳定带在该双稳定带的第一侧上包括以均匀的优选正方形图案布置的多个连接旋钮，其中每个连接旋钮适于与玩具结构套件中的构建块的连接插座进行摩擦接合（见图7）。

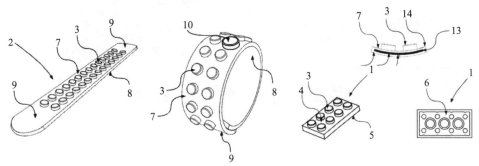

图7　玩具结构套件

案情分析：本案属于积木类玩具，结构简单，通过附图即可清晰体现发明点，笔者确定了检索的两个方向：①具有双稳定带的手环；②柔性条状积木环。笔者首先通过关键词 Bistable（双稳态的）获取对比文件 1，对比文件 1 公开了一种玩具手环，并明确公开了手环内部具有双稳态金属带，能够实现手环的两种稳定状态切换，基于此，笔者接下来重点检索柔性条状积木环相关内容。

检索策略：笔者首先进入百度识图，选取其中最像的一张图片进行图像识别，在浏览的过程中发现了很多柔性条状积木环，并发现了百度识图给出的关键词（小颗粒、硅胶、背胶），还发现了一个批发网站 1688，于是转至该网站采用上述关键词进行检索（见图 8）。

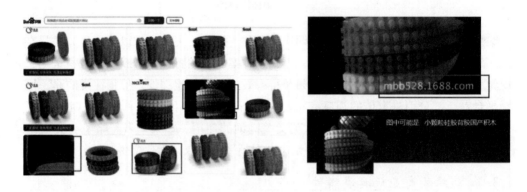

图 8　百度识图页面截图

利用百度给出的关键词，在 1688 网站搜索后发现目标产品，进入详情页发现该产品有一个关键词"积木胶带"，于是采用该关键词返回搜索引擎进行检索（见图 9）。

图 9　1688 页面截图

笔者在百度采用关键词"积木胶带"，并限定时间为 2017 年 10 月 17 日之前，在浏览过程中找到一篇关于积木胶带的报道，浏览发现积木胶带的正面具有连接旋钮，但是背面没有连接插座（见图10）。

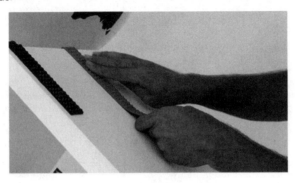

图10　网页报道截图

　　笔者继续调整检索思路，继续追踪源头，在报道中找到了该积木胶带的名字叫作nimuno loops，并联想到之前学习"基于商业模式预期的互联网检索策略研究"的案例分享时，其中介绍了众筹网站通常会有很多有趣的产品项目，并且往往有详细参数信息。[4]

　　于是进入一个国外众筹平台 Indiegogo，并且检索后顺利找到了积木胶带相关的项目，但是对方并未提供包含参数信息的图片，同时也没有公开背部连接插座这一特征。本着一探究竟的想法，笔者继续往源头追踪，在项目简介中找到了该项目的设计工作室名称（见图11）。

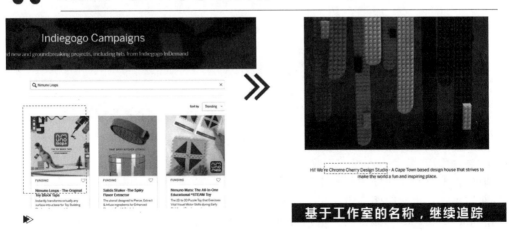

图11　Indiegogo 平台截图

找到设计工作室的名称之后，基于本领域技术人员的审查经验，该设计工作室具有申请相关专利的可能。于是调整检索思路，返回专利库，追踪申请人与发明人，顺利获得第二篇对比文件，其公开了本申请除双稳态带之外的全部技术特征，尤其是背后具有连接插座这一特征，至此本申请的检索结束（见图12、图13）。

专利库：⑥申请人、发明人追踪（chrome cherry）

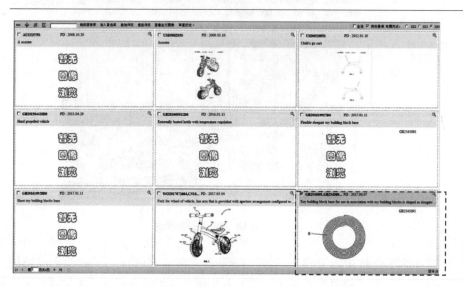

图12 专利库截图

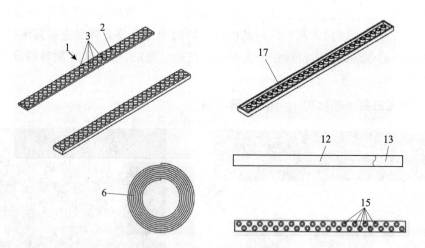

图13 对比文件说明书附图

最后，笔者对于柔性条状积木环的检索过程进行复盘（见图14）。

案情小结：本案附图即可体现发明构思，此类案件优先选择搜索引擎，利用百度识图功能进行图片检索，通过图片识别可以显著扩展关键词的深度与广度，有效扩展检索思路。同时，本案通过在外网平台连续六次追踪检索，并不断调整检索思路，最终获得

❝ **连续追踪过程复盘**

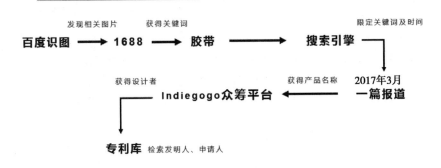

图14 连续追踪路线

对比文件。因此，要注重信息的分析与洞察，基于已有信息不断尝试与总结，不要轻易放弃。值得注意的是，笔者在扩展到关键词积木胶带时，曾以中文关键词"乐高""积木""胶带""胶条""背胶"在 CNTXT 检索未果，以英文关键词"block""tape +""adhesiv +"在 VEN、USTXT 检索，并限定分类号 A63H/IC，未发现对比文件。在复盘阶段，笔者通过阅读对比文件发现，其关键词"tape"并未出现在摘要和权利要求中，仅能通过在 OETXT、GBTXT 中限定该关键词检索到，由于以上两个英文全文库使用频率较低，笔者在第一阶段检索时并未过多关注，因此，在检索过程中还是要注意对英文全文库的全面检索。

五、总结

本文对玩具领域专利申请的特点进行了分析，在专利库中不能获得有效对比文件的情况下，互联网平台的检索成为不得不关注的重要检索方式。鉴于互联网平台种类多、信息繁杂，往往不能通过简单的搜索就获取对比文件，笔者结合实际案例，给出了科普教学启发类案件选择读秀作为互联网平台，复杂结构商业玩具类案件优先选择电商平台及视频平台作为互联网平台，简易结构商业玩具类案件优先选择搜索引擎的识图功能进行检索等建议，且给出了在检索陷入僵局时，要注重信息的分析与洞察，从繁杂信息中不断分析筛选可能的突破点，基于已有信息不断尝试与总结，逐步调整检索思路最终完成检索的审查策略，希望能为相关审查领域的检索提供一些新思路。同时，考虑到部分申请人在完善技术方案的过程中通常在专利库中进行检索，而忽略了现有技术的公开方式不仅包括出版物公开，还包括使用公开及其他方式公开，本文通过以上案例展示了视频平台、网页报道及众筹网站都存在使用公开的可能性，希望能为专利申请人在如何避免技术方案被现有技术公开的问题上提供一定的借鉴意义。

参考文献

[1] 佚名. 我国网民规模达 9.89 亿 [J]. 时代主人, 2021 (2): 49.

[2] 徐淑娴, 等. 检索工具与检索技巧的选择策略初探 [J]. 审查业务通讯, 2010 (17): 75–83.

[3] 国家知识产权局. 专利审查指南 2010 (2019 年修订) [M]. 北京: 知识产权出版社, 2020.

[4] 刘文. 基于商业模式的互联网检索策略研究 [J]. 中国发明与专利, 2020 (11): 115–120.

第三部分

法律适用能力

深化法律思维运用　提升理解发明效能

邵娜娜

摘要 理解发明是实质审查的基础和前提，贯穿整个审查过程，是进行案件审查前期的重点和难点，决定了后续案件检索时检索方向的准确性、检索的效率以及案件走向的正确性。本文结合实际审查经验，从法律思维的角度出发，结合实际案例分析，详细阐述理解发明的重要性，为提高专利审查质量提出初步建议。

关键词 专利审查　法律思维　理解发明

一、引言

在专利申请过程中，对发明专利申请进行实质审查的目的在于确定发明专利是否应当被授予专利权，特别是确定其是否符合《专利法》有关新颖性、创造性和实用性的规定。而实质审查的基本原则包括请求原则、听证原则和程序节约原则。因此，审查的基础是基于申请人依法正式呈请审查的申请文件。

在开启实质审查程序后，依法对申请文件进行审查，其中申请人在申请日提交的申请文件是重要的法律文件，也是理解发明的基础文件。在理解发明申请时，首先要仔细阅读申请人在申请日提交的申请文件，力求准确地理解申请文件记载的发明内容。只有准确理解发明，才能准确地把握检索方向，提高检索效率，提高对比文件筛选准确性，更加准确地把握对比文件的发明构思以及事实认定；在撰写通知书和答复审查意见时，能够做到有针对性地对争议的焦点进行答复；同时也能够对案件的走向起到至关重要的作用。

理解发明是对专利申请作出准确判断的基础和根本，从申请人的角度出发，以正向思维去理解申请人在发明创造过程中遇到的问题，以及针对该问题提出的解决方案，还原发明构思，可以避免和减少主观因素对理解发明造成的影响。总之，准确理解发明贯穿整个实质审查过程，能够对提高审查效率、缩短审查周期、提高审查质量起到至关重要的作用。

以上阐明了理解发明对实质审查的重要性。而在实际审查过程中，理解发明阶段往往会存在各种各样的问题，例如，申请人撰写水平有限导致审查员在阅读理解申请文件时存在障碍，对案件领域不熟悉导致理解发明存在障碍等。因此，练就快速、准确地理解发明、把握发明实质的本领是一项重要的基本功。本文结合实际审查情况，从如何理解发明、理解发明对检索和创造性判断的作用等方面详细介绍如何掌握和提高理解发明的能力，以提高审查效能，同时也能够帮助申请人从审查员的角度借鉴如何撰写申请文件。

二、如何准确地理解发明

法律思维方式是一种实事求是的思维，而理解发明贯穿于专利审查过程中的各个环节，以法律思维理解发明就是要依据申请文件记载的内容准确解读申请文件，提升事实认定的能力，不任意扩大或缩小申请文件的保护范围。那么，如何做到以法律思维准确地理解发明呢？本文从以下几个方面进行阐述。

（一）站位本领域技术人员的能力

要具备无限靠近本领域技术人员的能力，才能根据申请文件更好地解读和理解现有技术中存在的症结，根据技术问题掌握核心的、关键的技术手段，并且合理地判断采用的技术手段能够达到何种程度的技术效果，进而对理解发明起到助力作用。

《专利审查指南2010（2019年修订）》中对本领域技术人员进行了阐述，是一种假设的"人"，假定他知晓发明所属技术领域所有的普通技术知识，能够获知该领域中所有的现有技术，并且具有应用该日期之前常规实验手段的能力。虽然，其假设了一种具备相关领域普通技术知识的人，但是在实际审查过程中，还是以独立的审查员个体为核心进行审查的，而不同的审查员由于个人掌握的技术知识的差异性，难免会存在因片面的理解而导致对技术方案的误读。因此，如何实事求是地理解发明专利申请记载的技术内容，如何准确地站位本领域技术人员，需要做到以下几个方面。

首先，在理解发明过程中，要对知识盲区进行检索和查找，对技术领域的发展状况要做到深入了解，以上均需要通过检索来达到靠近本领域技术人员的水平，进而提高对发明实质的把握。

其次，具备本领域技术人员的能力是一个日积月累的过程，在审查过程中要不断积累本领域技术知识，不仅要做到掌握案件的技术知识，还要做到将案件所辐射到的技术知识一并掌握。通过不断地积累，做到对现有技术的技术脉络的掌握，不断地靠近本领域技术人员。

最后，还可以通过专业技术讲座、技术综述等方式不断地向本领域技术人员靠近。

相应地，申请人在撰写申请文件时，也要清晰、详细地记载相关技术知识和技术方案，避免含糊不清的描述，以帮助审查员更好地站位本领域技术人员。

（二）以技术问题为导向理解发明

以技术问题为导向，从申请人的角度出发，正向理解申请人在发明创造过程中遇到的问题，还原发明创造、把握发明实质。在发明创造过程中，遇到问题—解决问题属于常见的思维方式。而一项发明创造的由来，也是由存在的技术问题产生的，发明人在生产、创造过程中由于原方法存在弊端从而发现了技术问题；存在问题则需解决问题，而解决问题的手段多种多样，如根据生产经验得到的解决方案、从其他领域得到的解决方案或者偶然获得的解决方案等；另外，从技术问题出发还能合理地预期技术手段所能达到的技术效果。

在理解发明过程中，不要忽视对申请文件中技术领域和背景技术部分的解读，其中介绍的所属技术领域和现有技术中存在的问题，正是还原发明创造的关键所在；只有从技术问题入手，才能更好地解读面对技术问题而采用的关键技术手段，即哪些技术手段是针对技术问题提出的，能够解决所提出的技术问题；结合申请文件的技术效果的描述判断技术效果是否在合理的预期范围内，即技术效果是否为解决存在的技术问题而达到的技术效果。

因此，在理解发明时要从技术问题入手，以技术问题为导向合理提取关键技术手段，掌握发明构思，对技术效果进行合理预期，做到准确地理解发明。申请人在撰写专利申请时，也要重视技术领域和背景技术部分的撰写，这部分内容恰恰对理解发明创造的过程起到事半功倍的作用，能够更好地帮助准确地认定解决技术问题的关键技术手段。

（三）准确把握保护范围

发明或实用新型专利权的保护范围以其权利要求的内容为准，说明书及其附图可以用于解释权利要求的内容，而在实质审查过程中以三性判断为主，因此，对权利要求保护范围的解读显得尤为重要。在解读权利要求的保护范围时，既不能脱离说明书将其范围解读得过大，也不能过多地带入说明书的内容将其解读得过小。因此，如何做到合理地解读权利要求的保护范围？

在进行权利要求范围解读时，通常以技术手段划分技术特征来理解，技术手段通常是由技术特征来体现的。而在解读权利要求时，不应当脱离某一技术手段或技术特征对权利要求进行解读。应当综合判断技术特征之间是否相互依存、是否解决相同的技术问题、起到的技术效果是简单叠加还是协同效果。因此，在解读权利要求保护范围时，还要考虑发明所属技术领域、所解决的技术问题和所产生的技术效果，将发明作为一个整体看待。不能因为每个技术特征是现有技术或公知常识，而认为整个技术方案是显而易见的。要准确地站位本领域技术人员，从技术方案的整体考量进行判断。

权利要求书的撰写并非发明内容或实施例的照搬照抄，尤其是独立权利要求，应当从整体上反映发明的技术方案，记载解决技术问题的必要技术特征，以说明书为依据，清楚、简要地限定要求专利保护的范围。

（四）通过实例理解发明

下面通过一个实例介绍如何站位本领域技术人员理解发明，以及如何准确把握权利要求的保护范围。

【案例1】

本案涉及信息处理方法及信息处理装置。权利要求1保护范围如下。一种信息处理方法，其特征在于，包括如下步骤：在监测到满足资源图标处理触发条件时，获取资源图标信息处理选项栏，并将该资源图标信息处理选项栏在智能终端显示屏幕的预定位置显示；在根据所述资源图标信息处理选项栏接收到资源图标信息处理指令时，根据所述资源图标信息处理指令中的处理类型，获取与所述资源图标对应的资源信息，对所述资源信息进行与所述处理类型对应的信息处理。

本案权利要求中，对资源图标的理解多种多样，例如 App 的应用图标等，此时如何对其进行理解则需要结合说明书。说明书在背景技术部分介绍了"如果需要关注、分享图表中的某个资源，需要进入该资源的详细信息的页面，并在该资源的详细信息的页面中寻找进行关注、分享的按钮，即需要进入二级页面才能对该资源进行关注、分享等处理，从而影响到需要对资源信息进行关注、分享等处理时的信息处理效率"，其介绍了本申请所要解决的技术问题，即现有技术存在需要进入二级界面才能进行分享等操作。因此，整个发明是围绕能够跳转到二级资源详情的资源图标展开的；而采用的技术手段是不进入二级界面，直接对资源图标进行操作就能够解决进入二级界面的问题。

案例 1 通过从需进入资源图标的二级界面才能进行信息处理这一技术问题出发，采用可直接触发资源图标就能够处理对资源信息的分享等操作，以达到提高信息处理效率的技术效果。从技术问题出发可以更容易地理解为什么直接对资源图标进行处理，以及达到的预期技术效果。另外，在解读权利要求时，也能够清晰地理解权利要求中的关键技术特征含义。

三、理解发明的作用

（一）理解发明在检索中的作用

在实质审查程序中，对发明专利申请还要遵循程序节约原则，应当在第一次审查意见通知书中将不符合《专利法》和《中华人民共和国专利法实施细则》（简称《专利法实施细则》）规定的所有问题通知申请人，因此，有效的对比文件显得尤为重要。另外，申请文件的走向主要取决于对现有技术作出的贡献程度，而如何判断申请文件对现有技术的贡献，就需要对现有技术进行检索。准确地理解发明能够帮助审查员有效地制定正确的检索策略、得到有效对比文件、准确把握中止检索时机。

在制定检索策略时，要准确理解发明，提炼合适的检索要素以使检索方向准确，否则会出现检索偏航、遗漏更优证据的问题。尤其是在发出第一次审查意见通知书时，要做到充分理解发明，把握发明实质，进行有效的检索，避免后续补充检索，导致多次发出通知书，从而影响审查周期。以案例 1 为例，如果在理解发明过程中，将资源图标的范围扩大，将 App 等资源图标也囊括进来，检索到的对比文件则是对 App 资源图标进行处理的；而 App 资源图标不存在进入二级界面进行信息显示，以及通过资源图标处理资源信息的技术问题，导致检索出现偏差。因此，在正确理解发明的前提下，将关键技术特征"资源图标"限定为文件夹、资源列表条目等才是正确的检索方向。

何时终止检索也是一项重要的能力，尤其是在未检索到有效对比文件的情况下判断是否存在漏检。此时，就需要对发明申请进行充分的、正确的理解，从关键技术手段、技术效果、权利要求限定的保护范围、技术领域等方面入手进行检索，才能准确地作出终止检索的结论。

（二）理解发明在对比文件筛选中的作用

法律思维中强调证据意识，创造性的评判要依据掌握的现有证据，而对比文件就是法律证据。创造性评判是实质审查的核心，涉及审查的方方面面，如对比文件的筛选、显而易见性的判断、案件的走向等。下面从创造性的角度介绍理解发明在对比文件（证据）筛选中的作用。以下仍以案例1为例，给出以下两篇对比文件，从这两篇文件中选择本申请最接近的现有技术，下面对两篇对比文件的主要发明内容进行概括。

对比文件1：一种图形对象的操作管理方法及操作管理装置。

背景技术：计算机的显示屏，可以通过右击鼠标获得相应的操作指令，通过选择并再次点击相应的操作指令进行下一步的操作；而触摸显示屏，如智能手机的显示屏，当长按或点击界面上的某一图标或其他选项时，也可以出现相应的操作指令，同样需要再次选择相应的操作指令进行下一步的操作。使用这些方法不能快速地得到目标相应的操作指令，用户体验还有待提高。

发明内容：步骤S101，设备的显示界面至少包括一个可操作对象，可操作对象可以是文件夹、文件、按钮、列表中的条目等界面内可任意拖拽的对象，可操作对象可响应或执行至少一种操作指令；设备接收选中显示界面中一个可操作对象的第一选中指令，第一选中指令为在触摸屏对某一操作对象进行长按。步骤S102，设备根据第一选中指令在操作对象的周围按预定规则显示至少一个对应操作指令的图标；例如，操作对象是一个文件，则对应于该文件的操作指令包括打开、移动、复制、剪切、粘贴、删除、放大、缩小等，对应这些操作指令形成不同图标，并且这些图标按预定规则显示在该部分文字的周围。

对比文件2：应用的分享方法及装置。

背景技术：当用户将终端设备中安装的应用分享给他人时，需要用户手动操作文件管理工具，在文件夹中找到待分享的应用的安装文件后，才能进行该应用的分享。上述通过用户手动操作文件管理工具，在文件夹中找到待分享的应用的安装文件，通常需要5min左右的时间，如果待分享的应用安装时间已经很久，用户有可能忘记存储该待分享的应用的安装文件的文件夹，需要花费更长的时间查找待分享的应用的安装文件。因此，现有应用的分享方法中，需要用户手动操作文件管理工具查找待分享的应用的安装文件，存在操作不方便的问题，进一步地，手动操作文件管理工具查找待分享的应用的安装文件花费的时间较长，降低了应用分享的效率。

发明内容：步骤101，检测到终端设备桌面上的应用的图标与分享按钮关联。

步骤102，确定与所述应用的安装文件在所述终端设备中的存储位置。

步骤103，将所述存储位置所指向的所述应用的安装文件发送给需要分享的终端设备。

在选择最接近对比文件时可以选择与要求保护的发明技术领域相同，所要解决的技术问题、技术效果或者用途最接近，公开了发明的技术特征最多的现有技术。上面两篇对比文件采用的技术手段与本申请的发明技术领域相同，采用的技术手段也相同，都是对图标进行触发，显示信息处理选项栏，信息处理选项栏接收指令进而对资源处理相应处理指令的信息处理。但是，从对比文件2的背景技术部分不难发现，对比文件2所要解决的技术问题查找待分享的应用安装文件比较耗费时间，应用分享的效率低，而案例1的技术问题是需进入资源图标的二级界面才能进行信息处理（分享等操作）；案例1要解决的是对二级界面的信息操作的技术问题，而对比文件2虽然采用的主要技术手段与本申请相同，但其并非对需要进入二级界面的资源图标进行处理。而对比文件1中处理的操作对象是具有二级信息的文件，是对文件的内容进行打开、复制等操作，其出发点与本申请的出发点相同，面临相同的技术问题。因此，从技术问题角度出发，选择对比文件1作为本申请的最接近现有技术。

（三）理解发明在意见答复中的作用

意见陈述书是申请人与审查员进行沟通的法律途径，在接收到审查意见通知书后，申请人可通过意见陈述书对审查意见通知书中的审查意见进行答复或修改。意见陈述书包括了申请人对不赞同意见的阐明和争辩，因此，要重视对意见陈述书的解读，通常如果对本申请或对比文件的解读有误，申请人会通过意见陈述书的方式进行反馈，其有助于更好地解读本发明、重新认定对比文件事实，以纠正之前事实认定的错误或理解发明的偏差，同时也可以依据申请文件记载的内容验证意见陈述是否言之有理。另外，《专利法》第33条对申请文件的修改作了明确要求，不得超出原始说明书和权利要求书记载的范围，即修改的依据是申请日提交的申请文件。可见，在撰写申请文件时避免可能出现不清楚的描述以及准确完整地将方案的各种可能撰写到申请文件中是非常必要的。

理解申请人意见是再次对申请文件进行解读、对案件走向进行判定的关键。而充分理解申请人意见陈述，抓住申请人意见陈述要点的基础就是对申请的充分理解，只有充分理解发明，理解发明的关键技术手段，才能准确地抓住申请人的争辩点，从而对争辩点进行合理的判断分析，如争辩点是否被对比文件公开，是不是发明创造的关键技术手段等。

四、总结

本文从法律思维角度出发，探讨分析了如何加深理解发明，以及在实际审查中如何做到准确地理解发明，并结合实际案例分析了如何以技术问题为导向理解发明。在审查过程中，只有做到从法律思维角度充分地理解发明，才能保证审查过程的高效性，以及对案件走向的准确性把握，从而高质、高效地作出客观、正确的结论。同时，在申请人撰写专利申请时，也要运用法律思维，准确、清晰、合乎逻辑和有条理地撰写申请文件，能够更好地理解发明、促进实质审查程序的开展。

参考文献

[1] 国家知识产权局. 专利审查指南 2010（2019 年修订）［M］. 北京：知识产权出版社，2020.

[2] 毛圣杰，李若冰. 分析如何正确理解发明［J］. 河南科技，2020（30）：63－67.

[3] 冯涛，李越，邹凯，等. 理解发明与权利要求保护范围的认定［J］. 电子知识产权，2019（11）：98－107.

[4] 聂林，张辉，陶颖，等. 浅谈理解发明的几种方法［J］. 中国发明与专利，2017（5）：55－62.

[5] 陈珊珊. 浅谈如何正确理解发明［J］. 科技创新与应用，2017（22）：174－175.

区块链领域发明专利申请的审查策略

李亚楠

摘　要　我国涉及区块链的发明专利申请日渐增多，由于区块链自身的算法属性和其在金融领域的广泛应用，其在法条适用方面需要给予更多关注。本文首先介绍了区块链技术的相关内容及区块链相关发明专利审查情况，提出区块链领域发明专利申请审查策略的梳理对提升审查工作者的审查质量和效率意义重大，然后从区块链领域发明专利申请通常涉及的《专利法》第5条第1款、第25条第1款第（2）项、第2条第2款以及创造性法条四个方面进行了案例分析，最后总结了区块链领域发明专利申请的审查策略，为区块链领域发明专利申请的审查策略研究提供了参考和建议。

关键词　区块链　审查策略　客体　创造性

一、区块链技术及其相关发明专利申请审查概述

区块链在中本聪2008年发表的论文中首次被提出，最初从数字货币发展而来。区块链，是一种分布式记账技术[1]，它利用分布式共识算法生成和更新区块，并利用对等网络进行节点间的数据传输，结合密码学原理和时间戳等技术的分布式账本保证存储数据不可篡改，利用自动化脚本代码或智能合约实现上层应用逻辑。

区块链的技术结构通常包括区块链原理层和应用层两大部分。在区块链原理层中自下而上可以分为网络层、数据层、共识层、激励层和合约层[2]，分别涉及区块链中的对等网络、数据结构、共识算法、智能合约、激励机制等。而区块链的应用，除了用于数字货币，还广泛应用在物流、版权、公证、教育、医疗、物联网等诸多行业。[3]

区块链技术的高效性和安全性使其在大数据时代发挥了重要的作用。近年来，我国涉及区块链的发明专利申请日渐增多，但由于区块链自身的算法属性和其在金融领域的广泛应用，涉及区块链的发明专利申请的审查在法条适用方面往往需要给予更多关注。因此，对区块链领域发明专利申请审查策略的梳理对提升专利审查工作者的审查质量和效率具有重要意义。

二、区块链领域发明专利申请的审查策略

由于区块链技术在数字货币领域已发展多年，因此涉及数字货币的专利申请由于涉及数字货币的发行和使用，极有可能违反国家相关法律或妨害公共利益。此时，当一件专利申请的主题涉及数字货币时，应首先审查其是否符合《专利法》第 5 条第 1 款的规定。由于区块链技术的原理层中涉及区块链网络及相关算法，因此，还有可能属于智力活动的规则和方法。此时，对于区块链网络结构和算法类改进的专利申请，应审查其是否能够排除《专利法》第 25 条第 1 款第（2）项的情形。由于金融是区块链最主要的应用领域，因此关于金融的区块链专利申请很可能其实质上仅是利用了金融规则而使其不构成技术方案。此时，对于该类专利申请应先判断其是否符合《专利法》第 2 条第 2 款的规定。当一件区块链领域发明专利申请已经符合《专利法》第 2 条第 2 款且并不属于《专利法》第 5 条第 1 款、第 25 条第 1 款第（2）项的情形时，则应当对案件继续进行三性审查。由于区块链技术自身的特点，该类案件在创造性的评判上也存在一定挑战，但也并非毫无原则可循。针对上述各种情形，下面结合相关案例进行具体分析。

（一）涉及数字货币的专利申请审查

【案例 1】

发明名称：基于可信二维码的区块链代币支付方法。

发明概述：本申请涉及一种基于可信二维码的区块链代币支付方法，采用的方案包括：借助区块链即服务技术，使用线上钱包和线下钱包结合的方式，在保证安全的同时提高支付效率；同时本发明使用加密二维码进行比特币的支付，二维码的便捷性相较传统比特币支付过程中输入长密码的过程有很大提高，同时加密算法也保证了支付过程中交易的安全性。

案例分析：该申请请求保护的是一种数字货币支付方法，且其目的是将区块链的代币替代货币从而进行移动支付，根据《中华人民共和国中国人民银行法》第 20 条的规定："任何单位和个人不得印制、发售代币票券，以代替人民币在市场流通。"可知，上述申请采用的方案会造成区块链代币流入市场并广泛流通，因此本申请请求保护的比特币等区块链代币的支付方法违反了法律；而且，由于基于区块链的数字代币的去中心化属性，难以实现资金流向的监管，极易成为洗钱工具，因此，上述申请请求保护的比特币等区块链代币的支付方法会扰乱国家和社会的正常经济和金融秩序，从而妨害了社会公共利益。基于上述分析，可知本申请属于《专利法》第 5 条第 1 款中"对违反法律、社会公德或者妨害公共利益的发明创造，不授予专利权"的情形，所以不能被授予专利权。

此外，2017 年 9 月 4 日，中国人民银行等七部门联合发布《关于防范代币发行融资风险的公告》，正式叫停了包括 ICO（虚拟货币融资）在内代币发行融资。代币发行融资是指融资主体通过代币的违规发售、流通，向投资者筹集比特币等虚拟货币，本质

上是一种未经批准公开融资的行为，涉嫌非法发售代币票券等违法活动。国家禁止各金融机构和非银行支付机构直接或间接为虚拟货币提供登记、交易、清算、结算等产品或服务，并禁止代币发行融资，因此对于涉及数字货币融资的专利申请还有可能因违反国家规定造成妨害公共利益而不符合《专利法》第 5 条第 1 款的规定。[4]

（二）涉及区块链结构的专利申请审查

【案例2】

发明名称：一种双向区块链结构。

发明概述：一种双向区块链结构，其特征在于，包括：至少一个双向链；所述双向链由一个在先区块和一个在后区块沿两个相反方向顺序链接而成，且所述在先区块中存储有所述在后区块中的数据经不可逆算法计算得到的校验值。本发明通过双向链接的区块关系，实现基于新生成的区块中的交易数据开启区块链中已有区块中的交易数据的处理逻辑。

案例分析：该申请要求保护一种双向区块链结构，其方案是将区块链中的两个区块按照两个相反顺序连接，把在后区块的校验值写入在先区块中，从而限定了一种双向的区块链结构。根据区块链的定义可知，区块链实质上是一个去中心化的数据库，即许多具有特定结构的数据的集合，因此，区块链本质是一种数据结构，属于一种信息表述方式，属于智力活动的规则和方法。即该申请请求保护的主题属于《专利法》第 25 条第 1 款第（2）项范畴，不能被授予专利权。

【案例3】

发明名称：一种双向区块链

发明概述：一种双向区块链，其特征在于，包括：至少一个双向链；所述双向链由一个在先区块和一个在后区块沿两个相反方向顺序链接而成，且所述在先区块中存储有所述在后区块中的数据经不可逆算法计算得到的校验值；所述双向区块链结构根据以下所述的数据处理方法形成，即响应于包含开启区块链中已有区块的交易数据的新区块的生成，对新区块中的数据经不可逆算法计算得到校验值，并将该新区块的校验值写入到已有区块中，形成以所述已有区块为在先区块、以新区块为在后区块的双向链接，以标识所述已有区块中交易数据被开启；将形成具有开启区块链中已有区块中交易数据的双向链接的区块链中的新增数据向区块链网络进行广播。

案例分析：该申请虽然也请求保护一种双向区块链结构，但其具体限定了应用在交易领域中，通过双向链接的区块指向关系，可以基于新生成的区块中的交易数据开启区块链中已有区块中的交易数据，从而充分利用区块之间的反向链接结构来实现启用已有区块中交易数据的处理逻辑。可见，上述方案中的双向区块链不只是一种用于表述信息的数据结构，而是以区块链结构表述交易处理逻辑的技术方案，因此，上述专利申请已经不属于《专利法》第 25 条第 1 款第（2）项的范畴，应继续进行三性审查。

案件启示：上述两个案例虽然都属于区块链数据结构的专利申请，但是案例2属于智力活动的规则和方法，案例3则不属于智力活动的规则和方法，其主要还是要看权利要求中记载的方案是否仅涉及人的思维、分析和判断产生的抽象结果，即抽象的信息表述，如果所记载的方案中除了上述内容，还包括其在具体领域的应用和与具体应用领域有融合的技术手段的描述，解决了相应的技术问题并达到了技术效果，则不应将其认定为智力活动的规则和方法。

（三）涉及金融交易的区块链专利申请审查

【案例4】

发明名称：一种基于区块链的数字资产交易方法。

发明概述：本申请涉及一种基于区块链的数字资产交易方法，采用的方案包括：建立数字资产商圈，将商家的存量标的资产归集于该机构的区块链数字资产平台，使其转化为通用数字资产；使同一商圈内的数字资产在该机构的区块链数字资产平台进行交易；数字资产管理机构依据该商圈的通用数字资产发行和管理其代币，并允许投资者通过该机构的区块链数字资产平台对此代币进行交易；将通用数字资产交易作为原始数据输入代币定价算法模型，以此计算代币交易价格并予以公布；其记载了代币定价的具体算法。

案例分析：该申请虽然基于区块链技术实现，但依据统一商圈中通用数字资产交易信息计算以确定代币交易价格属于人为定义的经济规则，该方案实质上是通过人为定义的经济规则确定代币交易价格，不受自然规律的约束，不属于专利法意义上的利用自然规律的技术手段。其所要解决的问题是如何计算代币交易价格，属于经济领域的问题，不是技术问题。所要达到的效果是杜绝代币交易价格受人为因素影响，以提升代币交易时的社会公信力，上述效果不属于专利法意义上的体现自然规律的技术效果。因此，上述专利申请不符合《专利法》第2条第2款的规定，不能被授予专利权。

【案例5】

发明名称：一种分布式账本上的贸易融资方法及系统。

发明概述：本申请涉及一种分布式账本上的贸易融资方法及系统，基于区块链技术，包括：所述核心企业生成权益凭证；将所述权益凭证在所述多级供应商之间逐级进行拆分和流转。具体地，所述核心企业和多级供应商创建分布式账本账号，并选择证书进行登录，由分布式账本的服务端进行证书签名验证；核心企业生成权益凭证；将所述权益凭证在所述多级供应商之间逐级进行拆分和流转；基于权益凭证进行贸易融资，并产生贸易融资记录；所述核心企业按照所述权益凭证中的合约内容，进行支付方和接收方的资产转移兑现。

案例分析：该申请要解决的是针对多级供应商融资如何降低融资风险和成本的问题，属于技术问题。采用的手段是，利用贸易金融区块链实现从核心企业到各级供应商之间从权益凭证创建、拆分、流转到贸易融资、合约清算的处理，且区块链能够允许监管机构、银行机构、征信机构、担保机构、投资机构等机构一并纳入贸易区块链共识过程，使区块链与贸易融资技术连接紧密，构成了技术手段。上述方案能够提高贸易过程的安全性，提高金融贸易过程执行效率，降低成本，上述效果属于技术效果。因此，该申请符合《专利法》第2条第2款的规定，构成了技术方案，应继续进行三性审查。

案例启示：判断区块链在金融交易中的案件是否属于《专利法》第2条第2款规定的技术方案时，要聚焦于解决的问题与采用的手段集合之间是满足自然规律的约束还是经济规律的约束，如案例4虽然利用了区块链，但仅仅是将数字资产交易方法放到公知的区块链上实现，本质上采用的是经济规律，因而其不满足"技术三要素"，故不构成技术方案。另外，案例5虽然也涉及融资，但其并不属于虚拟货币的融资，针对的是法律允许的金融行业内合法的常规融资行为，因此不属于《专利法》第5条第1款规定的情形。

（四）涉及区块链应用的专利申请审查

【案例6】

发明名称：基于区块链的资产抵押方法及系统。

发明概述：基于区块链的资产抵押方法及系统，将借贷业务中相关金融机构通过区块链联合起来，建立借贷联盟链，将资产登记信息写入区块链中，根据获取的借贷需求以及资产登记信息在区块链上进行借贷处理，从而实现降低放贷风险、简化贷款流程、缩短贷款周期和保证贷款人信息安全的效果。

案例分析：根据2020年2月1日起施行的《专利审查指南》第二部分第九章第6.1.2节规定：对既包含技术特征又包含算法特征或商业规则和方法特征的发明专利申请进行创造性审查时，应将与技术特征功能上彼此相互支持、存在相互作用关系的算法特征或商业规则和方法特征与所述技术特征作为一个整体考虑。"功能上彼此相互支持、存在相互作用关系"是指算法特征或商业规则和方法特征与技术特征紧密结合，共同构成了解决某一技术问题的技术手段，并且能够获得相应的技术效果。如果权利要求中的商业规则和方法特征的实施需要技术手段的调整或改进，那么可以认为该商业规则和方法特征与技术特征在功能上彼此相互支持，存在相互作用关系。在进行创造性审查时，应当考虑所述的商业规则和方法特征对技术方案作出的贡献。

而对于该申请，其是将相关业务领域内的常规流程套用到区块链上执行实现，即借贷业务中的相关金融机构可以直接作为区块链上的节点，其中资产的登记和抵押过程可以直接对应到区块链上的区块创建和修改，其能够达到的效果都是由区块链本身的优势所带来的。对于该类申请案件，可以采用区块链介绍的相关对比文件结合相应领域的传统流程的对比文件进行创造性评述。

【案例7】

发明名称：数据资产注册、衍生、流通方法和系统。

发明概述：原生数据服务端获取业务方的交易的原生数据并发起调用原生数据智能

合约的请求，以便将原生数据写入原生数据区块链。原生数据区块链中的节点通知交易相关方对交易的至少部分原生数据进行确认，接收交易相关方的用户端返回的确认结果及数字签名，并在通过验签后将确认结果写入原生数据区块链，基于确认结果确定原生数据是否成功衍生为数据资产。资产流通服务端接收业务方的资产流通请求，验证请求流通的数据资产或其对应的原生数据的存在性和归属性，查询相应交易对应的资产状态，当查询到的资产状态为可流通状态时，通知资方系统请求流通该数据资产及该数据资产的流通类型。

案例分析：该申请考虑到交易时的原生数据本身不具备安全可靠性，即不具备流通条件，因此提供一种将交易的原生数据转化成可流通的数据资产的可信方案。方案包括：由原生数据服务端获取交易的原生数据，发起调用智能合约以便将原生数据写入区块链，获取原生数据的资产衍生结果；通过原生数据区块链中的节点接收调用原生数据智能合约的请求，根据请求和智能合约将原生数据写入区块链；生成确认消息以通知交易相关方进行至少部分原生数据的确认，接收交易的相关方的用户端返回的确认结果以及对应的数字签名，验证后将确认结果写入区块链，并基于确认结果确定原生数据成功衍生为数据资产并返回相应的资产衍生结果。可见，上述方案详细记载了如何由交易的原生数据生成相应的数据资产的过程，其不是区块链在资产注册中的简单套用，而是详细描述了资产在区块链中的注册过程。上述商业规则资产注册和技术特征区块链在功能上彼此相互支持、存在相互作用关系，因此进行上述方案的创造性评述时，应将上述资产注册过程看作一个整体进行评判，根据检索结果来确定创造性结论。

案件启示：评判一件区块链应用的专利申请审查的创造性，如果只是区块链在某一领域中的简单套用，其所达到的效果是由区块链本身所带来的，在检索不到其相关或类似领域与区块链结合的对比文件时，笔者认为可以采用区块链介绍的相关对比文件结合相应领域的传统流程的对比文件进行创造性评述。而对于区块链技术在某一应用领域中具有紧密结合、相互作用的技术手段，并使其达到了除区块链本身带来的效果之外的其他效果，则应将区块链和领域的结合看作一个整体寻求对比文件来确定创造性结论，并不排除其可授予专利权的可能。

三、总结

进行区块链领域的专利申请的审查策略应当先判断专利申请是否涉及数字货币、代币融资等不符合《专利法》第5条第1款规定的内容，再判断专利申请权利要求请求保护的内容是否涉及智力活动的规则和方法以及是否能够构成技术方案，此时应留意的是区块链结构、算法类主题的权利要求以及仅利用经济规律执行区块链服务的权利要求。当一件区块链专利申请均不涉及以上内容时，可以进一步根据专利申请区块链与应用领域的结合是否紧密来作可专利性的初步判断，从而制定不同的检索策略以提高审查效能。

参考文献

[1] 张雪凌，刘庆琳. 区块链专利申请审查标准研究 [J]. 知识产权，2020 (2)：68 – 75.

[2] 刘艳华，张旭光. 区块链领域案件的客体审查要点解析 [J]. 中国发明与专利，2020，17 (S2)：5 – 10.

[3] 胡海容，石冰琪. 基于专利信息分析的我国区块链技术创新路径研究 [J]. 中国发明与专利，2021，18 (3)：18 – 25.

[4] 梁晨陇，陈吕赟. 对区块链相关专利申请的《专利法》第 5 条审查 [J]. 中国发明与专利，2020，17 (9)：108 – 112.

提升理解发明准确性　奏好专利实审"三步曲"

张红云

摘　要　在不断提高专利审查质量的要求下，准确理解发明在专利实质审查程序中起到越来越重要的作用。本文从阅读申请文件、检索对比文件、撰写通知书三个步骤出发，结合具体案例剖析了准确理解发明在审查实践中的助力提升审查质量和审查效率的重要意义。奏好专利实质审查"三步曲"，让真正有价值、创新的成果通过高效严格的审查流程转变成专利，发挥专利审查向前促进科技创新水平提升、向后促进专利市场价值实现的双向传导作用。

关键词　理解发明　专利实质审查　双向传导

一、前言

专利实质审查是每一件发明专利都必须经过的一个重要过程，专利实质审查作为强化知识产权创造、保护、运用的源头，其重要性不言而喻。《专利审查指南 2010（2019年修订)》[1]在第二部分第八章中关于实质审查有如下记载：对发明专利申请进行实质审查的目的在于确定发明专利申请是否应当被授予专利权，特别是确定其是否符合专利法有关新颖性、创造性和实用性的规定。对发明专利申请进行实质审查后，审查员认为该申请不符合专利法及其实施细则的有关规定的，应当通知申请人，要求其在指定的期限内陈述意见或者对其申请进行修改；多次沟通后直到申请被授予专利权、被驳回、被撤回或者被视为撤回。

在一般情况下，专利实质审查程序主要包括三步：第一步，阅读申请文件并理解发明；第二步，检索对比文件；第三步，撰写审查意见通知书。借助专利实质审查，申请人不仅可明确申请存在的缺陷，完善申请的技术方案，撰写清楚合理的保护范围，让提出的技术方案获得最佳的保护效果；还能了解现有技术的情况，针对性地调整研发方向，让申请专利的技术具有更好的创新效果。奏好专利实质审查"三步曲"，让真正有价值、真正的创新成果通过高效严格的审查流程转变成专利，才能有效发挥专利审查向前促进科技创新水平提升，向后促进专利市场价值实现的双向传导作用。[2]

那么，如何才能奏好专利实质审查"三步曲"呢？

二、专利实质审查"三步曲"的作用

在专利实质审查"三步曲"中，阅读申请文件并理解发明作为专利实质审查第一步，是确保检索准确、高效的一个重要因素，而检索结果和理解发明又是撰写有效的审查意见通知书的重要保障。

（一）第一步，阅读申请文件并理解发明

在开始实质审查后，首先要仔细阅读申请文件，力求准确地理解发明。重点在于了解发明所要解决的技术问题，理解解决所述技术问题的技术方案，并且明确该技术方案的全部必要技术特征，特别是其中区别于背景技术的特征，还应了解该技术方案所能带来的技术效果。

在了解申请文件的技术方案后，确定申请文件的发明构思及判断技术方案是否取得了所述的技术效果，确定关键技术手段，并对申请文件的权利要求进行准确的事实认定。除此之外，还应确定和发明点关联度高，或在说明书中明确记载了具有效果和作用的技术特征，为第二步的检索对比文件打下坚实的基础。

（二）第二步，检索对比文件

检索是发明专利申请实质审查程序中的一个关键步骤，其目的在于找出与申请的主题密切相关或者相关的现有技术中的对比文件，或者找出抵触申请文件和防止重复授权的文件，以确定申请的主题是否具备《专利法》第 22 条第 2 款和第 3 款规定的新颖性和创造性，或者是否符合《专利法》第 9 条第 1 款的规定。《专利审查指南 2010（2019年修订）》[1]第二部分第七章第 3.2 节规定，检索主要针对申请的权利要求书进行，并考虑说明书及其附图的内容。应当把重点放在独立权利要求的发明构思上，而不应当只限于独立权利要求的字面意义。

因此高效、准确的检索需要在充分理解发明的基础上进行，即根据发明产生的过程，提出问题—分析问题—解决问题这一过程，构造检索思路，检索能够评述发明构思的对比文件，对于和发明点关联度高，或在说明书中明确记载了具有效果和作用的技术特征也须给予对比文件证据支撑，以增加说服力。

（三）第三步，撰写审查意见通知书

对申请进行实质审查后，通常以审查意见通知书的形式，将审查的意见和倾向性结论通知申请人。在审查意见通知书正文中，必须根据专利法及其实施细则具体阐述审查的意见。审查的意见应当明确、具体，使申请人能够清楚地了解其申请存在的问题。在任何情况下，审查的意见都应当说明理由，明确结论，并引用《专利法》或《专利法实施细则》的相关条款。

审查意见通知书是审查过程中进行有效沟通的重要途径。审查员基于对发明的理解把握技术主题，结合对比文件，提出合理审查意见，评述发明是否具备可授权前景，不

仅表明了对发明专利申请的审查意见和倾向性结论，申请人还能通过通知书中的审查意见了解与申请的技术方案最接近的现有技术，了解申请文件是否存在撰写缺陷、是否具备可授权前景以及合理的修改方式。

可见，理解发明不仅对提高检索效能有重要影响，对加强双方意见沟通交流也同样重要，是专利实质审查中提高审查质量和审查效率的一个重要着力点。

三、案例分析

本文将从两个典型的实际案例出发，结合平时审查实践工作经验，分析在专利实质审查工作中准确理解发明在检索和通知书撰写中的重要作用。

（一）准确理解发明是检索高效准确的重要因素

【案例1】

1. 案情介绍

权利要求1：一种闹钟控制方法，其特征在于，包括以下步骤：获取用户设置的最迟起床时间，在所述最迟起床时间之前确定至少一个监测时间；所述监测时间表示监测用户睡眠状态的时间；若在所述监测时间监测到用户处于浅睡状态，控制闹钟进行振动或振铃；若在所述监测时间监测到用户不处于浅睡状态，则在下一个监测时间继续监测用户的睡眠状态。

本发明所要解决的技术问题是现有技术中突然的声音或振动可能会造成用户的惊醒，加重用户的疲劳感，关键技术手段是设置一个监测时间，仅在监测时间检测用户的睡眠状况，控制闹钟在用户处于浅睡状态时振动或振铃。说明书中记载的技术效果是保证在用户最容易清醒的状态下叫醒用户，有利于提升用户的使用体验。

2. 审查过程

理解发明后，首次检索时使用检索式：

70 CNTXT，睡眠状态 S（浅 2D 睡）S（振动 or 提醒 or 振铃）

得到对比文件1，其公开了一种闹钟振铃的控制方法，检测距离设定的振铃时间的剩余时长；当剩余时长为设定时长时，向智能手环发送获取信息，该获取信息用于获取用户的睡眠状态信息；根据睡眠状态，向智能手环发送振动提示信息，睡眠状态包括深度睡眠和浅度睡眠，用户为深度睡眠时，向智能手环发送振动强度比较大的振动提示信息，而用户为浅度睡眠时，向智能手环发送振动强度比较小的振动提示信息。

在第一次审查意见通知书（简称"一通"）中，评述了本申请不具备创造性。申请人在答复一通时，并未修改申请文件，仅进行了意见陈述，列出争辩点如下：对比文件1与本申请的发明构思并不相同，对比文件1是在某个时间点前，无论用户是深睡状态还是浅睡状态，智能手环都唤醒用户；而本申请是设置监测时间，持续监测用户的睡眠状态，若用户在浅睡状态则唤醒用户，若用户在深睡状态则继续监测用户睡眠状态。对比文件1在深睡状态唤醒用户，会加重用户的疲劳感，达不到本申请的效果。

对于上述争辩点，再次充分理解发明，经过分析认为申请人所陈述的意见是成立的。本申请的方案是通过在监测时间内持续监测用户的睡眠状态，从而在用户浅睡状态时唤醒用户，达到的效果与对比文件1的方案达到的效果并不相同。在重新确定了本申请的关键技术手段后，针对"用户不处于浅睡状态时，在多个监测时间循环获取用户睡眠状态以进行闹钟控制"的方案进行检索，构造检索式：

13　CNTXT，（浅 1w（睡 or 眠））and（（循环 or 重复 or 持续）s（获取 or 获得）s（睡眠 1w 状态））

得到对比文件2，其公开了本申请的发明构思。

3. 案例反思

该案例技术方案简单，容易理解。在首次检索时，仅关注到方案中的部分技术手段"监测用户睡眠状态，在用户浅睡状态时唤醒用户"，而忽略了"设置监测时间，在监测时间内持续监测用户的睡眠状态，仅在用户浅睡状态时唤醒用户"，构造的检索式为"睡眠状态 S（浅 2D 睡）S（振动 or 提醒 or 振铃）"，通过简单检索就获取了多篇在用户浅睡眠时对其进行唤醒的现有技术，发出了一通。申请人根据一通和对比文件公开的内容具体阐述了本申请与对比文件的区别以及所要达到的效果，在申请人进行意见陈述后，审查员根据发明构思重新构建检索式，根据技术特征"若在所述监测时间监测到用户不处于浅睡状态，则在下一个监测时间继续监测用户的睡眠状态"提炼检索要素，构建检索式"（浅 1w（睡 or 眠））and（（循环 or 重复 or 持续）s（获取 or 获得）s（睡眠 1w 状态））"，得到能公开本申请发明构思的对比文件2。但上述理解发明不准确导致未正确构建检索式，未检索到有效的对比文件，影响了专利审查效率。

（二）准确理解发明是撰写有效审查意见通知书的重要保障

【案例2】

1. 案情介绍

权利要求1：一种图像处理方法，其特征在于，应用于电子设备，所述方法包括：采集目标区域的初始图像，所述目标区域为待拍摄的区域；识别所述目标区域的初始图像，基于预设规则将所述初始图像划分为至少一个待处理图像区域；分析所述至少一个待处理图像区域，对所述待处理图像区域进行处理，使经过处理后的图像区域满足预设条件。

权利要求2：根据权利要求1所述的方法，其特征在于，所述识别所述目标区域的初始图像，基于预设规则将所述初始图像划分为至少一个待处理图像区域包括：获取所述初始图像的像素值；将像素值满足预设阈值范围的像素值所对应的区域划分为同一个区域，形成待处理图像区域；或者接收触发所述初始图像生成的触发信号；记录所述触发信号的运动轨迹，将所述运动轨迹对应的区域确定为待处理图像区域。

本发明所要解决的技术问题是当目标区域中的不同物体的亮度存在较大差异时，通过整体对目标区域进行调节容易使拍摄效果不佳，关键技术手段是确定出多个待处理的图像区域，分别对待处理图像区域进行处理，说明书中记载的技术效果是相对于现有技术能够有效地确定出待处理的图像区域，并进行灵活的处理，提高了电子设备的拍摄效果，提升了用户体验。

2. 审查过程

使用检索式：227 CNABS，调整 S 亮度 S 图像，转库至 CNTXT

　　　　　CNTXT，（过曝 or 过暗）and（（拍摄）and（转库结果 1）

进行检索，得到 2 篇对比文件：对比文件 1、对比文件 2。

考虑从属权利要求的全部特征，选用对比文件 1 作为最接近的现有技术，其公开了检测并计算目标图像中目标物体图像的亮度，并在目标物体图像亮度较低时对整个图像（目标图像）进行提亮。对比文件 2 公开了权利要求 2 中的部分特征：基于框选操作确定目标图像区域。使用对比文件 1 结合对比文件 2，发出了第一次审查意见通知书，评述了本申请不具备创造性。

申请人在答复一通时，并未修改申请文件，仅进行了意见陈述，列出争辩点如下：对比文件 1 与本申请的发明构思并不相同，对比文件 1 的技术方案是通过检测并计算目标图像中目标物体所在图像的亮度，并在目标物体图像亮度较低时对整个图像进行提亮，从而防止所拍摄的图像出现暗沉发黑的情况，从而解决没有有效的补光装置，使拍摄出来的图像暗沉（特别是人像拍摄时，拍摄出来的图像暗沉发黑），使用户无法获得满意的照片的技术问题；而本申请是对包含整个目标区域的初始图像进行识别，并基于预设规则将其划分为至少一个待处理区域，再对至少一个待处理区域进行分析处理，使处理后的图像区域（可能只包括整个图像的一部分）满足预设条件，从而解决提出的技术问题，能够对确定出的待处理图像区域进行灵活的处理，提高了电子设备的拍摄效果以及提升了用户体验。

对于上述争辩点，结合申请人的意见陈述再次阅读申请文件，充分理解发明，经过分析认为申请人所陈述的意见是成立的。本申请的发明构思与对比文件 1 的发明构思并不相同：对比文件 1 是根据确定的目标图像区域调整整个图片的亮度，而本申请是根据确定的目标图像区域仅调整目标图像区域的亮度，而不是整个图像，并能同时对多个图像区域进行调整。在重新确定了本申请的发明构思后，更换对比文件 2 作为最接近的现有技术，发出第二次审查意见通知书。

3. 案例反思

该案例技术方案简单，容易理解。在检索时，只关注到技术手段为根据选定区域的亮度对图像进行亮度调整，并根据技术手段进行检索，在同一条检索式下得到对比文件 1、对比文件 2；但在一通通知书撰写阶段，并未从整体发明构思出发，未充分正确地理解发明所要解决的技术问题以及达到的技术效果，忽略了对亮度进行调整的对象是多个选定区域分别单独调整还是全部图像一起调整，导致选择的最接近的现有技术不正确，撰写的一通未得到申请人的认可。在二通时，再次充分理解发明，不仅考虑技术手段本身，还综合考虑了技术问题、技术效果，更换对比文件2为最接近的现有技术，最终驳回了本申请。但上述理解发明不准确导致的通知书效能降低，影响了专利审查效率。

四、如何提高理解发明的能力

本文结合具体案例，从两个方面阐述了理解发明的重要性，理解发明不仅是确保检索准确的重要因素，同时也是撰写有效审查意见通知书的重要保障。在发明创造实质审查的过程中，要提高审查质量和审查效率，就要不断提高理解发明的能力。笔者认为，可以从以下两方面提高理解发明的能力。

（一）增加技术文献阅读量，提高站位于本领域技术人员的能力

众所周知，所属技术领域的普通技术知识、该领域所有的现有技术和常规实验手段多如牛毛，并随时间的推移而不断发展。在日常的实质审查过程中，除理解专利申请之外，在检索过程中，也要有重点地阅读相关技术文献，对现有技术进行积累，"积跬步，至千里"，向该标准无限靠拢和接近，从而提高理解发明的能力。

（二）从技术问题和技术效果两方面核实理解发明是否准确

在一般情况下，发明专利的申请文件都会记载所解决的技术问题，解决该技术问题所采用的技术方案以及所能达到的技术效果。在理解发明后，进行检索之前，可以从技术问题和技术效果两方面核实对发明的理解是否准确。在核实的过程中，可以从自己理解的方案中找出是否有技术手段解决了申请文件所声称的技术问题，达到了声称的技术效果，若不存在相应的技术手段，则需要重新理解发明。在不断地实践锻炼中，提高理解发明的能力。

对发明的技术方案准确地理解和把握，是专利实质审查的基石，在发明具备授权前景时，更是清楚界定权利要求保护范围的关键。在发明的实质审查过程中，通过审查意见通知书和意见陈述书的交互，判断发明的前景；在准确理解发明的基础上，清楚划分发明与现有技术的界限，准确体现发明的技术贡献，使有价值的专利得到有效的保护，真正为科技创新保驾护航。

参考文献

［1］国家知识产权局. 专利审查指南2010（2019年修订）［M］. 北京：知识产权出版社，2020.

［2］刘永超. 提高专利审查能力，促进经济健康发展［J］. 科技促进发展，2016（4）：417-420.

浅谈创造性审查中"改进动机"的判断

谭　雪

摘　要　在实质审查过程中,最接近现有技术是否存在"改进动机"是创造性审查三步法中的重要环节,是判断发明是否具备创造性的前提要件。本文从《专利审查指南 2010 (2019 年修订)》中对于"改进动机"的相关规定出发,结合实际案例,阐述了对"改进动机"的理解和判断方法,为如何实现发明创造的客观公正审查提供借鉴思考,以期提高审查效能。

关键词　创造性　最接近现有技术　改进动机　三步法　审查效能

一、对于"改进动机"的相关规定和理解

根据《专利法》第 22 条第 3 款的规定,审查发明是否具备创造性,应当审查发明是否具有突出的实质性特点。判断发明是否具有突出的实质性特点,就是要判断对本领域的技术人员来说,要求保护的发明相对于现有技术是否显而易见,即发明要具有"非显而易见性"才能具有突出的实质性特点。然而在实际审查过程中,个别审查主体在作为本领域技术人员进行审查时,仍然带有一定主观性。

为了使主观的判断标准客观化,促进审查的标准执行一致,《专利审查指南 2010 (2019 年修订)》中给出了判断"非显而易见性"的三步法,即确定与发明最接近的现有技术、确定发明实际解决的技术问题和判断要求保护的发明对本领域的技术人员来说是否显而易见三个步骤。[1]在执行第三个步骤时,要从最接近的现有技术和发明实际解决的技术问题出发,确定现有技术整体上是否存在某种技术启示,即现有技术中是否给出将区别特征应用到最接近的现有技术以解决其存在的技术问题(发明实际解决的技术问题)的启示,这种启示会使本领域的技术人员在面对所述技术问题时,有动机改进该最接近的现有技术并获得要求保护的发明。也就是说,三步法的本质实际上是还原发明创造的过程,而判断最接近的现有技术是否存在"改进动机"则是其中非常关键的一步。本文旨在从创造性审查三步法入手,探索最接近现有技术是否存在"改进动机",以便为全面提升审查能力提供支撑。

二、审查实践中判断"改进动机"存在的误区

（一）误区一：最接近现有技术的选取不当导致无改进动机

【案例1】

本发明涉及一种设置 Wi-Fi 设备无线上网的方法。在现有技术中，对于没有设置控制接口的 Wi-Fi 设备，配置 Wi-Fi 路由器的服务区别号 ESSID 和密码比较麻烦，通常采用的方式是 Wi-Fi 设备启动后进入 AP 模式，手机通过 Wi-Fi 设置该网络，再通过网关或应用程序将服务区别号和密码发送给 Wi-Fi 设备，从而使 Wi-Fi 设备连接到 Wi-Fi 路由器，但上述方法太过烦琐，不能满足用户的需求。本发明通过智能终端将服务区别号和密码以音频信号的形式发送至 Wi-Fi 设备，Wi-Fi 设备通过模数转换将音频信号还原为服务区别号和密码，实现对 Wi-Fi 设备的设置，使 Wi-Fi 设备自动和无线路由器进行连接，简化了用户的操作。

对比文件 1 涉及一种智能移动通信终端无线网络接入方法。在现有技术中，智能移动终端在每次接入 Wi-Fi 网络时，均须对网络的服务集标识 SSID 进行搜索，并将搜索到的 SSID 以列表形式呈现给用户，用户根据提示选择相应的 SSID 后，输入对应的账号密码信息才可以接入无线局域网络，操作烦琐，不便于用户使用。因此，对比文件 1 在第一智能移动通信终端（相当于本申请的智能终端）接入无线网络后，第二智能移动通信终端（相当于本申请的 Wi-Fi 设备）通过 NFC 数据传输方式，从第一智能移动通信终端中获取无线网络连接数据（SSID、账号密码信息），之后利用该无线网络连接数据接入无线网络。由于只需要靠近第一终端便可获取 SSID 和账号密码，所以简化了用户操作，提高了便利性。

初次审查意见通知书采用对比文件 1 作为最接近现有技术。基于对对比文件 1 的理解可知，第二智能移动通信终端通过 NFC 的方式与第一智能移动通信终端进行连接，从而获取第一智能移动通信终端接入网络时的 SSID 和账号密码。由于第二智能移动通信终端采用 NFC 技术，故该终端本身存在控制接口，也就意味着对比文件 1 从根本上不存在本申请所声称的 Wi-Fi 设备不存在控制接口这一技术缺陷，那么本领域技术人员也就无法基于对比文件 1 来还原发明创造。因此，对比文件 1 无改进动机。

【案例2】

本发明涉及一种设备配置方法。现有技术中存储厂商为了配置高可靠性的存储特征，需要人工手动在多个存储系统间分别作大量的重复配置，效率低。本发明在完成一个源设备的资源配置后，由管理设备接收源设备发送的同步配置消息，所述同步配置消息包括配置数据和至少一个目标设备标识，由管理设备向至少一个其他目标设备发送配置消息。

对比文件1涉及一种设备配置信息管理方法。现有技术中的设备管理人员针对设备进行配置时，需要对大量的设备进行重复性的设置工作，工作量非常大。如果设备参数过于复杂，管理人员还需要使用设备的本地维护终端，维护不方便。因此，对比文件1通过客户端向服务器发送设备配置信息的请求，携带配置项标识、同步源标识和同步目标标识，服务器依据所述配置项标识分别获取同步源和同步目标的配置信息并比较，根据比较结果对同步目标的相应配置执行相应操作，实现一次配置多个相同设备的配置信息。

初次审查意见通知书将对比文件1作为最接近的现有技术，其设计设备同步配置，且公开权利要求技术特征较多。然而根据上述公开的内容可知，对比文件1更多考虑的是设备配置信息的管理问题，涉及的技术架构为客户端—服务器—同步源设备—同步目标设备；而本申请涉及的是如何将源设备的配置信息快速同步配置给其他相应的目标设备的过程，涉及的技术架构为同步源设备—管理设备—同步目标设备。两者技术架构不同，并且在实施时，对比文件1必须依赖服务器的相关处理才能实现整个方案流程，本领域技术人员如果以对比文件1作为发明起点进行改造，反而要克服技术上的障碍来改变其系统架构，且改变后的系统架构无法实现对比文件1自身的功能。因此，对比文件1并无改进动机。

在上述两个案例中，审查意见中未能以合适的最接近现有技术为起点进行改进，导致后续还原发明创造的整个过程受到阻碍，无法继续采用对比文件1评价本申请的创造性，在后续审查过程中更换对比文件，从而延长了审查周期。

（二）误区二：对现有技术的事实认定不当导致无改进动机

【案例3】

本发明涉及一种视频传输方法。在现有技术中，用户会建立多个视频通道来传输监控到的画面。当带宽不足时，如果降低传输码流，那么视频画质就会受到影响；如果减少通道路数，那么有些通道就无法实时监控。因此，本发明在当前各视频通道传输的视频码流总和需要占用的网络带宽大于当前网络总带宽时，将部分通道的视频进行组合后传输，既保证了视频播放流畅，又保证了画质清晰。

对比文件1涉及一种视频处理方法。在现有技术中，对于跨省、跨市等广域网的数字监控，在带宽的限制下，目前只能传输一路高清视频，无法传输多路高清视频。为了能够在带宽受限的情况下传输多路高清视频，对比文件1根据监控侧的分辨率和待合成的视频数据的路数确定分辨率门限值，判断待合成的视频数据的分辨率是否不超过分辨率门限值，若超过，则调整待合成的视频数据的分辨率使其不超过分辨率门限值，将多路待合成视频数据合并为一路视频数据进行传输。

在审查时，将对比文件1作为最接近的现有技术评价本发明的创造性，相关审查意见为：首先，对比文件1公开了在带宽受限的情况下调整分辨率以便进行视频传输，而在视频监控系统中，网络摄像机的网络带宽取决于分辨率大小，因此将多路分辨率超出门限值的视频调整分辨率后合为一路传输，其技术实质就是将多路视频进行压缩从而使传输码流在网络带宽之内；其次，对比文件 1 中分辨率门限值是根据监控侧的分辨率和待合成的视频数据的路数确定的，其也是为了保证画质不受影响的情况下传输多路视频，因此隐含公开了对传输视频所需当前网络总带宽的判定。基于上述事实认定此案被驳回。

此案在前置阶段无修改维驳，复审撤驳。撤驳理由为：对比文件 1 虽然涉及了对多路视频进行合并，但其对高清视频是否要合并的依据是该高清视频的分辨率，而不是网络可用的总传输带宽。如果高清视频的分辨率不超门限，而网络带宽又不够，对比文件 1 的方案也不会对高清视频进行合并操作，这就会导致视频不能流畅播放；如果高清视频的分辨率超过门限，即使网络带宽足够，对比文件 1 的方案也会对高清视频进行合并操作，并不会利用足够的带宽来充分地提高视频画面质量，反而会降低视频数据的视频画面质量。虽然对比文件 1 中提到高清视频的传输存在网络带宽限制，但是对比文件 1 仅仅意识到高分辨率的视频对网络传输不利，但是对比文件 1 并未对在带宽有限的情况下如何充分利用可用带宽以提高视频质量给出启示，而仅对超过分辨率门限的视频合并以减小带宽占用。也就是说，对比文件 1 关注的只是多路视频的流畅播放，而对于流畅播放的同时所需的视频画面质量并不关心。因此，对比文件 1 并无改进动机。

在上述审查过程中，审查意见中错误地认定了对比文件 1 中的分辨率就隐含公开了网络可用带宽的事实，进而认为对比文件 1 所解决的技术问题与本申请一致，导致后续改进动机的认定和结合启示的判定均出现了问题，延长了审查程序。

（三）误区三：实际解决的技术问题确定不准确导致无改进动机

【案例 4】

本发明涉及一种发声控制方法。在现有技术中，扬声器的设置占据了较大的设计空间，从而导致电子设备不符合薄型化设计的方向。本发明通过检测用户相对电子设备的距离，根据该距离确定对应的需求音量，然后在多个发声区域中确定目标发声区域，目标发声区域的预设发音音量与该需求音量匹配。其中，每个发声区域的预设发声音量不同，最后向该激励器发送驱动信号，驱动该目标发声区域以其预设发声音量发声。从而可以实现根据用户相对电子设备的距离，自动选取与该距离对应的发声音量的发声区域进行发声，增强电子设备的发声效果，提升用户体验。

该案审查采用对比文件 1 结合对比文件 2 评述创造性并驳回，前置申请人加入说明书内容，前置维驳后复审撤驳。撤驳的权利要求 1 如下：

一种发声控制方法，其特征在于，应用于电子设备，所述电子设备包括显示屏以及用于驱动所述显示屏发声的激励器，所述显示屏包括多个均匀分布于所述显示屏的独立的发声区域，每个发声区域对应一个激励器，所述激励器贴附于所述显示屏下方，所述方法包括：检测用户相对所述电子设备的距离；确定所述距离对应的需求音量；在所述多个发声区域中确定目标发声区域，其中，所述目标发声区域的预设发声音量与所述需求音量匹配，每个所述发声区域的预设发声音量不同，每个所述发声区域对应一个等级的音量；向与所述目标发声区域对应的所述激励器发送驱动信号，驱动所述目标发声区域以其预设发声音量发声；在所述距离大于预设距离时，将所述目标发声区域周围的发声区域作为第一辅助发声区域；向所述激励器发送驱动信号，驱动所述第一辅助发声区域发声。

对比文件 1 涉及一种屏幕发声系统及控制方法。在现有技术中，屏幕发声技术只采用一颗放置在显示屏背后的激励器来驱动屏幕发声，当遇到尺寸限制时，激励器会放在边缘处，导致人耳在偏离激励器位置较远时，通话时的响度降低从而影响通话效果。因此，对比文件 1 设计了一种屏幕发声系统，其包括屏幕以及贴设在屏幕上的用于驱动屏幕发声的激励器，还包括控制装置以及用于检测外界环境噪声大小和人耳位置的检测传感装置，所述检测传感装置与所述控制装置电连接；所述屏幕上耦合有至少两个激励器，至少两个所述激励器均与所述控制装置电连接；当所述检测传感装置检测到外界环境噪声较大时，所述控制装置控制至少两个所述激励器同时工作，当所述检测传感装置检测到外界环境噪声较小时，进而检测人耳位置信息，所述控制装置根据所述检测传感装置反馈的人耳位置信息控制靠近所述人耳位置的激励器工作。

对比文件 2 涉及一种音量调节方法。现有技术中移动终端的听筒音量调节往往是被动调节，在用户没有及时调节或者不方便调节时，听筒音量过大或者过小，导致用户通话体验差，甚至漏掉重要的信息。因此，对比文件 2 在检测到移动终端处于通话状态时，通过距离确定模块确定所述移动终端和用户的距离值；根据所述距离值确定对应的音量调节信息，音量调节信息可以包括目标音量；依据所述音量调节信息对所述移动终端的音量进行调节。

审查评价创造性时认为：对比文件 1 与权利要求 1 的主要区别在于：①将屏幕划分为多个均匀分布的独立的发声区域；②检测用户相对电子设备的距离，确定不同距离对应的需求音量，每个发声区域的预设发声音量不同，对应不同的距离驱动不同的发声区域发声。基于上述区别确定本发明实际解决的技术问题是：①如何划分屏幕发声区域；②如何调整通话音量以提高用户通话质量。对于区别①，审查意见认为对比文件 1 已经公开了不同屏幕区域可以分别设有一个激励器，那么本领域技术人员就能够想到为了合理划分屏幕发声区域而对对比文件 1 进行改进，从而得到多个均匀分布的独立发声区域。对于区别②，审查意见认为对比文件 2 公开了可以根据用户与移动终端的距离来调节通话音量，那么本领域技术人员容易得到，在通过激励器激励屏幕发声时，通过用户与屏幕的距离确定对应的目标音量调节信息，向发声音量与需求音量匹配的目标发声区域的激励器发出驱动信号，控制目标发声区域以目标音量发声。

在该案复审决定中，合议组将上述区别作为一个整体确定了本发明实际解决的技术问题，即当用户与电子设备距离发生变化时如何自动调节发声音量，增强发声效果，提升用户体验。具体地，本申请为了解决当用户与电子设备距离发生变化时，需要用户手动调整发声音量的问题，提出了一种发声控制方法，将显示屏划分为多个均匀分布的独立的发声区域，每个发声区域的预设发声音量不同，通过检测用户相对电子设备的距离，根据该距离确定对应的需求音量，然后在多个发声区域中确定目标发声区域，目标发声区域的预设发声音量与该需求音量匹配。在所述距离大于预设距离时，将所述目标发声区域周围的发声区域作为第一辅助发声区域辅助发声。从而可以实现根据用户相对电子设备的距离，自动选取与该距离对应的发声音量的发声区域进行发声，增强电子设备的发声效果，提升用户体验。由此可以看出，权利要求1中的特征"将屏幕划分为多个均匀分布的独立的发声区域"和特征"每个发声区域的预设发声音量不同"是不能割裂的，将屏幕划分为多个均匀分布的独立发声区域的目的是预设多个不同的发声音量，从而可以在多个具有不同预设音量的发声区域中选择与距离对应的目标发声区域，进而达到根据距离自动调节音量的效果。

在上述审查过程中，确定实际解决的技术问题时，将区别特征割裂看待，没有从整体上考虑技术特征之间的关联，从而导致确定的实际解决的技术问题不准确，错误地评价了本申请的创造性高度，延长了审查程序。

三、"改进动机"的判断方法

从前面的案例分析中可以看出，对比文件是否存在"改进动机"，要经过以下三个步骤的判断。

首先，要确定该对比文件是否可以作为最接近的现有技术。最接近的现有技术是还原发明创造的起点，是三步法的基础。审查主体在选择最接近的现有技术时，一方面，要准确认定对比文件是否声称存在与本申请相同的技术问题，或者经过分析后客观上是否面临着相同的技术缺陷；另一方面，在以最接近的现有技术作为发明起点进行改进时，要注意是否需要克服技术上的障碍和困难，避免因为改进而与原本的技术方案相矛盾。即要从所属的技术领域、解决的技术问题、实现的技术手段、达到的技术效果整体上判断对比文件是否可以作为最接近的现有技术。

其次，要客观认定最接近现有技术公开的事实。在进行事实认定的过程中，要对对比文件所采用的技术手段、该技术手段能够解决的技术问题和达到的效果进行客观的分析。从本领域技术人员的角度出发，通过合乎逻辑的推理、分析，全面、客观地进行事实认定，不能断章取义或事后诸葛亮，将对比文件公开的内容进行过度理解，向本申请的方向进行不当的引申和推导。

最后，在审查中应当客观分析并确定发明实际解决的技术问题。应当客观认定本申请与对比文件存在哪些区别技术特征，这些区别技术特征彼此之间功能上是否相互支持，技术上是否相互关联，不应当将技术特征割裂，而应以其共同解决的技术问题、达到的技术效果来确定实际解决的技术问题。

四、结语

在创造性审查三步法中，判断最接近的现有技术是否存在改进动机是非常重要的步骤，准确的判断有助于最大限度地、客观完整地再现发明创立的过程，保证对发明创造性判断结论的正确性并提高审查效率。具体地，应在准确把握最接近的现有技术的基础上，正确认定最接近现有技术公开的事实，基于区别特征整体在发明技术方案中达到的效果来确定发明实际解决的技术问题，避免陷入相应的审查误区，以期提高审查效能。

参考文献

[1] 杨克非. 最接近的现有技术的选取 [J]. 审查业务通讯，2018（3）：11 – 18.

准确理解权利要求　全面提升审查能力

彭翠莲

摘　要　发明或实用新型专利权的保护范围以其权利要求的内容为准，准确确定权利要求保护范围是创造性评价的前提和基础。本文通过案例阐释如何以"三层次递进式"方式解读权利要求，将繁杂、冗长的权利要求保护范围解读得更为清晰、准确；接着在准确理解权利要求保护范围的基础上，针对保护范围较大的权利要求展开审查时，避免把说明书的全部内容带入解读权利要求保护范围中，从而遗漏新颖性文件。此外，在解读权利要求保护范围时，通过分析权利要求技术特征在发明中的作用，提升检索和审查效能。本文对于如何准确解读权利要求有一定指导借鉴意义，有助于提升专利质量和授权稳定性。

关键词　权利要求保护范围　三层次递进式　技术特征作用　审查能力

一、前言

一件专利申请对现有技术所作出贡献的技术手段一般在撰写较为规范的独立权利要求的特征部分能够体现，通过关键技术手段提取检索要素，能够帮助检索人员针对专利的核心技术方案进行检索。[1]同时，发明或实用新型专利权的保护范围以其权利要求的内容为准，说明书及附图可用于解释权利要求的内容。[2]准确确定权利要求保护范围是创造性评价的前提和基础，权利要求的事实认定应当符合本领域技术人员阅读说明书后的常规理解，一般来讲，应与本专利的整体发明目的相一致。在专利审查实践中，确定权利要求的保护范围，往往涉及确定权利要求中具体技术术语或用语的技术含义，以及各技术特征之间的关系。在权利要求书文字记载的基础上，结合本领域技术人员对于现有技术的认知、对于发明技术方案的理解以及发明对现有技术作出的贡献，准确解读权利要求保护范围，有助于对本申请发明构思的检索，起到事半功倍的效果。本文分别通过一个典型的专利复审案例、一个视撤案例和 PCT 补充检索案例来阐释如何以"三层次递进式"方式解读权利要求，将繁杂、冗长的权利要求保护范围解读得清晰、准确，对在历届发明过程中准确解读权利要求具有指导借鉴的意义。

在创造性判断与现有技术的比对中，准确理解权利要求保护范围对于创造性结论的准确性有着关键性的影响。

二、"三层次递进式"解读权利要求，将保护范围化繁为简

准确确定权利要求保护范围是创造性评价的前提和基础，权利要求的技术方案通常由多个组分、含量、制备方法或结构等技术特征组合而成，我们在准确解读权利要求保护范围时，可按照如下"三层次递进式"对其进行解读：①技术特征本身层面的理解；②各技术特征关系层面的理解；③完整技术方案层面的理解。在对上述三个层面的权利要求保护范围进行解读后，对于权利要求保护范围的准确理解则水到渠成。

【案例1】

以下述复审案例为例，发明名称为"快速崩解包衣片剂"，申请人为麦克内尔-PPC股份有限公司。在复审阶段，申请人对权利要求进行修改，权利要求1为：

1. 一种剂型，包含：a）芯，所述芯具有外表面以及第一端和第二端；b）在所述芯中的至少一个凹陷图案；其中，所述至少一个凹陷图案包含从中心毂径向延伸的三个或更多个延伸部分；其中，所述至少一个凹陷图案包含至少一个壁；其中，所述至少一个壁包含约25°或更小的垂直壁角；c）所述芯的外表面的多个部分上的包衣；其中，所述至少一个凹陷图案包含大于0.5mm的深度；其中，所述至少一个凹陷图案中的包衣的厚度比所述片剂的其余部分上的包衣的厚度小至少10%；其中，所述芯包含至少一种活性成分，并且其中所述剂型允许所述至少一种活性成分遵循速释特征溶解。

通过上述权利要求1文字记载可以看出，其并未采用化学领域熟悉的组分、含量等来限定剂型产品，而采用结构、各组成之间的相对关系等来描述，技术特征多、杂且不易理解。我们尝试采用上述"三层次递进式"对其解读，梳理各技术特征的关系后，脑海里即可出现该权利要求保护剂型的结构。首先，从技术特征本身层面可以看出，该剂型包含：a）芯；b）芯中至少一个凹陷图案；c）芯外表面多个部分上有包衣。接着，梳理各技术特征关系，权利要求1限定了a）芯具有外表面以及第一、二端，限定了b）芯中的凹陷图案包含径向延伸的三个或多个延伸部分，至少一个凹陷图案包含至少一个壁，其中至少一个壁包含较小的垂直壁角；限定了c）芯的外表面的多个部分上的包衣；其中凹陷图案包含大于0.5mm的深度，且至少一个凹陷图案中的包衣的厚度比其余部分上的包衣的厚度小至少10%。最后，站位本领域技术人员角度来看权利要求1请求保护的完整技术方案，可以看出：权利要求1请求保护一个具有芯和包衣的剂型，其中芯上有凹陷图案，凹陷图案部分和非凹陷部分的外表面均有包衣，并限定了凹陷图案的延展方向、角度、包衣厚度以及凹陷图案的包衣厚度相较于其他部分的包衣要薄至少10%，换言之，芯上凹陷处有较薄的包衣，甚至可以无包衣。通过以上三个层面对权利要求1请求保护技术方案进行解读，结合本申请说明书的记载和说明书附图的显示，应将权利要求1中的凹陷图案理解为片剂表面的刻字或压制出的特殊标记。

本申请以对比文件2作为最接近现有技术，其实际上也涉及包衣片剂，并且由于壳具有一个或多个开口，所以对比文件2的剂型在客观上也形成了所谓的异质包衣。另

外，在片上压制凹陷图案是本领域的常规技术手段，本领域技术人员有动机根据实际需要选择是否在片上压制凹陷图案，从而使本领域技术人员能显而易见地获得压制凹陷图案产生异质包衣的技术方案。

可见，尽管权利要求采用较为复杂的描述方式，使其保护的技术方案看起来结构复杂，甚至因包含较多不同的技术特征组合使技术方案看起来非显而易见，然而，当我们对其保护范围进行技术特征本身层面的理解、各技术特征关系层面的理解以及完整技术方案层面的理解后，就可以准确把握本申请的发明构思，抓住其对现有技术作出的贡献点。

三、多角度理解权利要求，提高检索效率

说明书是用来解释并支持权利要求书的，说明书采用实施例来阐释发明要保护的主题，然而，在审查中要提高解读权利要求保护范围的能力。尤其是当权利要求保护范围较大时，应针对权利要求展开审查，避免把说明书的全部内容解读到权利要求中，从而遗漏新颖性文件。

【案例2】

以下述案例为例，权利要求请求保护范围如下：

1. 一种用于基因递送的纳米颗粒，其包含：至少一种与胆汁酸或胆汁酸衍生物缀合的离子聚合物；基因，其中所述缀合的胆汁酸或胆汁酸衍生物具有离子基团。

……

8. 如权利要求1所述的用于基因递送的纳米颗粒，其中与胆汁酸或胆汁酸衍生物缀合的离子聚合物是通过二硫键缀合的离子聚合物。

按照上面介绍的三个层次递进式解读权利要求，首先，权利要求1限定的纳米颗粒包含胆汁酸或其衍生物、离子聚合物和基因。其次，各技术特征之间的关系为：胆汁酸和离子聚合物之间通过"缀合"连接；权利要求1请求保护完整的技术方案是一种纳米颗粒，其包含胆汁酸和离子聚合物缀合连接的载体、基因，换言之，其请求保护的纳米颗粒包含胆汁酸和离子聚合物的载体以及基因。

本申请说明书记载20个实施例，均通过二硫键将胆汁酸与离子聚合物缀合形成新的辅料用于静电吸附基因，但通过上述方式解读本申请权利要求可以发现，权利要求1既未限定离子聚合物的种类，也未限定缀合的具体方式。也就是说，除实施例和权利要求8所述的二硫键之外，权利要求1限定胆汁酸和离子聚合物还可以通过其他方式共价结合，其保护范围较大。此外，尽管国际检索报告以及EPO补充检索报告提供多篇X文件，但都对上述缀合的技术手段采用常规实验方法评述其创造性。

鉴于权利要求1范围较大，检索时结合本申请实施例选择特定的离子聚合物与胆汁酸缀合，初步尝试将离子聚合物扩展为鱼精蛋白或者壳聚糖，胆汁酸或其衍生物扩展为胆酸或胆汁酸，利用互联网资源检索平台，对我国专有数据库CNKI、万方等进行补充检索。

在 CNKI 同一句或同一段中进行检索，过程如下：

290　　壳聚糖 and 胆酸/CNKI（同一句）

74　　壳聚糖 and 胆酸/CNKI（同一句）并且　基因 and 纳米（同一段）

获得对比文件 1：《壳聚糖及其衍生物在基因治疗应用中的研究进展》，《中国新药杂志》，第 22 卷第 14 期，第 1652～1655 页，公开日期为 2013 年。其中，记载：Kim 等利用这一特性，用脱氧胆酸对壳聚糖进行疏水性修饰……经过一系列化学反应后即得脱氧胆酸改性的壳聚糖……对非洲绿猴肾细胞（COS–1）进行转染，其转染效率高于裸 DNA。

接着，对引文 19 进行追踪，获得对比文件 2，"Structural Characteristics of Size–Controlled Self–Aggregates of Deoxycholic Acid–Modified Chitosan and Their Application as aDNA Delivery Carrier"，Young Hyo Kim et al.，Bioconjugate Chem.，Vol：12（6），page：932–938，公开日期为：2001 年 3 月 11 日。其公开了所述脱氧胆酸修饰壳聚糖（DAMC）的化学结构如图 1 所示。

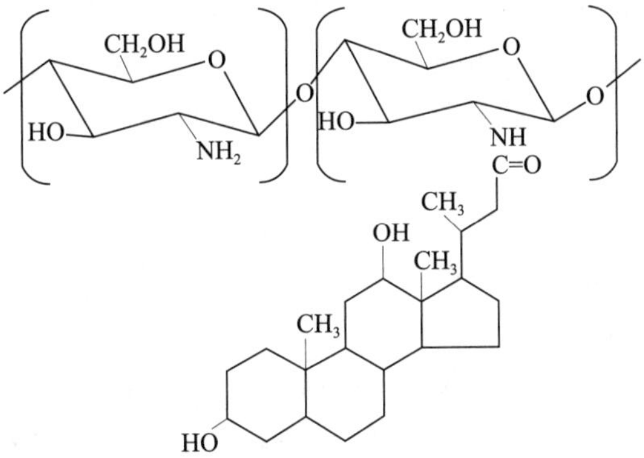

图 1　对比文件 2 中公开的脱氧胆酸修饰壳聚糖（DAMC）化学结构

上述 DAMC 可与质粒 DNA 形成复合物，可用于评述权利要求 1～3，9，11 的新颖性。因此，上述对比文件 2 为影响本申请新颖性的 X 文件，证据效力优于国际检索报告或 EPO 补充检索报告中的影响本申请创造性的 X 文件。

可见，在准确解读权利要求保护范围后，可看出权利要求保护范围是否较大，当其保护范围较大时，我们需要从多角度解读权利要求，对其发明点进行检索，有可能获得更优的对比文件。

四、分析权利要求中的技术特征在发明中的作用，提炼发明构思，提高检索效率

对限定权利要求保护范围的技术特征的理解不能脱离发明专利说明书中所述的发明所要解决的技术问题、各技术特征的作用和技术效果。然而，在说明书也未清楚记载发明构思的情况下，我们应当站在本领域技术人员的角度，分析权利要求中相关特征在发明所要解决的技术问题中所起的作用及实现的效果，并结合其在所述领域的作用，将组

合物中的多种组分进行分组，并基于分组情况推测申请人真正的发明构思，利用重新构建的发明构思结合技术问题进行检索。

【案例3】

以下述案例为例，其发明构思是：为了使儿童喂药不产生抗拒，采用预胶化淀粉、卡拉胶、酸源、碱源等形成药物组合物，获得了溶解性好、感官和味道好的组合物。其权利要求如下：

1. 一种药物组合物，其特征在于该药物组合物包括：预胶化淀粉、卡拉胶、果糖、碱源、酸源、离子源。

从属权利要求2~9限定了上述各组分种类及用量。

权利要求1限定组分包含胶质、离子源、酸源和碱源，为化学领域常见的组合物产品式权利要求。本申请既未记载上述各组分组合在一起的原理，也未提及各组分的作用，发明构思也非常模糊，尤其是本申请将酸源和碱源称作"发泡成分"且将二者直接混合，并非药剂领域常见术语。在检索过程中，首先采用常规检索方法，以组合物各组分作为基本检索药物进行全面检索和部分检索要素检索，在CNABS、CNTXT、非专利库、药智库等数据库中均未获得适宜对比文件，且鉴于上述各组分均为药剂常用组分，噪声较大。

在本申请并未明确记载发明构思以及组合物检索策略都无收获时，可通过实施例组分配对情况及其在药剂中的常规用途推测本申请真正的发明构思。通过说明书实施例2的制备例可以看出，碳酸氢钠和柠檬酸是配对使用的，二者在药剂领域中通常是作为泡腾剂组分使用；卡拉胶是果冻或凝胶剂中的常用胶质，因此，可将权利要求1中的6类组分分成两组，其中预胶化淀粉和卡拉胶作为胶质组；酸源和碱源的组合作为气泡组，离子源可合并至气泡组。结合本申请在技术问题中描述的儿童喂养困难，基于上述各组分的分组情况和技术问题，可推测：本申请可能是为了解决儿童喂养困难，采用泡腾组分加入至果冻或凝胶中形成组合物，遇水后泡腾组分会产生气泡，即申请人所述的"发泡"。因此，以上述推测的发明构思结合技术问题作为基本检索要素调整检索式，以"泡腾""果冻or凝胶""儿童"进行检索，再采用关键组分进行进一步限定，最终获得对比文件1，其检索过程如下：

1   USTXT：1797   effervescent and（jelly or gel）and child

2   USTXT：13 1   and（carrageenan p calcium p citric acid p sodium carbonate）

通过对上述13篇英文文献进行筛选，获得对比文件1，其公开了包含酸源、碱源泡腾组分的产气组分，以及糖等气体分散组分的药物组合物，并公开了糖等气体分散组分是淀粉、果胶、角叉菜胶等，泡腾产生的气体促使药物在较短时间内渗透和分布于载体中，从而使药物方便摄入，可有效解决儿童喂养困难的技术启示。可见，对比文件1公开了本申请的发明构思。

以上述申请为例，根据实施例推测出本申请真正的发明构思，将权利要求1中的多组分按照其作用分成两组进行检索，结合技术问题降噪后可迅速获得有效对比文件，本申请最终一通后视撤。

五、结语

　　准确确定权利要求保护范围是创造性评价的前提和基础。在审查实践中，在面临如何准确解读权利要求保护范围时，我们可以从如下三个层面递进式解读：①技术特征本身层面的理解；②各技术特征关系层面的理解；③完整技术方案层面的理解。在对上述三个层面的权利要求保护范围解读后，不仅能将复杂、冗长的权利要求保护范围解读得更清晰、准确，还有助于准确把握本申请的发明构思，为提质增效工作助力。此外，在采用上述递进式解读权利要求的基础上，针对保护范围较大的权利要求展开审查时，应避免把说明书的全部内容带入解读权利要求保护范围中，从而遗漏新颖性文件。对于组合物发明，应当站在本领域技术人员的角度，分析权利要求中相关特征在发明所要解决的技术问题中所起的作用及实现的效果，并结合其在所述领域的作用，将组合物中的多种组分进行分组，提炼发明构思，精准检索。本文通过案例总结以"三层次递进式"方式解读权利要求，对在历届发明过程中准确解读权利要求具有指导借鉴的意义。

参考文献

[1] 魏保志. 专利检索之道［M］. 北京：知识产权出版社，2019.
[2] 国家知识产权局. 专利审查指南2010（2019年修订）［M］. 北京：知识产权出版社，2020.

实验数据对疾病生物标志物类
专利申请创造性评判的影响

蒋红云　陈依晗❶　白晓岩

摘　要　实验数据是专利申请创造性评判的重要考量因素，如何衡量实验数据的有效性与权利要求保护范围之间的关系是目前审查实践中的难点。本文从实际案例出发，探讨疾病诊断专利中实验数据、生物标志物灵敏度，治疗靶点专利中专利与临床层面差异、整体性原则，疾病预后专利中概念理解偏差、补充实验数据等对创造性评判的影响。上述几个维度的分析，旨在为此类案件的审查提供一些经验借鉴，从而促进专利申请质量的稳步提升和专利市场价值的有效实现。

关键词　实验数据　创造性　诊断生物标志物　治疗靶点　预后生物标志物

20 世纪 80 年代，人类基因组计划破解了复杂的遗传密码，伴随着高通量测序及体外诊断技术的发展，传统经验诊疗模式逐步转向生物标志物指导下的精准治疗模式。生物标志物广义上是指生物体在受到自身或外界负面因子干扰后，在分子、细胞、个体或种群水平上产生的可测的异常变化的信号指标，具有一定的敏感性和特异性，能够客观反映环境与生物体状态之间的关系。[1]

传统的生物标志物一般为蛋白质（包括多肽）、基因（包括 DNA、核酸等）、RNA（包括 mRNA、小分子 RNA）等，近年来随着体外诊断技术的不断发展和深入，单核苷酸多态性（SNP）、代谢物、翻译后修饰、表观遗传等新兴生物标志物成为该领域的新发展趋势。生物标志物多样化的形式能够使医生及患者在不同表达水平充分了解环境因子与疾病之间的关联，适应多种临床处置阶段的需求。生物标志物在疾病的早期诊断、治疗及预后的研究中具有重要意义。生物标志物类专利申请是开发相关产品的基础，有潜在的巨大经济价值，上述用途的生物标志物更是申请人在专利布局中的重要核心。[2]

实施例作为专利申请文件中的主要部分，对于实施可能性和实施效果较难预见的生物标志物类专利申请而言十分重要，往往需要通过实施例中记载的实验数据来表明疾病与生物标志物之间的关联。"本领域技术人员"是《专利法》中极其重要的概念，是创

---

❶　等同于第一作者。

造性判断的主体，这个"假设的人"划定了本发明水平与现有技术之间的差别，能否准确站位本领域技术人员对实验数据进行客观判断，决定了是否能够准确把握发明构思、明确权利要求保护范围。

笔者拟通过以下案例，探讨如何正确站位本领域技术人员，衡量实验数据的有效性与权利要求保护范围之间的关系，以期为疾病诊断、预后生物标志物及治疗靶点相关专利申请的创造性审查标准提供借鉴，正确引导此类专利申请文件的撰写，助推发明专利高质量发展。

一、疾病诊断生物标志物创造性评判

（一）案例

【案例1】

案例1涉及一种呼吸道合胞病毒感染（RSV）早期诊断标志物 CTSD 基因，请求保护检测 CTSD 基因表达的产品在制备诊断呼吸道合胞病毒感染（RSV）的工具中的应用。

该申请实施例1经 Illumina 平台测序、分析比较 RSV 感染组和对照组 mRNA 的表达差异，表明与正常对照组相比，RSV 感染组血液中差异表达 mRNA 为1047个。qPCR 结果显示，与对照组相比，RSV 感染组患者血液中 CTSD 基因的 mRNA 水平显著升高（$P < 0.05$）。免疫印迹实验结果显示，与对照组相比，RSV 感染组患者血液中 CTSD 蛋白水平显著升高（$P < 0.05$）。进一步，分别收集500例患者感染血液样本及健康个体样本，实施相对定量分析，结果显示，该基因结果显示出较高的诊断效能，灵敏度和特异性分别为90.1%和79.1%。

【案例2】

案例2涉及一种肿瘤相关生物标志物 LINC01336，请求保护检测 LINC01336 基因表达水平的试剂在制备诊断胃癌的产品中的应用。

该申请实施例1经 lncRNA 表达芯片检测分析，结果显示与癌旁组织以及正常胃组织相比，LINC01336 在癌组织中的表达水平显著下调。qPCR 验证结果同芯片检测结果一致。实施例4~6构建 LINC01336 基因过表达载体并转染至胃癌细胞系，结果表明，过表达 LINC01336 后，胃癌细胞增殖、迁移和侵袭均被显著抑制。

【案例3】

案例3涉及一种与结直肠癌筛查诊断相关的 miRNA 生物标志物 miR-21，权利要求请求保护含有 miRNA 生物标志物血浆 miR-21 的试剂盒在筛查诊断结直肠癌中的应用。

该申请通过对开放数据库中结直肠癌相关循环 miRNA 的检索，分析确定了候选标志物 miR-21，并在结直肠癌患者及健康个体中进行 qPCR 验证，采用风险评分系统、绘制 ROC 曲线和计算 AUC 评价目标 miRNAs 对结直肠癌诊断价值。结果表明，miR–21 在结直肠癌患者血浆中的表达远远高于健康人群（$P < 0.001$）。风险评分系统和 ROC 曲线分析显示，结直肠癌患者在 miR–21 上的风险评分显著，且血浆 miR–21 能够显著甄别患者人群，$AUC = 0.877$。miR–21 表达阈值为 0.00220（$2^{-.00}$）时，诊断结直肠癌的灵敏度和特异性分别为 76.2% 和 93.2%。

（二）案例解析与创造性评判

案例 1 验证了疾病与正常样本中基因具有差异性表达，通过计算灵敏度、特异性初步证实标志物的诊断价值；案例 2 在验证了疾病与正常样本中基因具有差异性表达的基础上，通过表达实验证明干预该基因的表达水平可治疗疾病；案例 3 对筛选后的 miRNA 通过 qRT–PCR 验证和风险评分系统、ROC 曲线分析确认了所述 miRNA 用于诊断结直肠癌的灵敏度和特异性。以上三类案例是疾病诊断标志物专利申请中常见撰写形式，笔者对上述三种撰写形式专利申请的创造性评判有如下几点思考。

1. 实验数据多寡、发明获取途径与创造性之间的关系

尽管三个案例均请求保护疾病诊断生物标志物，但是很显然，案例 1 较案例 2 和案例 3 而言，不管是实验数量还是实验种类丰富程度都略有欠缺。随着生物技术尤其是二代测序等高通量技术的发展，筛选疾病与正常人群中差异表达基因越来越容易，类似案例 1 中的验证试验也很容易，是不是意味着这样的发明不具备创造性或创造性高度很低以至于无法获得授权？

一方面，《专利法》以及《专利审查指南 2010（2019 年修订）》中对于专利申请中实验数据究竟需要做多少、做多深并无具体规定。专利申请对实验数据的要求也不同于药品上市申报审批，药品上市申报审批中要求提供充分实验数据的目的在于证明药品的可靠性、安全性和有效性，专利申请要求实验数据的目的则在于证明技术方案的可行性。[3] 三个案例的实验数据都证明了其所述基因在疾病与健康人群中存在显著性差异，也均进行了不同程度的验证，因此，从"实验数据用于证明技术方案可行性"这个角度来说，三个案例都在一定程度上建立了疾病与差异表达基因之间的关联，证明了其技术方案可行。

另一方面，《专利审查指南 2010（2019 年修订）》[4] 第二部分第四章第 6.1 节中指出："不管发明者在创立发明的过程中是历尽艰辛，还是唾手可得，都不应当影响对该发明创造性的评价。"基于此，尽管通过高通量测序筛选疾病与健康人群差异表达基因以及诸如案例 1 所述差异表达验证的技术趋于成熟，类似发明专利申请也日益增多，但是这些因素都不应成为影响创造性评判的主观因素。在现有技术并未公开或教导所述基因可作为本申请所述疾病诊断生物标志物的前提下，需客观认定发明申请的创造性。与此同时，笔者认为不宜以现有技术公开的其他无关生物标志物的筛选方法评述本申请涉及的疾病诊断生物标志物及其应用不具备创造性，因为这样的评述思路与常规创造性"三步法"评述中显而易见性的判断相违背，不免有"事后诸葛亮"的嫌疑。在现行审查标准下，通常如无现有技术公开或明确教导，笔者认为应当认可前述

3 个案例所述技术方案的创造性。

2. 疾病诊断生物标志物灵敏度、特异性与创造性之间的关系

疾病生物标志物一般是指可客观测定和评价疾病病理过程中某种特征的生化指标。在一种疾病与正常人群中存在差异表达的基因，在其他疾病中也有可能存在差异表达，这样的基因作为疾病诊断生物标志物是否可行？是否需要验证所述标志物用于检测本申请所述疾病的灵敏度、特异性以证明其可行性？

笔者认为，机体就像一台精密的仪器，有着复杂的调控网络，不同疾病状态下出现相同基因的相同或相似变化非常有可能。如果发现了已知疾病标志物的新用途，结合创造性"三步法"评判中显而易见性的判断来看，发明则不是显而易见的。进一步地，如果有实验数据证明其技术方案可行，则应当认为发明具备创造性。

生物标志物尽管在一定程度上能够用于测定或评价疾病，但是目前仍没有能够100% 确诊疾病的生物标志物，检测生物标志物存在与否仅仅是一种辅助诊断的手段，如体检时常见的基因筛查。客观上，每一个新的疾病诊断标志物的发现对于提高该疾病基因筛查的准确性都有一定的贡献。从这个层面上来说，笔者认为，在发明非显而易见的前提下，申请文件中如果记载了检测灵敏度、特异性相关实验，如案例 3，则证明力更强；但是如果没有，如案例 2，也不应据此认为所述标志物用于诊断疾病的技术方案不具备创造性，否认其对现有技术作出的贡献。

二、疾病治疗靶点创造性评判

（一）案例

【案例 4】

案例 4 涉及 CD44 抗体在制备治疗帕金森病的药物中的应用，请求保护 CD44 抗体在制备治疗或预防帕金森病的药物中的应用。

该申请实施例记载了对野生型小鼠分别注射同等剂量的免疫球蛋白和 CD44 抗体 10 天后，继续注射神经毒素诱导，选取运动功能显著障碍的小鼠作为造模成功的帕金森模型小鼠。将造模成功的帕金森小鼠经过行为学和组织化学测定，结果发现，CD44 抗体可显著缓解帕金森模型小鼠的运动障碍，组织学结果显示黑质部位酪氨酸羟化酶表达显著提高，多巴胺神经元数量得到恢复。

（二）案例解析与创造性评判

此处引用案例 2、案例 4 探讨对于该类案件，如何基于说明书中公开的内容，考量生物标志物治疗用途的创造性。

1. "治疗用途"在《专利法》层面与"临床"层面的差异对创造性评判的影响

在医学辞典中，治疗通常指干预或改变特定健康状态的过程，为解除病痛所进行的活动。"预防"根据干预时间的不同，分为针对病因发生的一级预防、临床前期的二级预防、临床的三级预防，也称为预防性治疗。可见，在医学术语定义中，预防与治疗的关系在处置目的、干预阶段上具有明显的差别。

在《专利法》中，根据 A25.1（3）规定属于"疾病的诊断和治疗方法"的不授权客体，《专利审查指南 2010（2019 年修订）》明确指出了如注射疫苗等免疫方法同样属于疾病的治疗方法。可见，在《专利法》层面上，并未将治疗与预防之间关系进行严格区分，或者说，在一定程度上，将预防过程中的三级预防阶段归为治疗方法。

这种"临床"与《专利法》层面解释的差别在一定程度上导致了申请人或代理人的理解偏差。例如，案例 4 通过对野生型小鼠给药后造模，实质上研究的是个体在患病前给药对疾病的耐受性，而不是患病后给药的病况。特别是，预防医学主要的工作对象限于健康人群和无症状人群，而治疗过程往往是在医生对病人进行诊断确诊后，采用已知的医学干预手段对病情病灶的调节及缓解过程。可见，案例 4 中所体现的给药、建模、疾病评价过程实质上是对于药物预防效果的评估，而不能充分体现该抗体在治疗过程中的作用。因此，本领域技术人员根据实施例记载的内容，仅能预期 CD44 抗体对于帕金森病的预防作用而非治疗作用。

总体而言，疾病的预防及治疗过程是在患者的不同患病阶段、不同身体状态下的不同处置手段，其作用的机理并不必然相同。笔者认为，在这种情况下，需要通过站位本领域技术人员对这种差别进行客观评判，合理划定权利要求的保护范围。

2. "整体性原则"对创造性评判的影响

在《专利审查指南 2010（2019 年修订）》所规定的创造性的审查原则中，除了区别于新颖性评判的将一份或多份不同技术内容组合在一起对要求保护的发明进行评价，还强调了"整体性原则"，即不仅需要考虑技术方案本身，还要考虑发明所属技术领域、所解决的技术问题和所产生的技术效果，将发明作为一个整体看待。

专利技术方案的创造性既可以来源于"问题的解决"，也可以来源于问题的提出。在创造性评判的"三步法"中，欧洲专利局也多以"问题—解决"方法来选取最接近的现有技术，实现对发明构思的重构。[5] 对于生物标志物的治疗用途发明，往往人们对于某种疾病的治疗需求，即构建发明的动因，已经在该领域内广泛存在或为人们所知晓，也即技术问题是客观存在的。现有技术给出了不同程度解决所述技术问题的技术方案，在此基础上，需综合考量技术效果，将"方案、问题、效果"作为一个整体评判本申请的创造性。

在发明的创造性审查中，以实验数据为基础判断权利要求请求保护的技术方案的技术效果时，只需要存在合理的成功预期，并不需要绝对的成功预期。具体而言，若本申请无法证实生物标志物与疾病治疗存在关联，如案例 4，由于预防和治疗的机制和处治过程不同，本领域技术人员并不能基于现有技术及本领域普通技术知识构建"从预防到治疗"的桥梁，所以无法预期获得本申请技术方案成功的可能性，更加无法预期技术方案所产生的技术效果。但是，如果本申请试验能够证实生物标志物与疾病治疗存在一定的关联，如案例2，虽然仅给出了细胞模型的验证结果，缺乏临床试验的证据，但笔者认为：一方面，采用细胞模型研究机体疾病的致病机制与治疗方法是本领域的常规实验手段，符合生物领域的常规研发思路；另一方面，细胞试验中所选用的细胞模型一般均为本领域所常用的能够切实反映本体状态的分离细胞株，与患者本身的病况具有一致性。因此，本领域技术人员能够基于普通技术知识构建"从细胞到人体""从实验室到临床"的桥梁。

三、疾病预后生物标志物创造性评判

（一）案例

【案例5】

案例5涉及眼底血管性疾病的预后生物标志物 hsa_circ_0000615，请求保护上述生物标志物在制备眼底血管性疾病治疗后的预后评估试剂中的应用。

该申请实施例1通过荧光定量 PCR 分析眼底血管性疾病患者和对照组房水中 hsa_circ_0000615 的表达水平。结果显示，与对照组相比，眼底血管性疾病患者的房水中 hsa_circ_0000615 表达上调。实施例2收集抗新生血管治疗前后的 200 例眼底血管性疾病患者的房水标本，通过荧光定量 PCR 分析 hsa_circ_0000615 的表达水平。结果表明，hsa_circ_0000615 在接受抗新生血管治疗后的眼底血管性疾病患者的房水中表达显著下调。

【案例6】

案例6涉及心力衰竭疾病的预后生物标志物 IL1RL-1，请求保护特异性地与 IL1RL-1 多肽结合的试剂在制备预测患者心力衰竭疾病结果的药物中的用途。

该申请实施例2利用 PRAISE-2 模型及脑利尿钠肽（BNP）和前心房利尿钠肽（ProANP）多变量模型，比较基准血样和2周后血样中 IL1RL-1 的变化。结果表明，IL1RL-1 是心力衰竭患者死亡率或移植的单变量预测因素（$P < 0.048$），同时也是独立于 BNP 和 ProANP 的预测因素。随访 30 天后，死亡的患者，或者发生新的或更严重的充血性心力衰竭患者血液中的 IL1RL-1 水平显著提高。

（二）案例解析与创造性评判

案例1、5、6分别代表专利申请中与疾病的预后评估相关的三种数据类型。案例1仅验证了疾病与正常样本中生物标志物具有差异性表达；案例5企图通过验证疾病治疗前后生物标志物存在差异表达证明其可用于疾病预后评估；案例6通过 PRAISE-2 模型、多变量模型，建立标志物与疾病治疗结果（如存活或死亡）之间的关系。对于以上三种类型的专利申请，其创造性评判主要考量以下两点。

1. "预后" 概念理解的偏差对创造性评判的影响

临床上所谓"预后"，是指对疾病结局的预先估计。疾病在治疗后的转归包括存活和死亡两个结局，存活者还可分为治愈、缓解、迁延、慢性化、恶化、复发、残疾及发生并发症等结局。[6]在疾病预后评定指标中，根据病程的长短、治愈可能性的高低，可分别以治愈率、缓解率、复发率、病死率、生存率、致残率等表征预后。[7]但申请人往往在撰写专利申请时，对"预后"的理解会存在以下误区，导致权利要求保护范围的界定有误。

（1）预后评定指标选择有误。

以案例 5 为例，其数据显然并未以疾病发生后的结局为关联指标，而是在治疗前后检测环状 RNA 的差异表达。此类数据仅能证明环状 RNA 与是否存在眼底血管性疾病具有相关性，并不是用于评估预后的正确指标和模型。反观案例 6，其以预测疾病发生后的结局为目标，利用本领域心力衰竭预后分析常用的模型，建立起生物标志物与疾病预后之间的相关性，数据足以支撑后续创造性的评判。

（2）预后评估概念认定有误。

疾病本身具有预后良好或不好的特征，如案例 1 中 ASV 感染通常预后较好，但由于患者的体质不同、慢性疾病的影响或治疗不及时等情况仍存在预后不好的可能性。也即确诊了 ASV 感染，患者预后仍存在不确定性。也就是说，能够用于诊断 ASV 感染的生物标志物不一定能够用于评估预后。对于预后生物标志物类专利申请，需要预后相关实验数据作为支撑，表明其与疾病预后之间的关联。因此，以案例 1 为代表的专利申请，在未进行疾病预后分析的情况下，无法认可所述诊断数据对于预后评估的有效性。

（3）预后相关法条理解有误。

根据《专利审查指南 2010（2019 年修订）》第二部分第一章第 4.3 节，疾病治疗效果预测方法被列为疾病的诊断方法中不能被授予专利权的例子，属于《专利法》第 25 条第 1 款第（3）项规定的范畴。[4]而疾病治疗效果预测方法属于预后评估的下位概念，部分专利申请会以此认为诊断和预后相通，以诊断作为预后的上位概念，将权利要求概括为诊断的生物标志物，导致保护范围的界定错误，为后续创造性的审查造成不利影响。

专利的申请与授权涉及权利与贡献相匹配，对审查和申请均提出了充分站位本领域技术人员的要求。申请一方在撰写专利申请文件的权利要求书时，需准确把握现有技术和本领域普通技术知识，根据说明书中记载的技术贡献和现有技术概括合理的保护范围，避免出现上述误区。审查一方在进行创造性评价时，也应全面理解技术方案、检索现有技术，帮助申请人取得应有的权利。在现有技术中并无启示的前提下，针对案例 5，应积极引导申请人保护生物标志物在诊断眼底血管性疾病方面的用途。

2. 补充实验数据对创造性评判的影响

《专利审查指南 2010（2019 年修订）》中明确规定对于药品专利申请在申请日之后补交的实验数据应当予以审查。补交实验数据所证明的技术效果应当是所属技术领域的技术人员能够从专利申请公开的内容中得到的。[4]由此，对于上述案例 1 和案例 5，申请人提供的针对预后评估的补充实验数据是否可以被接受？

补充实验数据被认可的前提是不违反先申请及公开换保护这两个基本原则。先申请制在保护最先提交专利申请的申请人权益的同时，决定了申请的技术贡献应当限于申请日之前。如何界定申请人的技术贡献，最直接的方式是根据说明书中记载的技术贡献。对于说明书中未记载的，一种情况是申请人并不知晓其技术贡献，另一种是申请人知晓但认为无须记载。

具体到本文中的案例1和案例5，其未记载技术贡献的原因并非上述两种情况，而是申请人对于自身技术贡献的理解有误，错误地将疾病诊断的技术贡献延伸至预后评估。基于此，一方面，从申请人的本意和技术方案的实质出发，其权利要求所概括的预后评估的技术方案及说明书中泛泛提到的可用于预后评估的结论属于断言式结论，无法作为申请人提供补交实验数据的基础。另一方面，在申请人对技术贡献认定有误的前提下，合理推测申请人在申请日前并未进行与预后相关的实验，其补充实验数据的真实性有待考量。因此，所属技术领域的技术人员无法从专利申请公开的内容中得到补交实验数据所证明的技术效果，上述补充实验数据也就无法作为预后评估的创造性基础。

四、结语

有效的疾病生物标志物能够提高临床诊断的精确性，监测疾病进展和治疗成效，识别疾病级别和亚型，预测患者预后。随着相关专利申请数量的增多、质量的提升，如何把握创造性评判的尺度成为重要命题。对于疾病生物标志物类案件而言，由于疾病的发生、发展、转归、预后间既相互关联，又彼此独立，因而在创造性审查中，须准确站位本领域技术人员，把握整体性原则，客观判断实验数据的有效性，合理界定权利要求的保护范围。在不违反先申请制和公开换保护的原则之下，应当允许申请人以补充实验数据的形式克服缺乏创造性的缺陷。通过持续保持专利审查标准的一致性，促进专利申请质量的稳步提升和专利市场价值的有效实现。

参考文献

[1] 徐望红. 肿瘤流行病学 [M]. 上海：复旦大学出版社，2017.

[2] 中国知识产权研究会. 各行业专利技术现状及其发展趋势报告 [M]. 北京：知识产权出版社，2014.

[3] 国家知识产权局专利复审委员会. 以案说法：专利复审、无效典型案例指引 [M]. 北京：知识产权出版社，2018.

[4] 国家知识产权局. 专利审查指南2010（2019年修订）[M]. 北京：知识产权出版社，2020.

[5] 王傲寒. 欧洲专利局申诉委员会关于最接近的现有技术选取的思路及实例 [J]. 专利代理，2017（4）：29 – 32.

[6] 申杰. 医学科研思路与方法 [M]. 北京：中国中医药出版社，2016.

[7] 叶冬青. 临床流行病学 [M]. 合肥：安徽大学出版社，2009.

微生物专利授权和保护难点问题的考量

赵建民　陈文丽❶　高　欣

摘　要　微生物菌株的充分公开和专利权保护范围是微生物专利审查和保护的争论焦点和难题。本文讨论了将期刊文献中的菌株作为现有技术的理论和现实意义，针对审查实践和专利保护运用中出现的困难提出了完善措施。从全国首例微生物专利侵权案件出发，论述了目前微生物菌株专利保护范围认定方法的不足，探讨了微生物专利侵权类型和侵权判定方法。本文对解决侵权判定难题提出了技术性建议，有助于更好地理解微生物领域公开充分的目的和要求。

关键词　微生物　现有技术　保护范围　等同侵权　专利标记

微生物发明可以申请专利，但未经人类任何处理而存在于自然界的微生物属于科学发现，不能授予专利权，只有当微生物经过分离成为纯培养物，并且具有特定的工业用途时，才属于专利权保护客体。专利微生物主要通过自然筛选、人工诱变、人工驯化和基因工程改造等几种方法获得，我国微生物专利资源较为丰富，2001—2019 年，我国专利保藏机构专利微生物菌种保藏量达到 38316 株，超过了美国的 19348 株，居世界第一位。[1]

不同于机械、电子、化学等专利保护的经典技术领域，微生物发明的审查和保护有着特殊的规则。然而，由于沿用传统上用于保护"技术特征"（非生命）发明创造的专利法来保护生命物质，加之微生物专利保护制度的发展时间较短，目前微生物专利的授权和保护存在一些困扰和难题，主要体现在微生物的充分公开和保护范围方面。近年来，随着我国微生物产业的快速发展，市场竞争日趋激烈，这些问题开始凸显，亟须在专利审查和保护中调整或新建规则，以适应产业和社会需要。本文着重讨论在专利审查实践中对微生物菌株可获得性和技术效果认定的问题，以及在专利侵权判定中对微生物菌株保护范围认定的问题。相关问题是微生物发明专利审查中的疑难问题，本文有助于专利工作者更好地理解微生物领域公开充分的目的和要求，正确把握授权性标准和权利要求保护范围，并为专利申请人在申请时机、申请内容撰写方面的申请策略，以及授权后的维权主张提供借鉴。

---

❶　等同于第一作者。

一、微生物菌株的充分公开

微生物充分公开的重要性，一方面体现在微生物菌株被专利或非专利文献公开后，公众是否能够实际获得，关系到微生物菌株是否属于现有技术的基本事实认定；另一方面体现在微生物菌株技术效果的充分公开关系到对专利菌株的创造性判断。

（一）专利文献菌株的公众可获得性

在生物技术领域，由于"技术特征"的文字记载很难描述生物材料的特征，即使有了这些描述也很难得到生物材料本身。为了满足发明应该充分公开的要求，国内外的专利制度都要求将请求保护的微生物菌株进行保藏，并在专利申请公布后向公众发放。因此，就不能通过再现手段获得的菌株而言，如果想获得菌株的专利保护就需要进行保藏；如果没有保藏，专利记载的菌株也不能作为另一件专利菌株新颖性/创造性评价的现有技术。此外，保藏菌株还可为解决菌株新颖性争端和第三者侵权提供证据，并且在专利终止或保护期满后成为公共财富。

（二）期刊文献菌株的公众可获得性

《专利审查指南2010（2019年修订)》中规定了三种公众可以得到，而不要求进行保藏的情况：①公众可以通过国内外商业渠道买到的；②在用于专利程序的保藏机构保藏且已在专利公报中公布或已授权的；③已在非专利文献中公开且申请人提供了保证向公众发放的证明。第三种情况涉及非专利文献中的菌株是否属于公众可以获得且充分公开的认定。对于非专利文献中的菌株，如果不可商购或未进行保藏，只有申请人保证向公众发放才是公众可以获得的。换言之，上述非专利文献中的菌株由于公众无法获得，不能作为现有技术。

然而，第三种情况的规定值得商榷。首先，该规定使得申请人不需要保藏菌株，只要提供一份目前没有相关措施能够确保得到执行的"保证"即满足充分公开的要求，这使得专利保藏制度失去了意义，并且一旦发生专利纠纷，由于未进行保藏，无法固定原始专利菌株的证据，故侵权判断困难。其次，如果专利申请人或发明人不是非专利文献的作者，将难以确认菌株真假，并存在专利申请人未获作者授权就申请专利而侵犯他人权利的风险。最后，如果非专利文献不能作为现有技术，其不仅失去了作为新颖性对比文件的资格，同时也不能用于评价发明的创造性。然而，长久以来，对于有些种类的菌株来说，非专利文献相较于专利文献更能体现出现有技术发展的水平，在审查实践中经常使用非专利文献（主要是科技期刊文献）作为现有技术去评价菌株的新颖性/创造性。因此，从第三种情况推导出的现有技术认定标准与审查实践产生了冲突。事实上，在《欧洲专利局审查指南2019版》的相关部分只有前两种情况的规定，未有类似于第三种情况的规定。[2]

既然如此，是否能将非专利文献直接作为现有技术呢？基于以下几点，本文认为将非专利文献，尤其是期刊文献作为现有技术值得考虑。

其一，越来越多的期刊将菌株保藏和/或发放作为刊发论文的条件之一。一项针对700种欧洲和北美的期刊调查显示，生命科学领域的期刊采用强共享策略的比例高于健康、物理或社会科学，其中65%的微生物学期刊采用强共享策略，并且影响因子与政策的有力程度呈正相关。[3]在期刊社收到稿件之后，投稿方应遵守要约的效力规定，而一旦期刊社同意发表该文，其与投稿者之间就形成事实上的出版合同关系，并按照学术期刊"稿约"内容及双方对"稿约"的修改意见享有权利和履行义务。[4]因此，如果期刊"稿约"中明确说明投稿人需要向他人公开所用的生物材料，那么就可认定期刊中的微生物是公众可以获得的，属于现有技术。虽然并非所有的期刊均对菌株材料的发放有要求，但基于科学的可证伪性，科学共同体达成一种共识，即科技论文作者需要对试验方法进行披露并向他人提供必需的生物材料，使他人可以对论文的内容进行重复性验证。因此，期刊发表后，可以推定期刊所用的菌株处于公众可以获得的状态。对于确实无法获得的特殊情况，申请人负有提供相关证据以证明公众无法获得的义务。值得讨论的是，公众无法获得的原因应该是偏向客观的（如菌株未保藏），而非主观的。在专利审查过程中，常有专利申请人或发明人同时也是期刊文献的作者的情况，申请人通过提供申请日前未向社会发放的声明意图规避被自己公开的窘境。这种主观声明有违科学共识，不利于科技进步，与专利法立法本意相悖，不应当被鼓励或允许。

其二，以期刊文献作为现有技术能够兼顾申请人和公众利益。如果期刊文献是新颖性对比文件，则一般意味着专利申请人或发明人同时也是期刊文献的作者。在此种情况下，申请人有能力控制文献发表和专利申请的时间次序，进而避免被自己先发表的文献所公开。如果期刊文献是创造性对比文件，通过筛选、诱变或驯化获得的专利菌株一般不以对比文件中的菌株作为发明起点，创造性评价也主要以与现有技术相同菌种的技术效果进行比较作为衡量标准（《专利审查指南2010（2019年修订）》中以预料不到的技术效果作为判断标准）。期刊文献如果能够代表申请日前该领域整体的发展水平，则意味着得到技术效果类似的菌株并不超出本领域技术人员的预期范围，理应作为证明发明不具有创造性的对比文件；对于依赖于期刊中的菌株作为发明起点的专利菌株来说，期刊菌株是申请人从期刊作者处直接或间接获得的（菌株可以被公众获得），或者申请人就是期刊作者本人。如果期刊文献不能作为现有技术，那么期刊文献发表后，期刊菌株不能作为技术交流和技术改进的基础，使得申请人与公众不能处于同等竞争的起点，不仅有违科技期刊的办刊目的，而且损害公众利益。

此外，公众能够以科研为目的申请获得专利保藏菌株，而如果以非科研目的使用专利菌株，就需要获得专利权人的授权，否则构成侵权。因此，专利保藏菌株能够成为现有技术是以公众可能（通过付费获得专利许可或专利转让）而非必然在工业上可以使用专利菌株为条件的。与之相似，公众只要愿意向期刊作者支付足够的费用，也是极有可能获得期刊菌株的。从这个角度来看，期刊菌株与专利保藏菌株在满足"公众想获得就能获得"的现有技术标准上是相同或近似的，二者作为评价现有技术水平的对比文件也应该具有同等效力。

其三，将期刊文献作为现有技术能够提高微生物授权专利的平均质量。2001—2019年，我国专利保藏机构的专利微生物菌种保藏量达到35417株，超过了美国的20317

株，居世界第一位。然而，我国的专利菌种发放率（3.44%）远低于主要发达国家美国（1150.80%，主要由全球生物资源中心 ATCC 贡献）、德国（42.99%）、法国（36.75%）、日本（34.08%）、英国（27.77%）和韩国（18.11%），如表1所示。[1]可以看出，我国专利保藏菌株的科研和市场的吸引力很低，数量上的优势主要是重复性工作居多造成的，专利整体质量效益不高。习近平总书记指出，我国知识产权工作正在从追求数量向提高质量转变。基于新发展阶段的任务，为了提高专利菌株质量，促进我国从微生物专利大国向微生物专利强国转变，提高专利菌株的授权标准应该提到议事日程中来。期刊菌株，尤其是具有较高影响因子的外文期刊中的菌株，往往代表了相关菌种的较高水平，并且由于期刊文献经过了同行评议，可信度、可重复性也较高，因而将期刊文献纳入现有技术以评价菌株的创造性能够提高授权专利的平均水平和价值。

表1 主要国家专利菌株保藏和发放比较

国家	保藏量/株	发放量/株	发放率/%
美国	20317	233808	1150.80
德国	4668	2007	42.99
法国	3080	1132	36.75
日本	4111	1401	34.08
英国	3515	976	27.77
韩国	7798	1412	18.11
中国	35417	1220	3.44

可能有人担心将期刊菌株作为现有技术会催生过高的现有技术标准，不利于保护国内申请人专利申请的积极性和行业发展。本文认为影响不大，理由如下：对于不依赖于随机因素的菌株（如基因工程菌）来说，期刊文献一般都公开了基因改造方法，不存在公开不充分的问题，可以作为技术改进的基础；对于筛选、诱变和驯化的菌株来说，期刊文献也一般公开了相关过程和方法，只是由于结果是随机的，得到技术效果相似或更好的菌株不易，但这种情况并不存在难以企及的技术差距，不会造成国内和国外的技术鸿沟。在特别情况下，如果非专利文献是孤证，则在授权判断时，从鼓励提供特性相当的替代方案的角度来看，可以适当放宽创造性标准从而丰富市场的可选择性。

如果将期刊文献菌株视为现有技术，专利方法所使用的期刊文献菌株是否就不需要保藏了呢？本文认为依然需要保藏，原因有两个。第一，虽然期刊文献菌株是可获得的，但没有制度和条件保证期刊作者在申请日起二十年内能够一直保有该菌株并向公众提供，因此菌株经过保藏后才能保证专利技术方案的实际可实施性。第二，如果专利所用期刊文献菌株没有保藏，当发生专利纠纷时，由于无法可信地获得期刊文献菌株的原始材料，难以进行基本的事实认定，从专利保护的角度考虑，期刊文献菌株也应该由专利申请人进行保藏。

将期刊文献中的菌株作为现有技术具有一定的理论和现实依据，并有利于提高专利授权质量。《专利审查指南2010（2019年修订）》中规定的公众可以得到而不要求进行保藏的第三种情况是否保留值得讨论。本文建议在《专利法实施细则》和/或《专利审查指南2010（2019年修订）》中明确认可期刊文献中的菌株为现有技术的地位，避免在审查交互、行政诉讼中，申请人和法院在对期刊文献菌株是否属于现有技术这一基本事实认定问题上与专利审查部门的标准不一致。对于期刊文献之外的其他非专利文献，如网络文献、书籍、毕业论文、会议论文等，由于它们没有强制或隐性公开义务，可以不视为现有技术。

（三）专利菌株技术效果的评价

因为只有那些具有特定的工业用途的微生物才是专利法保护的客体，所以专利申请的说明书应该对菌株具有何种工业用途进行披露，一般还需要有实施例证明其技术效果。生物学是实验科学，证明菌株技术效果的实验结果必然受实验条件和方法的影响，但由于专利申请文件中记载的实验方法往往没有将实验材料、参数和步骤的细节完全公开，又或者与现有技术中记载的实验方法不同，因而专利菌株与现有技术菌株的技术效果的比较往往面临较大的障碍。《专利法实施细则》对专利与现有技术的技术效果的比较实验并无强制要求。但在微生物领域，发现并应用新菌种的发明是罕见的，因而新菌株创造性的评价几乎只能依赖于与现有技术中相同菌种的其他菌株的技术效果的比较。相关强制要求的缺失给微生物专利的审查带来很大困难，进而导致大量同质微生物菌株得到授权。基于微生物创造性评价的特殊性，本文建议加强对菌株技术效果比较试验的要求，比如专利申请的说明书中应至少有一个与现有技术（期刊或专利）相似菌株的比较实施例来证明专利菌株的技术效果达到何种水平。相对而言，国外申请人更愿意将自身发明菌株与现有技术同类保藏菌株进行比较，以突出发明菌株的创造性高度。这也是美国专利菌株授权率如此之高的原因之一。

二、专利菌株保护范围的确定

前文讨论了微生物菌株充分公开的认定对提高专利审查和授权质量的重要意义，而对专利菌株保护范围的解读在专利授权后的保护阶段是一大难题。本文从全国首例微生物专利侵权案件出发，尝试探讨微生物菌株侵权判定的规则和建议性做法。

（一）案例简介

该案是全国首例微生物专利侵权案件，涉及专利申请号为201310030601.2，发明名称为"纯白色真姬菇菌株"的专利，专利权人为上海丰科生物科技股份有限公司（以下简称上海丰科）。受保护的权利要求为：一种纯白色真姬菇菌株Finc-W-247，其保藏编号是CCTCC No：M2012378。上海丰科诉称被告未经许可生产并销售涉案专利产品，侵害了其专利权。北京知识产权法院受理了此案，并由中国工业微生物菌种保藏管理中心进行鉴定：①根据ITS rDNA序列检测结果，二者的ITS rDNA序列均与斑玉蕈Hypsizigus marmoreus HMB1（HM561968）的ITS rDNA序列相似度达到99.9%，因此两者均属于斑玉蕈（另有汉译名为蟹味菇、真姬菇等）；②根据特异性 975bp DNA 片段序列比对，二者特异性 975bp DNA 片段第 1 位至第 975 位序列完全相同；③根据形态学比对，二者菌盖、菌褶和菌柄的颜色、形状、排列等形态特征基本相同。根据上述比对情况，鉴定组认为，二者属于同一菌株。法院依据上述鉴定意见，于 2020 年 3 月 17 日作出了判决。被诉侵权产品落入涉案专利的保护范围，判决被告侵犯了上海丰科的专利权。

（二）专利菌株保护范围

判定被诉侵权技术方案是否落入专利权的保护范围，应当审查权利人主张的权利要求所记载的全部技术特征。本案一大焦点问题是如何比较侵权产品与专利菌株的全部技术特征。不同于其他专利领域，生命个体很难以"技术特征"进行清楚而准确的描述，在专利授权时，由于保藏菌株本身包含了菌株的全部技术特征，因此一般通过保藏编号体现菌株的全部技术特征。然而，如何理解权利要求中保藏菌株的保护范围呢？

菌株（strain），又称品系，是比菌种/亚种低一级的分类单位，它表示任何由一个独立分离的单细胞通过繁殖而成的纯遗传型群体。基于菌株的定义，首先不能狭义地理解只有获取自保藏机构的微生物才是权利要求的保护范围，而通过其他途径获得的保藏菌株同源微生物也有可能落入该保护范围。其次，性状是由基因决定的，基因遗传特征是菌株的本质特征，因此描述菌株全部技术特征最好的方法是全基因组遗传分析。基于此，在案件审理过程中，被告认为应当针对涉案专利与被诉侵权产品的全基因序列进行鉴定、比较。法院认为："至少在表面看来，对被诉侵权产品和涉案专利保藏的样本进行全基因序列检测、对比是最准确的方法，但由于涉案专利要求保护的是一种微生物，其基因存在突变的可能，因此即便是同种微生物，其基因序列也可能不完全一致。而对于两个微生物，二者基因序列的相似程度达到何种比例即可认定二者为同一株微生物，这一标准目前在该领域中并未形成共识。"因此，法院认为全基因组测序具有不确定性，不足以正确反映被诉侵权产品与涉案专利是否为同一株微生物，并接受了鉴定中心选择的 ITS rDNA 序列测序结合部分形态特征比较的鉴定方式。因此，法院实际认定的权利要求保护范围是：一种具有特定 975bp ITS rDNA 序列以及部分形态学特征的纯白色真姬菇菌株。

如果采取全基因组序列解释菌株，权利要求的保护范围极小，对申请人来说明显不公；如果扩大解释全基因组序列（如序列一致性），则没有公认的标准，无从判断，因此法院的考虑合情合理。然而，法院以 ITS rDNA 序列和部分形态特征作为保护范围的解释却存在争议，主要原因是以 ITS rDNA 序列和形态特征作为菌株种类鉴定的依据可能不准确，有扩大权利要求保护范围的嫌疑。虽然在学术界和专利中常使用 ITS rDNA 或 16S rRNA 序列进行微生物种属水平的鉴定，但难以将其应用于分类水平更低的株系、种群鉴定，甚至用来定种也不一定准确。而就形态学特征来说，形态学鉴定传统上用于微生物种属的鉴定，而相同菌种的不同菌株一般都具有相同或非常相似的形态特征，无法准确判定两个菌株是否为相同的菌株；另外，不论是细菌个体还是细菌菌落，抑或是大型真菌（如本案的真姬菇），其形态受培养条件的影响很大，难以判断两个菌株的差别是培养条件差异造成的，还是菌株自身具有的差异造成的。本案的鉴定机构中国工业微生物菌种保藏管理中心只比较了 ITS rDNA 序列和部分形态学特征就作出了被诉侵权产品和涉案专利是相同菌株的鉴定结论，这至少是不够严谨的，非常容易引起争议。在目前没有公认标准的情况下，鉴定机构不妨选择多种鉴定手段进行综合判断，在兼顾时间、成本、准确性、可操作性的同时，提高鉴定书的说服力。

由于目前没有统一的技术标准来精确地描述菌株或者确定两种菌株是否为相同菌株，保藏菌株的保护范围实际上是一种无法精确确定的状态。美国专利经常使用 OUT（操作分类单元）方法划定微生物保护范围，比如权利要求撰写为：与参考的 16S rDNA 序列 1 相比，具有 97% 以上序列同一性的微生物。显然，与本案 ITS 序列 100% 相同的比较方法相比，该种方法划定的保护范围更大，很难做到不侵犯公众利益。既然不能显然地确定侵权，就只能以个案形式通过司法鉴定进行甄别，无疑加大了专利权人的维权难度。为了解决这一问题，本文建议尝试在我国建立保藏菌株的"专利标记"制度。专利申请人可以将一个或多个小段的异种序列定点插入保藏菌株的基因组或者进行相应位置的序列替换，然后将这种"专利标记"在保藏中心进行公证和记录，但不对社会公开。这样，专利权人在市场中搜集疑似侵权菌株后，能够很容易地通过检测是否含有专利菌株特有的"专利标记"找出侵权菌株。"专利标记"不向社会公开的目的是防止侵权人将"专利标记"修改回去，使"专利标记"失效。另外，对于没有能力进行专利标记的申请人，也可以由具备基因编辑技术的微生物保藏中心提供该项服务。

（三）专利菌株等同侵权

严格来讲，由于微生物基因组相对较快的自发突变性，被诉侵权产品跟专利保藏菌株之间很难维持全部"技术特征"完全相同，因此实质上较难发生"相同侵权"，更可能的是"等同侵权"。但由于"等同侵权"的复杂性和争议性，以及在没有相关先例的情况下，北京知识产权法院在审理此案时并未区分"相同侵权"和"等同侵权"，实际以"落入涉案专利的保护范围"的相同侵权方式进行了判决。但是，当某个鉴定项目中被诉侵权产品与专利存在不一致的时候，专利权人必定会提出被诉侵权产品对专利的等同侵权主张。因此，我们有必要对微生物领域的等同侵权进行研究和相关标准的讨论。

最高人民法院在其司法解释中规定了我国的等同侵权原则——三基本模式："等同特征是指与所记载的技术特征以基本相同的手段、实现基本相同的功能、达到基本相同的效果，并且本领域的普通技术人员无须经过创造性劳动就能联想到的特征。"然而，专利申请文件中并不能充分而清楚地记载微生物的每一项技术特征，鉴定项目（比如 ITS 序列）本身不能作为"等同特征"进行比较，也难以找出相应的"等同特征"进行比较，进而无法根据等同特征对等同侵权进行认定。

设立等同侵权原则的目的是防止侵权者避开权利要求的文字限制，对专利技术特征仅作出微小的非实质替换，制造出与专利产品实质相同的产品，从而达到窃取专利权人劳动果实的目的。显然，等同原则的设立初衷是为了防止专利被偷窃，损害专利权人利益。就微生物而言，一种被诉等同侵权的菌株，可能是被诉侵权人独立开发的，也可能是主观故意侵权的。对于前者，基于世界上微生物资源分布的广泛性和丰富性，技术人员不依赖于专利菌株，而是通过分离、筛选或诱变手段肯定能够独立开发出许多与专利菌株的某些特征相同，又有某些特征不同的菌株。虽然独立开发并不是等同侵权的豁免理由，但微生物等同侵权缺乏公认的标准，对独立开发者提起诉讼容易造成专利权人不合理地扩大专利权范围而导致滥权，因此基于利益平衡和侵权判断的技术障碍，不宜考虑对独立开发者主张等同权利。

另外，主观故意侵权者以专利菌株为母本，在保留专利菌株独特的功能性遗传特性情况下，通过自然突变、人工诱变、基因工程手段，对某个非实质特征或性状进行或微小或明显的改造，就能够以独立产品的形式上市，使专利权人在市场上迅速丧失优势。这种衍生自专利菌株的概念类似于 UPOV1991 年公约所保护的植物实质性衍生品种 EDV，以很小的成本取得不对称的回报，给专利权人带来巨大损失。以食用菌领域为例，我国食用菌的栽培种类多，但自主知识产权品种少，育种水平低，侵权问题越来越普遍。在可预见的未来，菌株侵权主要以相同侵权和衍生菌株式的等同侵权作为诉讼对象。然而，目前国内在衍生菌株方面的研究和规则制定还是空白，等同侵权判定面临不小的困难。相比之下，2006 年以来，日本根据有关法律，在海关安装了食用菌 DNA 检测仪器，对进口的食用菌产品进行 DNA 菌种检测，如果发现进口的食用菌使用的是在日本登记在册的菌种的近源种，育种单位将有权收取专利费。在欧洲，2012 年由四家欧洲公司（Sylvan、Amycel、Limgroup 和 Lambert Spawn 公司，代表了 80% 的欧洲育种市场）和两家科研机构（法国 INRA 和荷兰瓦赫宁根大学）成立了食用菌衍生品种定义和鉴定工作组，为处理食用菌衍生品种争端提供指导。

我国微生物资源丰富，研究机构众多，菌株专利申请量更是遥遥领先于世界，将专利菌株的专利权范围扩展到衍生菌株既不会对农业安全造成重大影响，还有助于培育国内微生物创新主体和健康市场。在衍生菌株保护方面，本文提出的"专利标记"制度也非常适合解决等同侵权鉴定难题，有利于降低维权成本，维护专利权人应有的利益，发挥专利制度对创新的激励作用。

三、小结

"十四五"期间是我国知识产权强国建设的关键期，加快知识产权大国向知识产权强国转变需要对现行专利法规和制度进行尝试性的改进或调整以适应经济新形势和满足社会需要。当前，我国微生物领域发明的特点是申请量和授权量稳居世界第一，但专利菌株的生产力转化偏弱，一方面申请人的大量菌株属于同质性发明，另一方面专利审查过程存在困难，依照《专利审查指南 2010（2019 年修订）》有关"预料不到的技术效果"的菌株创造性标准进行审查面临不小的障碍。改变目前菌株保藏的相关规定和以期刊文献作为现有技术进行创造性评述，能够为提高微生物专利授权质量提供实质帮助。

专利不仅要高质量地授权，授权后也要高质量地保护。目前对微生物菌株的保护范围理解存在争议，缺乏公认的相同侵权判断标准，等同侵权判定在法律实践中也未有先例。我国需要建立相关判断标准和加强对鉴定机构的技术建设，对相同侵权和等同侵权作出更加合理合法的裁决，保护专利权人的合法权益，真正发挥专利制度的作用。

对于专利申请人而言，基于本文的讨论，把握专利申请和期刊文献发表的先后时机，增加与现有技术的比较试验，详细披露专利微生物的特征有助于专利获权和确权。

参考文献

［1］ WIPO Statistics Database. Microorganisms deposits and samples （2001—2019）［EB/OL］. （2020 - 08）［2021 - 05 - 30］. https：//www. wipo. int/ipstats/en/statistics/micros/wipo_microorganisms_deposits_and_samples_since_2001_table. xlsx.

［2］ European Patent Office. Guidelines for examination in the European Patent Office ［M］. Munich：European Patent Office，2019.

［3］ KIM J，KIM S，CHO H－M，et al. Data sharing policies of journals in life，health，and physical sciences indexed in Journal Citation Reports ［J］. PeerJ，2020（8）：e9924.

［4］ 陈庆安. 学术期刊"稿约"的法律责任分析 ［J］. 河南大学学报（社会科学版），2006，46（4）：167 - 171.

包含数值范围的权利要求支持性法律推理

杜　昕

摘　要　权利要求能够得到说明书支持，是认定权利要求保护范围恰当、确保专利权稳定性的基础。本文以 2020 年中国法院知识产权典型案例中苹果商贸公司与国家知识产权局专利权无效宣告请求行政纠纷案为例，分析在发明专利权利要求包括两组以上不同的数值范围时，其所限定保护范围是否得到说明书支持的法律推理逻辑。分析结果表明站位本领域技术人员的演绎推理逻辑对权利要求支持性判定的稳定性起到至关重要的作用，为审查实践中法律推理提供启示。

关键词　权利要求　数值范围　支持性

2021 年 4 月，国家知识产权局发布的《2020 年中国专利调查报告》显示，"十三五"时期，我国有效发明专利产业化率持续稳定在三成以上。[1]伴随我国企业技术创新能力与知识产权保护意识的提升，国外同领域竞争者在国内企业专利权无效案例中，对已授权国内申请提出权利要求无法得到说明书支持的无效宣告请求已成为跨国公司对我国企业进行知识产权诉讼前的首选策略。

《专利法》第 45 条规定，自国务院专利行政部门公告授予专利权之日起，任何单位或者个人认为该专利权的授予不符合本法有关规定的，可以请求国务院专利行政部门宣告该专利权无效。《专利法》第 26 条第 4 款规定，权利要求书应当以说明书为依据，清楚、简要地限定要求专利保护的范围。权利要求书应当以说明书为依据，是指权利要求应当得到说明书的支持。权利要求书中的每一项权利要求所要求保护的技术方案应当是所属技术领域的技术人员能够从说明书充分公开的内容中得到或概括得出的技术方案，并且不得超出说明书公开的范围。

本文从 2020 年中国法院知识产权典型案例中选取苹果电子产品商贸（北京）有限公司与国家知识产权局专利权无效宣告请求行政纠纷案为例，浅析包括两组数值范围的权利要求是否得到说明书支持在审查实践中的判断标准把握。

一、案件事实

任晓平、孙杰为"二次锂离子电池或电池组、其保护电路以及电子装置"发明专利（以下简称涉案专利）的专利权人；苹果电子产品商贸（北京）有限公司（简称苹果商贸公司）为无效宣告请求人；专利复审委员会（现为国家知识产权局专利局复审和无效审理部）为认定涉案专利维持有效的国务院专利行政部门。任晓平、孙杰于2001年9月28日提交涉案专利申请，并于2005年6月8日获得专利授权。

（一）涉案专利技术方案

1. 发明构思及关键技术手段

涉案专利权利要求涉及一种提高二次锂离子电池或电池组的容量、平均工作电压和比能量的方法、二次锂离子电池或电池组及其电子装置。所要解决的技术问题为：如何提高锂离子电池容量。涉案专利研发时，已商品化的二次锂离子电池容量的提升主要是依靠增加正负极材料的填充量来实现，然而锂离子电池体积的有限性使电池容量的提升受到了极大的限制。到涉案专利申请时，如何提升电池容量在技术上还没有大的突破。而二次锂离子电池的正负极材料已经具有相当高的理论克容量，只是实际利用的效能太低，其原因之一是目前使用的充电限制电压较低。现有技术认为，提高充电限制电压会导致锂离子电池的正负极材料结构发生变化，电解液也会分解，影响电池的循环性能。

涉案专利方法的关键技术手段在于：通过提高充电限制电压，并适当调整单体锂离子电池的正、负极的配比，提高二次锂离子电池中电极活性材料的利用率，从而提高二次锂离子电池或电池组的比能量、容量。

2. 权利要求

涉案专利发明构思及关键技术手段体现在权利要求中：

1. 提高二次锂离子电池……方法，其特征在于对该单体锂离子电池的充电限制电压大于4.2V，但不超过5.8V，单体锂离子电池的正、负极的配比按充电限制电压为4.2V时的理论克容量计算为1:1.0~1:2.5。

......

5. 二次锂离子电池或电池组，其特征在于……充电限制电压大于4.2V，但不超过5.8V；其单体锂离子电池的正、负极的配比按充电限制电压为4.2V时的理论克容量计算在1:1.0~1:2.5。

......

9. 如权利要求5~7中任一项所述……，其特征在于单体锂离子电池首次过充保护电压大于4.35V，过充保护释放电压大于4.15V。

......

12. 如权利要求11所述……，其特征在于其单体锂离子电池首次过充保护电压大于4.45V，过充保护释放电压大于4.25V。

13. 以二次锂离子电池或电池组为能源的电子装置，其特征在于该电子装置具有使单体锂离子电池的首次过充保护电压大于4.35V、过充保护释放电压大于4.15V的保护电路。

14. 如权利要求 13 所述的电子装置，其特征在于该电子装置具有使单体锂离子电池的首次过充保护电压大于 4.45V、过充保护释放电压大于 4.25V 的保护电路。

（二）无效宣告请求人理由及裁判过程

1. 无效理由

苹果商贸公司于 2018 年 6 月 6 日针对涉案专利向国家知识产权局提出无效宣告请求，无效宣告请求人认为：

（1）如表 1 所示，本申请实施例 5~13 中与要求保护的充电限制电压的数值范围对应设置的正负极配比的数值范围并没有全面覆盖，因此本申请权利要求 1、5 中限定"该单体锂离子电池的充电限制电压大于 4.2V，但不超过 5.8V，单体锂离子电池的正、负极的配比按充电限制电压为 4.2V 时的理论克容量计算在 1 : 1.0~1 : 2.5"。例如，充电电压为 4.45V，而正负极配比低于 1 : 1.3 的情形，也包含了根据说明书的记载无法预测能否实现技术效果的技术方案，因此得出权利要求得不到说明书支持的结论。

表 1　实施例 1~13 实验数据

实施例	充电限制电压/V	正、负极配比	电池容量/mAh	重量比能量/(Wh/kg)	循环 400 次容量保持/%
1	4.2	1 : 1.0、1 : 1.05、1 : 1.1、1 : 1.15、1 : 1.2、1 : 1.25、1 : 1.3	1113	102	85.72
2	4.3	1 : 1.0、1 : 1.05、1 : 1.1、1 : 1.15、1 : 1.2、1 : 1.25、1 : 1.3	1206	113	86.31
3	4.35	1 : 1.0、1 : 1.05、1 : 1.1、1 : 1.15、1 : 1.2、1 : 1.25、1 : 1.3	1253	119	84.79
4	4.4	1 : 1.0、1 : 1.05、1 : 1.1、1 : 1.15、1 : 1.2、1 : 1.25、1 : 1.3	1302	123	83.93
5	4.45	1 : 1.45	1365	129	84.56
6	4.6	1 : 1.6	1692	165	85.13

续表

实施例	充电限制电压/V	正、负极配比	电池容量/mAh	重量比能量/(Wh/kg)	循环400次容量保持/%
7	4.8	1 : 1.7	1824	178	83.92
8	5	1 : 1.9	1894	186	81.23
9	5.2	1 : 2.2	1962	194	81.19
10	5.4	1 : 2.3	1968	195	81.19
11	5.6	1 : 2.4	1970	195	79.97
12	5.8	1 : 2.5	1972	195	78.82
13	5.9	1 : 2.6	1565	15	12.31

（2）权利要求 9~12 中首次过充保护电压和过充保护释放电压的端点值没有相应的实施例，得不到说明书的支持。

（3）权利要求 13~14 仅包含了与保护电路相关的首次过充保护电压和过充保护释放电压的数值范围，说明书中没有任何关于仅通过保护电路而不需要对充电限制电压和正负极配比等参数进行限定以获得提高电池性能等技术效果的记载；并且权利要求 14 的端点值在说明书中也没有实施例或相应记载予以支持，因此权利要求 13~14 得不到说明书的支持。

2. 裁判程序

（1）裁判过程。

涉案专利关于权利要求是否得到说明书支持的裁判过程一波三折。如图 1 所示，国家知识产权局对苹果商贸公司提起的无效宣告请求进行了审理，于 2019 年 4 月 15 日作出第 39951 号行政决定，宣告请求人主张的权利要求 1~14 得不到说明书支持的理由不成立。本领域技术人员根据说明书的记载以及其掌握的普通技术知识，能够合理概括得出权利要求 1~14 限定的保护范围。

苹果商贸公司对第 39951 号无效行政决定不服，向北京知识产权法院提起行政诉讼。北京知识产权法院一审关于"权利要求 1~14 是否得到说明书支持"认为，本领域技术人员并不能从说明书充分公开的内容中概括得出权利要求 1~14 的技术方案，权利要求 1~14 不符合《专利法》第 26 条第 4 款的规定，撤销第 39951 号无效宣告行政决定。

申请人任晓平、孙杰对北京知识产权法院一审判决撤销第 39951 号无效宣告行政决定不服，向最高人民法院提起上诉。最高人民法院二审关于"权利要求 1~12、14 是否得到说明书支持"认为，权利要求 1~12、14 能够得到说明书的支持，符合《专利法》第 26 条第 4 款的规定。撤销北京知识产权法院（2019）京 73 行初 9594 号行政判决，驳回苹果电子产品商贸（北京）有限公司的诉讼请求。

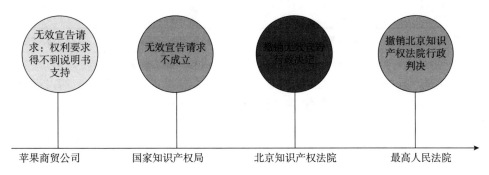

苹果商贸公司　　　国家知识产权局　　　北京知识产权法院　　　最高人民法院

图1　裁判过程

（2）裁判理由。

裁判理由如表2所示。

表2　裁判理由

无效理由	专利复审委员会	北京知识产权法院	最高人民法院
（1）充电限制电压的数值范围和正、负极配比的数值范围	说明书实施例中针对充电限制电压以及正负极配比的数值范围均给出了相应的实施例。至于正负极材料本身的性能不同给电池带来的影响，应当是在本领域技术人员能够了解和把握的范畴之内。 在本专利给出了在通过将充电限制电压提高至4.2V以上来提高电池比能量、容量等性能，并配合正负极配比的调整来避免充电限制电压提高所带来的循环寿命降低的弊端的基础上，本领域技术人员能够合理概括得出权利要求限定的保护范围	说明书内容体现充电限制电压与单体锂离子电池的正、负极的配比必须有一定的对应关系，否则不能实现涉案专利所要实现的技术效果，而权利要求1的限定却显示单体锂离子电池的正、负极的配比 1：1.0～1：2.5 对于大于4.2V但不超过5.8V的充电限制电压具有普适性。 本领域技术人员并不能从说明书充分公开的内容中概括得出权利要求1、5的技术方案	以两组以上不同的数值范围技术特征所限定保护范围的权利要求，如果本领域技术人员通过阅读说明书可以确定各数值范围技术特征之间存在相互对应关系，能够通过有限次实验得到符合发明目的的具体实施方式，而且无须通过过度劳动，即可排除不能实现发明目的的技术方案的，应当认为该权利要求能够得到说明书支持

无效理由	专利复审委员会	北京知识产权法院	最高人民法院
（2）首次过充保护电压和过充保护释放电压的端点值	首次过充保护电压和过充保护释放电压是电池保护电路的参数，本领域技术人员知晓首次过充保护电压以及过充保护释放电压与电池充电限制电压存在配合关系，首次过充保护电压应当在充电限制电压之上，首次过充保护电压和过充保护释放电压与充电限制电压的具体关系，与电池本身性质以及对电池安全性、充满程度等的平衡尺度有关，本领域技术人员能够合理预测出保护电路的上述两个参数的数值范围，能够解决相应的技术问题	在权利要求5得不到说明书支持的前提下，权利要求9~12也得不到说明书的支持	权利要求9~12的附加技术特征限定了首次过充保护电压和过充保护释放电压的数值范围，本专利说明书上标第10页记载的内容，已公开了权利要求9~12要求保护的范围，故权利要求9~12能够得到说明书的支持
（3）与保护电路相关的首次过充保护电压和过充保护释放电压的数值范围	本领域技术人员知晓保护电路与充电限制电压之间的关系。在说明书记载了上述数值范围以及其设定原因的基础上，其能够合理预测出上述两个参数，能够解决相应的技术问题，并实现相应的技术效果	包含充电限制电压特征在内的技术方案为基础方案，而包含保护电路相关特征的技术方案为适应性改进方案，改进方案显然依附于该基础方案而存在，当基础方案不能由说明书公开的内容概括得出时，显然该改进方案也无法从说明书公开的内容概括得出	以数值范围技术特征限定保护范围的权利要求，只限定了一侧端值但未限定另一侧端值的，如本领域技术人员在阅读说明书后可以直接且毫无异议地确定该另一端值，则应认定该权利要求能够得到说明书的支持

二、法律推理

法条的适用过程必然需要法律推理与法律解释。在从一定的前提推导出法律决定的过程中所必须遵循的逻辑法则，即法律推理。法律推理的种类包括演绎推理、归纳推理、当然推理、类比推理、反向推理等。[2]其中，除演绎推理以外，其余所有的推理均为或然性推理，即前提真，逻辑法则真，但结论却可真可假。因此，我国司法裁判的主要形式是演绎推理，即大前提（法律规范）+ 小前提（案件事实）= 司法判决。[3]

（一）归纳推理的法律适用

在涉及充电限制电压以及正、负极配比两个数值范围，首次过充保护电压和过充保护释放电压的具体关系的审查中，发明专利实质审查与复审程序中通常站位本领域技术人员采用从个别到一般的归纳推理方式进行法律适用。

审查主体由说明书中已经给出的涉及充电限制电压以及正、负极配比这两个数值范围内多个值包括端点值的实施例，推理可知这两个参数之间的关系，本领域技术人员据此能够合理概括出权利要求的保护范围，能够根据其掌握的普通技术知识和实际情况排除掉一些极端的、不能实现的技术方案。同时，本领域技术人员知晓首次过充保护电压以及过充保护释放电压与电池充电限制电压存在配合关系，即首次过充保护电压应当在充电限制电压之上，否则在电池还未达到充电限制电压时保护电路就会被触发过充保护，提前动作。而过充保护释放电压如果太低，则电池被首次触发过充保护后，其电压短时间内不会回落到释放电压的值，过充保护释放动作失去意义。在说明书记载了关于充电限制电压的数值范围、保护电路上述两个参数数值范围及其设定原因的基础上，审查主体站位本领域技术人员，根据其掌握的普通技术知识，能够合理预测出保护电路的上述两个参数的数值范围能够解决相应的技术问题。由此得出，权利要求所概括数值范围能够得到说明书的支持的结论。

在归纳推理中，为保证结论可靠性，就要求被考察对象的数量尽可能多，范围尽可能广，数据差异尽可能大。而在专利申请说明书实施例撰写中，实验条件、程序节约原则及技术发展阶段的限制导致实验数据常常经过技术人员初步筛选，无法也不必做到穷尽列举。因此，在权利要求概括中，很容易出现权利要求概括范围覆盖了并未完全列举的实验数据，该推理逻辑上的缺陷正是给无效请求留下撬动专利权稳定性的切入点。

从上述分析可知，归纳推理虽然能够很好体现本领域技术人员对技术方案理解的专业性，但在从个别实验数据到一般权利要求保护范围的概括中存在容易导致法律推理结论不稳定的薄弱点。

（二）严格演绎推理的法律适用

北京知识产权法院关于《专利法》第26条第4款的司法适用，严格遵循演绎推理的逻辑。根据《专利法》第26条第4款规定的大前提，权利要求限定的保护范围应当与涉案专利的技术贡献相适应。进一步考察专利申请案件事实这一小前提，说明书中的实施例呈现出充电限制电压越高，则正、负极配比也相应越高的趋势，各实施例呈现出一定的规律性。推理得出结论：充电限制电压和正、负极配比的取值正是涉案专利的发明点，不属于现有技术范畴，本领域技术人员无法预测当充电限制电压较高而正、负极配比较低时是否能够解决涉案专利的技术问题。因此，认定权利要求得不到说明书的支持。

由上述推理可知，严格演绎推理的出发点是法律规范，通过确定案件事实是否符合法律规范推导出结论，是从一般到个别的推理方式。这种逻辑推演方式就导致确定案件事实的过程是从法律规范本身出发，仅依据说明书中"当采用的工艺参数超出上述配比范围时，电池性能变差"的表述，就忽略了专利审查过程中本领域技术人员具备可以从权利要求的保护范围中排除不能实现的技术方案的能力。例如，充电限制电压和正、负极配比，首次过充保护电压和过充保护释放电压的端点值的选择均需要实施例实验数据支撑。在说明书并未详细记载端点值取值设置时，以反映审查者价值立场的规范性态度对技术方案进行理解以适应法律规范，最终裁判结果中呈现出的技术方案是审查者严格执行法律规范进行理解与评价的结果，本领域技术人员对现有技术的掌握在严格的演绎推理中不得不让位于法律规范。

（三）站位本领域技术人员的演绎推理

最高人民法院采用站位本领域技术人员的演绎推理方法，给出权利要求能够得到说明书支持的结论。在权利要求书应当以说明书为依据的大前提下，抓住涉案专利关键技术手段为"通过提高充电限制电压，并适当调整单体锂离子电池的正、负极的配比"这一案件事实小前提，依据说明书实施例给出了当充电限制电压提高到 4.45V 以上后，随着该电压和正、负极配比值的提高，可继续提高电池容量、工作电压和重量比能量的启示，本领域技术人员可以明确得出权利要求 1 所包含的两组数值范围技术特征之间具有相应的对应关系。在此基础上，结合电池循环 400 次容量保持在 60% 即可满足相关行业对电池循环性能的要求的公知常识，确定符合发明构思的具体实施方式，并在采取常规的实验手段及有限次的试验情况下便可排除不能实现本发明目的的技术方案，无须通过过度劳动便可清楚认识到权利要求包含的两组数值范围技术特征在说明书所述对应关系之外的其他数值范围并非权利要求所要保护的内容，从而得出权利要求能够得到说明书的支持的结论。

站位本领域技术人员的演绎推理，一方面，充分适应专利作为具有技术领域限制的技术方案，本领域技术人员对技术方案事实与价值判断的主体地位；另一方面，避免了归纳推理的或然性，能够在遵守专利制度法律规范的前提下，依据申请文件公开技术方案推理认定出更加准确的权利要求保护范围。

三、思考与讨论

为何针对一件专利，以上三次裁判结论却经历两次反转？笔者尝试从不同站位角度进行分析。

站在申请人的角度，国内申请人经过大量实验验证，在所属技术领域实现技术突破后必然期望在专利申请权利要求保护范围上尽可能扩大，从而获得先发优势，在随后的竞争中处于领先地位。特别是在数值范围的设定中，本领域技术人员能够依据现有技术及说明书公开的实验数据，将明显不符合实验目的的数值范围剔除在保护范围之外，由此得到的权利要求，既体现了对申请人知识产权利益的充分保护，又提升了企业科技竞争力。

站在无效宣告请求人的角度，跨国公司对国内发明专利提起无效宣告请求时，一方面，在权利要求涉及数值范围的技术方案中，说明书实施例是否记载权利要求所申请保护的数值点，属于较易判定的客观实验数据。另一方面，由于申请人文件撰写能力不足、对专利法理解与运用不成熟，往往在权利要求支持性判断上存在技术与法律上的错位。以此为切入点提请专利审查部门进行审查，能够大大提高无效宣告请求的成功率。

站在审查主体的角度，作为技术专业出身的审查主体，很容易陷入两种思维陷阱：任意拔高或降低"所属技术领域的技术人员"对现有技术的掌握与运用能力。笔者认为，导致陷入这两种思维误区的原因在于：在技术方案容易理解时，审查意见偏向以技术方案为出发点，依据归纳推理的思维方式，以技术方案中的个别实施例去贴合权利要求保护范围的一般性概括。出现拔高本领域技术人员站位的现象，能够较易判定权利要求是否得到说明书支持；而当技术方案复杂或技术领域陌生，或出现涉案专利所概括的明显未覆盖的实施例实验数据时，审查意见偏向以法律规范为出发点，依据严格的演绎推理的思维方式，出现主观降低本领域技术人员技术能力的现象，对于数值范围未覆盖的技术手段以权利要求概括内容得不到说明书支持作为结论。因此，呈现出权利要求支持性判定时事实认定的标准不稳定的现象。

站在知识产权法院的角度，专利制度的实质是以公开换保护，权利要求所要求保护的范围与说明书公开的范围相一致，是专利法对于"利益平衡"这一基本理念的体现。[4]依据《专利法》严格执行演绎推理的法律推理逻辑，相对弱化本领域技术人员在权利要求保护范围认定过程中具备从权利要求的保护范围中排除不能实现的技术方案的能力，使本领域技术人员表现出仅比公众掌握更多技术概念，而对技术特征划分的保护范围无法准确限定，更加容易界定申请人对现有技术所作出的贡献，达到申请人所获得专利权与公众利益之间的平衡。

对于实质审查工作来说，可以从以下几方面保证对权利要求支持性确认的准确与稳定：

（1）德国法学家卡尔·恩吉斯在《法律思维导论》中对法条的解释有句常被引用的名言"心中常怀正义，目光往返于规范与事实之间"，应用于专利审查中，笔者将其转化为"心中常怀法律，目光往返于演绎推理与本领域技术人员之间"。而站位本领域技术人员是在执行法律规范的前提下进行的，在法律适用中：一方面，避免严格地演绎推理导致本领域技术人员弱化；另一方面，避免单纯地归纳推理，过分拔高本领域技术人员的能力。

（2）在权利要求支持性的审查中，应对其判断结论提供充足的理由，保证作为结论的决定是推理论证的结果。以最高人民法院的论证为例，即使站在本领域技术人员的角度进行数值范围判断，审查过程也应当做到理论优先于结论，过程优先于结果，本领域技术人员对权利要求保护范围的判断只能起到以现有技术为界限的影响，真正起决定作用的仍是法律规范。

（3）对包含数值范围的权利要求进行支持性审查时，与新颖性审查严格执行数值范围重叠、部分重叠、是否具有共同端点以及离散数值的规则不同，权利要求是否得到说明书支持是建立在请求原则基础上的权利交换，其实质是在公开技术方案与获得专利权保护之间取得平衡。

四、结语

在技术创新上，国内企业经历了被震撼、被冲击、被启发的年代，现在需要"去被动"，在研发人员去创造、去启发、去冲击、去震撼的进程中，获得恰当的专利权保护是知识产权制度为其参与国际竞争所能提供的最大支持。在权利要求保护范围确认中，应当在法律规范的大前提下，加强法律推理逻辑，站位本领域技术人员确认权利要求的支持性，提升专利权的稳定性，为国内专利成果顺利进行许可、转让、实施等转化提供稳定且有力的保障。

参考文献

[1] 国家知识产权局. 2020 年中国专利调查报告 [M]. 北京：知识产权出版社，2021：4.
[2] 房文翠，丁海湖. 法律统一适用内在约束力研究 [M]. 厦门：厦门大学出版社，2018：91.
[3] 姚小林. 法律的逻辑与方法研究 [M]. 北京：中国政法大学出版社，2015：13.
[4] 冯晓青. 知识产权法利益平衡理论 [M]. 北京：中国政法大学出版社，2006：11.

提高一通有效性策略浅谈

孙世宁

摘 要 审查意见通知书是专利审查的主要体现形式，提高审查意见通知书的效能是提高审查效率的重要一环。本文旨在提高审查意见通知书效能，尤其是提高第一次审查意见通知书有效性，针对目前审查意见通知书中存在的主要缺陷进行了分析与效能评价，归纳出通知书效能低的主要原因——缺乏对发明事实和证据的准确把握、过度主观性理解及公知常识滥用等，并结合实际案例给出了提高审查意见通知书效能的建议。

关键词 通知书 效能 一通有效性 建议

一、引言

随着科学技术的飞速发展，专利申请量日益增长，技术内容越来越呈现多样化和复杂化的趋势，社会对专利审查的质量和效率提出了更高要求。"公正高效、严谨求实、和谐进取"的核心价值观，旨在创造有利于提升审查理论、发挥组织效能的审查环境，营造有利于贡献审查智慧、培育优秀人才的文化氛围，以优秀的审查文化引领审查工作的发展方向，探索持续提升审查质量的有效途径。审查意见通知书是专利审查的主要体现形式，提高审查意见通知书的效能是提高审查质量的重要一环。因此有必要对审查意见通知书的效能进行研究，探索高效能审查意见通知书的撰写方式。[1]

鉴于发明技术日趋呈现的复杂性、现有技术存在的多样性、审查主体与代理人对实审法规认识与理解的差异性，以及审查操作标准对专利预期的影响性，申请人、代理人和社会公众都对审查意见通知书提出了高效、准确和简要的高标准要求，特别是在当前缩减审查周期的背景下，提高通知书效能、减少通知书次数能够极大地缩短审查周期。作为审查员和申请人沟通的最初环节，第一次审查意见通知书基本决定了发明申请的结案走向，因此第一次审查意见通知书的撰写质量是提高审查质量与效率的重要一环。

二、目前通知书中存在的主要缺陷

(一) 因缺乏对事实和证据准确把握导致通知书效能低

准确理解把握发明构思是专利审查工作中最重要的一环，可以提高检索效率，准确筛选对比文件，避免中通时更换对比文件，从而减少发出通知书次数，缩短审查周期，提高审查质量和效能。而如果对发明实质的理解存在偏差，在此基础上发出的审查意见必然存在事实认定上的错误或者说理方面的欠缺，导致无效的审查意见通知书。此外，个别审查员还容易出现在发出第一次审查意见通知书之前，没有充分了解相关的现有技术，一遇到自己不熟悉的技术术语就认为是"不清楚"和"无法得到"的，导致第一次审查意见通知书未对审查起到任何作用，造成低审查效能。

(二) 因过度主观性理解导致通知书效能低

审查员有时忽略技术方案整体性，过于关注每个特征本身，尤其表现在多篇对比文件结合评判创造性的过程中，虽然特征本身已经公开，但对该特征是否存在结合启示的认定有所偏差。审查员作为本领域技术人员自由裁量的空间比较大，审查的方式又无不以与现有技术的比较为出发点，在比较区别的过程中很容易出现将技术特征彼此孤立分开考虑的情况，而一旦将技术特征彼此孤立地审查评价，就很难保证将审查的宗旨统一到发明创造的宗旨上来。一个与发明创造的本质割裂开来的技术特征已经全然失去其在发明创造中的地位和价值，如此一来，发明人的智慧创造无从体现，审查工作偏离了正确的方向。与最接近的现有技术相比，如果多个区别技术特征之间不存在直接联系，可以将区别技术特征进行拆分，比如一种多功能灯具，除普通照明功能外，还具有消毒、闹钟定时等其他功能，站位本领域技术人员分析可知，照明、消毒、定时对应的技术特征是不存在直接联系的，此时可以通过多篇对比文件相结合的形式进行创造性评述；而如果多个区别技术特征之间存在一定关系，比如区别技术特征（2）是对区别技术特征（1）的进一步限定，此时如果未能充分站位本领域技术人员，采用多篇对比文件分别评述区别技术特征，则容易犯"事后诸葛亮"的错误，不能够做到客观、准确地审查。特征对比时不看整体技术方案，只关注特征本身，习惯于名词的简单对比而不考虑连接关系，说理不清楚，评判创造性牵强，这都是目前审查意见通知书中存在的主要问题。

(三) 过多使用公知常识、惯用手段等，缺少客观证据

目前，审查意见通知书在处理和认定公知常识时存在的问题是：随意扩大公知常识涉及的范畴以及本领域技术人员的知识水平；不是根据发明的具体情况，而是泛泛、笼统地认定发明解决的技术问题；割裂发明的技术方案而孤立地分析或评判技术特征是否为公知常识，不去判断现有技术是否给出将所谓公知常识应用于现有技术以解决技术问题的启示；往往采用"本领域技术人员容易想到"或"对于本领域技术人员来说是显而易见的"之类的套话来武断地得出结论，这样的说辞显然是苍白无力、难以服人的。[2]

三、提高审查意见通知书效能的建议

提高辨析和判断发明创造的能力是提高审查意见通知书效能的基础。首先，审查应当辨析出发明创造的技术方案中，哪些是解决其所要解决问题所必须采用的技术特征或手段；其次，审查应当判断"发明的实质"相对于现有技术是否作出了贡献，这种贡献是否符合创造性的要求以及是否与所要求保护的范围相适配。为了提高第一次审查意见通知书的效能，本文提出如下几点建议。

（一）准确站位本领域技术人员，充分理解发明，提高检索效率

准确解读技术方案，不仅要知晓各个独立的技术特征，还要关注技术特征形成技术方案的关联性，结合要解决的技术问题、技术原理等因素，突破字面表述的局限。通过以下案例阐释如何检索合适对比文件，避免一通证据无效性，从而提高审查效率和质量。[3]

【案例1】

权利要求：一种感光鼓的驱动组件，包括用于固定设置在所述感光鼓（201）一端的驱动齿轮（203），以及与所述驱动齿轮电连接的驱动头（202），其特征在于，所述驱动齿轮包括：用于与所述驱动头相连的第一端（203b），所述第一端的端面上设置用于与所述驱动头电连接的第一导电片（207）；以及用于与所述感光鼓相连的第二端（203a），所述第二端的端面上设置用于与所述感光鼓电连接的第二导电片（211）；所述驱动齿轮上设置从所述第一端的端面延伸至所述第二端的端面的容纳孔（210），所述容纳孔内设置连接件（212），所述连接件的一端与所述第一导电片电连接，另一端与所述第二导电片电连接。

案例分析：对权利要求进行了清晰的划界，其中特征部分为驱动齿轮的结构，具体而言，如图1所示，包括设置于驱动齿轮两端的两个导电片以及将两个导电片相连的连接件。单纯从权利要求的字面理解，没有明确表达驱动齿轮是主动齿轮还是从动齿轮，很容易将权利要求的理解盲目地扩大。

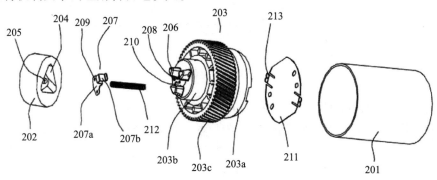

图1 感光鼓驱动组件

而通过对权利要求中各个部件的连接配合关系的整体分析，进一步明确了驱动齿轮的具体含义。即驱动力来自驱动头 202，驱动齿轮与驱动头依靠三角形的凹凸配合，使驱动齿轮随着驱动头的旋转而转动，驱动齿轮传递驱动头的驱动力，通过驱动齿轮的旋转来驱动设备中其他齿轮结构的旋转，从而实现旋转的同步。同时权利要求中表达了一个电连接关系，连接件 212 将感光鼓上多余的电荷连通到驱动头上，在实质上起到的是接地的作用，电荷来源于感光鼓，驱动头在驱动的同时充当了接地端的角色。虽然在申请文件中对驱动头轻描淡写，但是经过上述分析可以确定驱动头是起到关键作用的技术特征。

在确定检索思路的过程中，权利要求的特征部分都是围绕驱动齿轮中的导电片展开的，应当选择驱动齿轮和导电片作为基本检索要素。如果不考虑驱动头，就无法体现出驱动齿轮接收驱动力，以及与导电片的电连接关系，因此也应当将驱动头作为基本检索要素。

在对检索结果进行筛选时，特别需要分析文献中的驱动力的来源、驱动力的传递、驱动部件之间的连接关系以及电连接关系，是否契合权利要求解读后的技术方案。下面我们来看一下两篇对比文件的筛选过程。

检索结果 1：如图 2 所示，该文献公开了一种感光鼓卡匣的驱动件，感光鼓 16 套设于心轴 14，感光鼓 16 具有驱动件 10，驱动件 10 包括齿轮 20 与导电片 30，齿轮 20 具有轴孔 26，轴孔 26 可供心轴 14 穿过，导电片 30 贴设于齿轮 20。其中，齿轮外缘具有多个齿条，可与电子成像装置的其他齿轮啮合，使齿轮 20 可被驱动而旋转。由此可知，齿轮通过外缘的齿条接收外界的驱动力，并非将驱动力通过齿条向外传递。由于没有体现出驱动头这一技术特征，使得检索结果 1 中的齿轮 20 与本案中的驱动齿轮含义不同。因此，该篇对比文件并没有公开本申请的发明构思，不适合作为对比文件。

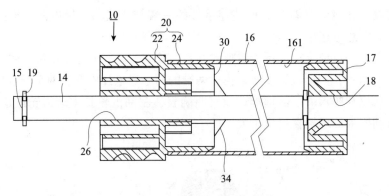

图 2　感光鼓卡匣的驱动件

检索结果 2：如图 3 所示，该文献公开了一种感光鼓驱动组件，感光鼓驱动齿轮 7，动力输入机构的动力头 10，驱动齿轮 7 被驱动头驱动，导电片 41 和扭簧 4 的自由端 42，其中的扭簧部分用于将自由端 42 与轴向倾斜部 46 电连接。这里的动力头起到了驱动头的作用，与本案权利要求中所体现的驱动关系相符，同时在驱动齿轮两侧具有导电片，电连接关系也相同。因此，该文献可以用来评价权利要求的新颖性。

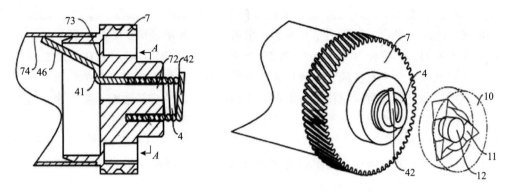

图3 检索的感光鼓驱动组件

案例启示：解读权利要求时，如果没有意识到驱动头的作用，检索的方向就会偏向驱动齿轮，容易带来类似检索结果1没有驱动头的干扰文献，造成一通无效，需要在中通时进行补检，否则结案走向就会不正确。在仔细分析权利要求之后，认定驱动头在本案中是驱动力的来源，驱动齿轮与驱动头相互配合使得驱动力从驱动头传递到驱动齿轮，进而驱动齿轮接收驱动力之后成为主动齿轮。在进行检索的过程中，通过将驱动头作为检索要素，才能体现出权利要求中驱动力的传递关系以及接地导电的电连接关系，进而将检索结果与申请文件进行比对，筛选出合适的对比文件。

（二）优先选择使用创造性条款

《专利审查指南2010》第二部分第八章第4.7节"全面审查"中规定：为节约程序，审查员通常应当在发出第一次审查意见通知书之前对专利申请进行全面审查。本文认为在保证全面审查的前提下，当采用不同法条均可达到类似的审查结果时，可优先选择使用创造性条款。以客观事实为基础，"客观"就是实事求是，即重证据，使所提出的审查意见有据可依、有理可循，依据已有技术对申请客观地作出评判，而尽量避免因个人的技术背景或者个人创造力的差异带来主观判断。

【案例2】

权利要求：一种中药制剂的制备方法，其处方组成为：黄芪、当归、芍药、茯苓、地黄、白术、人参、桂皮、川芎各300重量份，甘草150重量份，……制备药物制剂。

案例分析：说明书中记载了该中药制剂源自十全大补汤；记载了该中药制剂的组成、制备方法、具体实施方式，并通过试验测定了制剂中芍药苷和甘草甜素的含量；但没有记载该中药制剂的医药用途或药理作用，更没有记载任何证明药效的实验室试验或者临床试验的定性或者定量数据。

第一次审查意见通知书采用了评价公开不充分的方式，内容如下："本申请所要解决的技术问题是提供一种由黄芪、当归、芍药、茯苓、地黄、白术、人参、桂皮、川芎和甘草制成的中药制剂的制备方法，然而本申请的说明书中仅记载了该中药制剂的组成、制备方法、具体实施方式，并通过试验测定了制剂中芍药苷和甘草甜素的含量，却没有记载任何对该中药制剂的具体医药用途或药理作用，更没有记载任何足以证明该技术方案能达到所述技术效果的实验室试验（包括动物试验）或者临床试验的定性或者定量数据。因此本申请的说明书未对发明作出清楚、完整的说明，致使本领域技术人员不能实现该发明，不符合《专利法》第 26 条第 3 款的规定。"申请人在答复意见中指出该中药制剂源自十全大补汤，其效果属于可以根据现有技术能够预测的情形，不需要在说明书中记载足以证明发明技术方案可以实现所述效果的实验数据。第二次审查意见通知书坚持认为本申请说明书不符合《专利法》第 26 条第 3 款的规定。

案例启示：本案中，审查主体应当首先检索现有技术，对现有技术做到充分了解，检索到申请的技术方案与现有技术中的"十全大补汤"，即使采用公开不充分的审查意见，也应当在通知书中先对现有技术进行引证，以检索到的证据来说明具体的理由，这样可以避免通过两次通知书解决同一项法律条款的问题。另外，如果考虑采用评判创造性的意见可能更加客观合理，并且更能提高审查的效能。

建议评述方式：权利要求 1 要求保护一种中药制剂的制备方法，其发明实质在于提供一种气血双补的汤剂型的中药制剂，限定了制剂的原料及其配比，以及制成汤剂的具体过程。对比文件 1（十全大补汤对 H22 肝癌小鼠免疫功能的影响，中国中医药信息杂志，第 13 卷第 6 期，第 33 ~ 34 页，包素珍等，2006 年 6 月）公开了一种来自《太平惠民和剂局方》的十全大补汤；其原料组方为黄芪、肉桂、红参、茯苓、白术、甘草、熟地黄、白芍、川芎、当归；同时公开其制法为常规方法煎煮成汤剂。因此，权利要求 1 所要求保护的技术方案与对比文件 1 公开的技术内容相比，主要区别在于：权利要求 1 限定了各原料之间的配比；并且限定了水煎的次数、时间等参数。然而，在古方原料已经公开的基础上，并且都是用于"气血双补"的效果，其具体配比是本领域技术人员可作出的一般性常规选择，况且本申请的说明书中也没有记载这样的配比会给技术方案带来预想不到的技术效果的任何有关内容。

另外，对中药进行水煎过程的具体次数和时间也是本领域技术人员一般性的选择，水煎次数和时间无非是水剂中提取的有效成分的含量或多或少。古方中记载的多为水煎汤剂，本发明只是将其利用现代的制剂方法制备成适用性、稳定性更好的各种现代药物制剂，是本领域技术人员的一般性常规选择。且将水煎液过滤浓缩、加辅料、流化床制粒、制成各种中药固体剂型是中药制剂的常规流程。即使该现代制剂方法能够带来一定的技术效果，该技术效果也是本申请中所选择的现代中药制剂过程中的常规操作所带来的，也就是说该技术效果是随时代的进步而产生的，是本领域技术人员可以预料的。因此，在对比文件 1 的基础上结合上述本领域技术人员的常规选择以获得该权利要求所要求保护的技术方案，对所属技术领域的技术人员来说是显而易见的，因此该权利要求不具备《专利法》第 22 条第 3 款规定的创造性。

（三）避免公知常识被滥用，必要时加强证据支撑

在审查创造性问题时，审查意见中将权利要求的关键技术手段认定为公知常识的情况偶有发生，申请人在意见陈述中就此提出异议并要求提供相应证据时，审查员却提供不了合适的公知常识证据。在判断创造性时，经常采用本领域公知常识、常用技术手段或"为本领域技术人员所显而易见"等理由来评价未被对比文件所公开的技术特征，

而不提供任何证据等。公知常识使用不当直接影响到审查结果的正确性，造成不该驳回的案件被驳回，申请人不能心服口服，提出复审后使得整体审查程序延长，审查效能降低，损害申请人利益的同时，会形成不正确的、过于主观的审查思想和审查方式，无助于我们自身能力的提高。[2]

【案例3】

权利要求1中存在技术特征"位置识别涂层其表面为粗糙面，可使光线扩散反射"，审查意见认为该技术手段是所属技术领域中的惯用手段，本领域技术人员公知粗糙的表面会使投射到该表面的光线漫反射，为了在各个方向均获得反射光线而使反射表面粗糙对于本领域技术人员而言是不需要付出任何创造性劳动的。而对于上述认定，申请人不能接受"其表面为粗糙面，可使光线扩散反射"为公知常识，驳回决定没有给出任何证据支持。

案例分析：对于技术特征"位置识别涂层表面为粗糙面，可使光线扩散反射"。漫反射是"投射在粗糙面上的光线向各个方向反射的现象，粗糙面上各点的法线方向不同，故即使入射的是平行光线，按照反射定律，在面上不同点反射后沿不同方向射出"。其是最基本的光学原理和知识，本领域技术人员必然熟知光的漫反射知识。由于红外线也是一种光线，其投射在粗糙面上也会在其投射面积内的各点上沿不同方向射出，从而使得反射光接收器可以在一定角度内接收反射的红外线。当接收器与光源同时安装在一起时，如对比文件1的笔形输入器上，粗糙面必然使得对比文件1的笔形输入器的输入/接收角度具有一定的随意性，而不必拘泥于一个角度。因此，结合本领域的公知技术，本领域技术人员可以不需要付出任何创造性劳动地结合使用本申请的技术特征。对于申请人陈述的驳回决定认定"其表面为粗糙面，可使光线扩散反射"为公知常识不能接受，驳回决定没有给出任何证据支持，并断言其属于公知常识。本文认为光的漫反射是初中物理就已经教授给学生的知识，在初中物理课本中均可找到，例如在《王牌单科初二物理》（大象出版社、团结出版社2004年5月第二次修订第二次印刷）第74页就记载了关于漫反射的含义、解释，其是本领域技术人员最为公知的技术常识，其使用对于本领域的技术人员来说是显而易见的。至于其在本申请中的应用、结合，对于本领域的技术人员来说也是很容易结合使用的。

案例启示：在创造性的评判中，申请人和审查主体往往就某特征是否属于公知常识持有不同的看法，对此，在目前的情况下，针对申请人提出公知常识的质疑，审查意见中应当进行详尽的说理，甚至提供相应的举证文件，以使申请人信服。具体到本案，在复审请求人对本案涉及的公知常识提出质疑时，审查员如果能够详细分析相关的基本概念，并以列举的方式对技术特征属于公知常识进行了说理，甚至提供了初中物理课本作为相关的证据对将技术特征认定为公知常识给予强有力的支持，这样的审查意见说理充分、分析透彻，易于被申请人接受，申请人可能就会接受驳回决定，不会提出复审请求。

因此，在评价专利性尤其是创造性的时候，尽量少用所谓的"公知常识"或"惯用技术"，除非其的确是"公知常识"或者能够对"公知常识"进行举证。

（四）把握发明实质，全面审查，正确运用法条

审查策略是以"三性"评判为主线，进行全面审查。在实质审查过程中，审查主体有时会陷入新颖性和创造性评价的思维模式，没有完全把握发明的实质，直接对技术方案进行检索，没有做到全面审查。

【案例4】

本发明提供一种具有除尘功能的通信光缆交接箱，权利要求1中主要限定了该交接箱中具有的除尘、电流调节、空气流通模块，形成交接箱的除尘功能。其中，除尘模块通过缠绕铁芯的线圈形成电磁除尘装置，利用磁场实现除尘操作，然而该技术方案不具有实用性。

权利要求：一种具有除尘功能的通信光缆交接箱，包括……所述接线盒（5）内腔的顶部固定安装电磁箱（7），所述电磁箱（7）的内部固定安装铁芯（8），所述铁芯（8）的表面环绕设置线圈（9），所述电磁箱（7）的顶部和底部均开设通气孔（10），所述接线盒（5）内腔的底部对称安装绝缘杆（11），所述绝缘杆（11）之间固定安装控制电阻（12）……

案例分析：第一次审查意见通知书指出本案权利要求不具备实用性，并依据本申请说明书的解释指出："从本申请说明书［0017］、［0019］段所记载的内容可知，本发明通过调节控制电阻12使线圈9在周围空间中产生一个稳恒磁场来实现对灰尘的吸附，然而稳恒磁场只能吸引铁、钴、镍、铁氧体这些铁磁性物质或永磁体，而普通灰尘一般包含沙土、焦炭、动植物碎屑等物质，并不包括铁磁性物质或永磁体颗粒，因此本申请给出的技术手段并不能使线圈9吸附灰尘。"此外，权利要求1是基于结构设计的产品权利要求，并未涉及使用方法，因此对于基于该结构的另外可能的实施方式，审查意见中也进行了理论分析，引用现有技术方案对比并利用电动力学原理指出："现有技术中针对普通灰尘的电除尘方法是使用'有源无旋'的静电场来吸引灰尘，具体过程为灰尘颗粒在电场下产生极化电荷，同时电场梯度方向与电场线平行，这就使极化产生的正电荷和负电荷受到的库仑力大小不同从而对灰尘产生电场力将灰尘向电极板吸引。针对本发明，根据麦克斯韦组的积分形式第一项，本发明产生的稳恒磁场无法在周围空间产生电场；即使本发明的线圈9可以在控制电阻12的变化调节下产生变化的磁场，从而在周围空间中产生感生电场，但同样根据麦克斯韦组的积分形式第一项，该感生电场的电场线是以线圈9中心为轴线的同心圆环闭合曲线，而且，属于'无源有旋场'，电场梯度方向与电场线切线方向垂直，即使可以使灰尘颗粒产生极化也不能对其产生指向线圈9的电场力的作用。"因此，分析得出本发明的技术方案无论如何都不能具有预期效果。

案例启示：在发出第一次审查意见通知书时，应当及时指出无法克服的实用性问题，这样可以避免创造性条款的错误使用，提高审查效能。同时对于该实用性问题的处理应当分析全面、逻辑严密，除对申请人直接给出的技术手段进行分析说理外，还可以对说明书中没有明确记载的其他可能实施方式也进行分析，在此过程中可以引用现有技

术中的惯用手段与本发明进行对比，还可以对常规物理问题进行理论分析，并提供公知常识性证据、公式理论分析等举证和分析手段。本案审查意见中对于发明的各种可能角度都进行了分析，说理逻辑严密，审查意见令申请人信服，提高了审查效能。

四、小结

本文针对目前实审意见通知书中存在的主要缺陷进行了分析与效能评价，总结出缺乏对发明事实和证据的准确把握、过度主观性理解以及滥用公知常识等是导致通知书低效能的主要原因。结合实际案例从以下四个方面给出了提高审查意见通知书效能的建议。希望能够对审查主体今后的审查工作具有一定借鉴意义。

（1）准确站位本领域技术人员，充分理解发明，提高检索效率；

（2）优先选择使用创造性条款；

（3）避免公知常识滥用，必要时加强证据支撑；

（4）把握发明实质，全面审查，正确适用法条。

参考文献

[1] 樊婵娟，等. 提高实审审查通知书效能研究 [J]. 课题成果库，2012（6）：20-24.

[2] 丛珊. 关于公知常识的举证以及听证问题的一点认识 [J]. 审查业务通讯，2012（4）：44-48.

[3] 山岳峰. 准确解读权利要求，实施高效优质检索 [J]. 审查业务通讯，2014（4）：36-43.

基于发明构思的创造性评判

田佳阳

摘　要　创造性审查是专利审查中最重要、最常用的条款，准确把握发明构思是正确评判创造性的前提。本文结合实际案例，阐述了围绕发明构思审查思路的具体操作方法，详细介绍了如何还原发明过程、体会智慧贡献、准确提炼发明构思，并基于发明构思制定适宜的检索策略，进行创造性评判。基于发明构思进行创造性评判更符合发明人实际发明过程中的思路，有助于客观全面把握申请人技术贡献，能够有效提高审查效率，提升发明专利质量以及授权稳定性。

关键词　理解发明　创造性　检索　发明构思

一、引言

近年来，随着专利申请量逐渐增加，提升检索效能对提高专利审查质量与效率的重要性愈发重要[1]，快速找到合适的对比文件，不仅可以避免出现多次审查意见通知书，缩短审查周期，而且对申请人也更具说服力。然而提升检索效能的基础就是对发明申请的准确理解，《专利审查指南 2010（2019 年修订）》第二部分第八章第 4.2 节中指出："审查员在开始实质审查后，首先要仔细阅读申请文件，并充分了解背景技术整体状况，力求准确地理解发明。"准确理解发明有助于高效、准确地进行检索以及准确地进行事实认定和法律适用，是保证审查质量、提高审查效率的关键。

如何准确地理解发明，在审查实践中有不少行之有效的方法，如从发明构思角度理解发明，并且在理解发明的基础上进行检索。[2] 理解发明的过程通常更多是关注发明本身，从各个层面和维度——如从技术方案层面和构思贡献层面——对发明进行挖掘来帮助理解发明，往往缺少从现有技术整体出发以不同视角来审视发明，有时容易陷入"只见树木不见森林"的窘境。在专利审查的检索中，先检准后检全是一种常用的检索策略。[3] 本文将结合实际案例的具体分析，探讨如何通过理解发明，以确定合适的分类号、准确的关键词来提高检索效能。

二、准确理解发明的实际案例分析

（一）案件基本情况

本申请申请日为 2021 年 2 月 5 日，二通后于 2021 年 4 月 30 日驳回，两次意见陈述均同时提交权利要求修改文本，修改方式均为合并多个从属权利要求，申请人提请复审，复审维持驳回。

（二）发明构思

本申请设置了上下两个搅拌腔，上下搅拌腔通过间歇下料机构连通，物料在上部第一搅拌腔内搅拌后，通过间歇下料机构下落到下部第二搅拌腔内进行第二次搅拌，两次搅拌能够提高物料的混合效果。通过间歇下料机构的设置，避免第二次搅拌时，大量的配料同时搅拌，从而能进一步提高配料混合的效果。上下搅拌腔内的搅拌机构和间歇下料机构由一个电机通过皮带轮和齿轮的配合进行驱动，如图 1 所示。

本申请还设置清洗装置，在搅拌装置一侧设置水箱，通过外部管路将清洁水通入搅拌装置的内部水通路中，搅拌装置内部水通路与上下中空搅拌轴（竖管）连通，上下中空搅拌轴上设置喷水孔。在装置完成搅拌后，通过管路将清洁水通入中空搅拌轴内部。清洁水从喷水孔中喷出，配合搅拌轴的旋转，实现清洁水在装置内部的高效喷洒，进而对装置内部进行清洗。

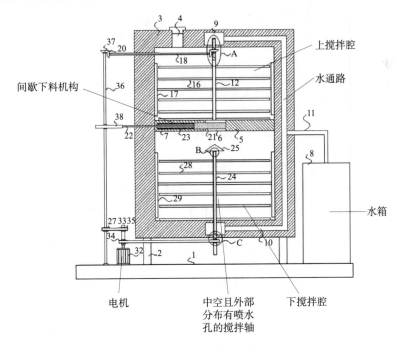

图 1 本申请装置结构

（三）"准确理解发明"在本案创造性评判中的体现

（1）通过对本发明的准确理解，从发明构思入手，在 CNTXT 数据库中，以及利用 Patentics 准确高效地检索到了对比文件，具体为：

1）对于设置上下搅拌腔配合间歇下料，通过理解发明，确定了合适的分类号，在 CNTXT 数据库中利用分类号 B01F13/10（混合设备，包括混合器的组合）来表达上下组合搅拌这一检索要素，进而通过理解发明，确定了准确的关键词，利用"（隔板 or 挡板 or 密封板）and（偏心轮 or 凸轮）"来表达间歇下料的检索要素，两个检索要素相"与"检索到本申请最接近的现有技术对比文件 1。其公开了一种新材料加工前原料混合装置，上部为安装了分散机构（驱动搅拌轴 5 旋转，带动其上的搅拌叶 4 对物料进行打散分散）的原料箱 25，下部设置了混合机构的搅拌箱 19，原料箱 25 与搅拌箱 19 之间设有间歇下料机构（包括挡板 9、弹簧 15、凸轮 12 等）。分散机构对原料箱 25 内的原料进行初步的搅拌混合，搅拌箱 19 中设置的混合装置进一步提升了原料的混合搅拌效果，间歇下料机构能实现原料从原料箱 25 中间歇进入搅拌箱 19 内部，避免原料大量聚集投放到搅拌箱 19 内部，保证了充分旋转搅拌的混合效果，如图 2 所示。

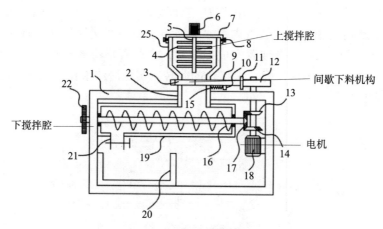

图 2　对比文件 1 装置结构

2）对于清洗结构，在 Patentics 中利用语义检索将此技术手段进行改写："在搅拌装置中，设置具有喷洒清洗功能的搅拌机构，通过设置在搅拌机构上的喷水口对装置进行清洗"。检索到对比文件 2，其公开了具有清洗结构的搅拌装置，搅拌装置一侧设置水箱，通过外部管路将清洁水通入搅拌轴的内部水通路中，搅拌轴上设置喷水孔。在装置完成搅拌后，通过管路将清洁水通入中空搅拌轴内部，清洁水从喷水孔中喷出，配合搅拌轴的旋转，实现清洁水在装置内部的高效喷洒，进而对装置内部进行清洗，如图 3 所示。

（2）基于对比文件 1 和对比文件 2，本申请的创造性评述如下：

对比文件 1 公开了一种具有间歇下料结构的两级搅拌装置，本申请要求保护的技术方案相对于对比文件 1 公开的技术方案，区别在于清洗装置的设置以及一些细部结构。对于清洗装置的设置，对比文件 2 中公开了在搅拌轴的内部设置喷水通路，清洁水通过

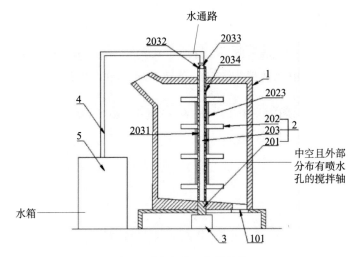

图3 对比文件2装置结构

水管打入空心轴，搅拌电机带动搅拌轴旋转，空心轴内的清水随着搅拌轴的旋转从空心轴的水孔喷射出来对搅拌筒进行清洁，可实现搅拌轴旋转的同时对搅拌腔进行清洗，旋转驱动结构在实现搅拌功能的同时，也为清洗过程提供动力。本领域技术人员在面对对比文件1中的搅拌装置无法实现清洗的问题时，有动机根据对比文件2中的教导，对对比文件1中的上下搅拌轴进行改进以获得本申请要求保护的技术方案，即对比文件2给出了将上述技术特征用于对比文件1中以解决清洗问题的技术启示。

细部结构的区别主要为下部搅拌组件的具体形式以及搅拌轴和间歇下料机构的驱动形式。对比文件1中公开了上部搅拌腔内部设置为竖直的搅拌杆搅拌结构，利用一个电机驱动下部搅拌轴和间歇下料机构。在此教导下，本领域技术人员能够想到将对比文件1下部的搅拌结构选择与上部搅拌腔相同的竖直搅拌杆结构，以及通过设置驱动皮带和齿轮结构易于实现利用一个电机同时驱动上、下搅拌机构和间歇下料机构运转；另外，进水管路的布置也是本领域技术人员在对比文件1中的装置壁面内部易于实施的。上述细部结构均是本领域技术人员在现有技术的基础上容易想到且实现的。

三、总结

在本案创造性评述过程中，在准确理解发明的基础上，紧扣发明构思，将"上下搅拌腔＋间歇下料"和"清洁水通过中空搅拌轴喷水孔喷洒＋搅拌轴旋转"作为两个主要的评述要点，同时考虑细部结构区别的评述，二通后作出驳回决定，兼顾听证原则与程序节约原则，且驳回决定中认定事实清楚、法律法规适用正确，因此在前置阶段中坚持原驳回决定。

准确理解发明，并恰当有效地提取发明构思是正确全面审查的基础，其往往起到事半功倍的作用。通过本文的案例阐述，准确理解发明能提高检索效率以及通知书效能，进而提高案件走向的准确性以及审查效率，避免在数次通知书中出现摇摆不定的窘境。

参考文献

［1］李翔. 提升检索效能 助力提质增效［J］. 审查业务通讯，2020，26（4）：58－65.

［2］朱仁秀，等. 体会发明构思 把握发明实质：浅谈发明构思在专利审查工作中的作用［J］. 审查业务通讯，2014，20（8）：1－6.

［3］李晋珩. 基于充分理解发明的检索［J］. 审查业务通讯，2012（18）：76－80.